Dieses Buch erscheint im Rahmen des Förderprogramms des französischen Außenministeriums, vertreten durch die Französische Botschaft in Berlin.
Die Übersetzung aus dem Französischen wurde mit Mitteln des Auswärtigen Amtes unterstützt durch die Gesellschaft zur Förderung der Literatur aus Afrika, Asien und Lateinamerika e.V.

Der Verlag dankt Marie Fardeau für die Mitarbeit an der Übersetzung.

Titel der Originalausgabe:
La Maladie de l'Islam
© 2002 Éditions du Seuil, Paris

Lektorat: Angelika Andruchowicz

© 2002 Verlag Das Wunderhorn
Bergstraße 21
69120 Heidelberg
www.wunderhorn.de

Satz: Fensterplatz, Heidelberg
Druck: Fuldaer Verlagsagentur, Fulda
ISBN: 3-88423-201-0

Abdelwahab Meddeb

Die Krankheit des Islam

Aus dem Französischen übersetzt
von Beate Thill und Hans Thill

Wunderhorn

Erster Teil
Der Islam hat den Machtverlust nicht verkraftet

1

Das spektakuläre Attentat vom 11. September, das die Vereinigten Staaten ins Herz traf, ist ein Verbrechen. Ein Verbrechen, begangen von Islamisten, Höhepunkt einer Serie von Terrorakten mit stetig ansteigender Kurve, die nach meinem Dafürhalten im Jahr 1979 beginnt, mit dem Triumph Khomeinys im Iran und dem Einmarsch der sowjetischen Truppen in Afghanistan. Beides waren Ereignisse mit weitreichenden Folgen, welche die fundamentalistischen Bewegungen stärkten und ihnen dabei halfen, ihre Ideologie zu verbreiten. Wenn man begreifen möchte, wie diese Ideologie entstanden ist, muß man sich weit zurück in die Vergangenheit begeben. Man muß verstehen, wo der Buchstabe – aus dem Koran und den Schriften der Tradition – sich für eine fundamentalistische Lektüre anbietet. Und man muß zur exegetischen Tradition der Theologie zurückfinden, um auf Passagen zu stoßen, wo der Buchstabe für all jene Leser einladend oder ermunternd wirkt, die nur an einer martialischen Auslegung interessiert sind. Man muß aufdecken, wo die Tradition sich widerspenstig zeigt, an welcher Stelle es angebracht wäre, etwas nachzuhelfen, um zu einer neuen Interpretation zu gelangen, die im Umfeld ihrer Entstehung noch keinen Ausdruck fand. Man muß herausfinden, ob diese Überlieferung noch im Rahmen der Bedingungen zu lesen ist, welche die geistige Landschaft unserer Zeit bietet. Auch sind die Unterschlagungen und Manipulationen deutlich zu machen, mit denen der heroische Aspekt des Islam eine Verfälschung erfuhr, indem man in Friedenszeiten den Begriff des Feindes ausdehnte. Die Sektenanhänger, von denen diese Vorgehensweise übernommen wurde, machten Bannfluch, Exkommunikation und *jihād*, den Heiligen Krieg, zur allgemein anwendbaren Sanktion, während die Tradition solche Fragen häufig nur mit äußerster Vorsicht berührte. Somit erweist es sich als unumgänglich, den Weg des Prozesses zu verfolgen, der schließlich die Ungeheuer hervorbrachte, die das Ziel des Daseins aus den Augen verloren und eine auf dem Prinzip des Lebens und dem Kult des Genusses fußende Tradition in eine trostlose Fahrt in den Tod verwandelt haben.

Als die beiden New Yorker Türme in einer riesigen Staubwolke zuammenfielen, die jedes Atmen unmöglich machte, als vor den Augen der Welt in einem Moment tausende unschuldiger Menschen starben (deren ethnische, religiöse, nationale Vielfalt für den kosmopolitischen Charakter dieser Stadt sprechen), zeigten die Fernsehkanäle Jubelszenen aus Palästina und dem Libanon. Bald war klar, daß diese menschlich obszönen und politisch katastrophalen Bilder nur eine Randerscheinung waren; den betreffenden Behörden war es gelungen, der Straße Einhalt zu gebieten und zu mehr Zurückhaltung aufzurufen. Ich weiß jedoch, daß solche Bilder einem Gefühl entspringen, einem Empfinden, das von Vielen aus den Massen des Islam geteilt wird, und ich versuche zu verstehen, welche Prüfungen ein Subjekt bestehen und welche Erziehung es genießen mußte, um über ein solches Verbrechen Freude empfinden zu können.

Es gibt innere und äußere Gründe für diesen Mißstand. Im vorliegenden Buch besteht meine Aufgabe darin, hauptsächlich die inneren Gründe zu untersuchen, ohne allerdings die äußeren zu verschweigen oder zu übergehen. Es gehört zu den Aufgaben des Schriftstellers, die eigenen

Leute auf ihre Verirrungen aufmerksam zu machen und dabei behilflich zu sein, daß man ihnen die Augen öffnet über das, was sie blind macht. Ich möchte sozusagen vor der eigenen Tür kehren. Dieser Text, der auf Französisch geschrieben wurde, wird zahlreiche Leser finden, die des Französischen mächtig sind und in der einen oder anderen Hinsicht durch ihre islamischen Herkunft auf dramatische Weise betroffen sind. Ich wende mich an jeden Leser, doch habe ich besonders jene im Auge, deren Prägung im Symbolischen sich wie die meine im islamischen Glauben vollzog.

Jede Gruppe hat ihre Krankheit. Diese kann so anstekkend werden, daß sie sich epidemisch im Bewußtsein der Menschen ausbreitet. So hat Voltaire die Krankheit der Intoleranz analysiert, die noch bis zur Affäre Calas wütete, ausgelöst durch das Todesurteil gegen Jean Calas, das am 9. März 1762 durch das Gericht von Toulouse verhängt wurde. Die Reaktion des Philosophen der Aufklärung war das Traktat *Über die Toleranz*, begonnen im Oktober 1762, als die Kampagne zur Rehabilitierung von Calas in vollem Gange war, veröffentlicht im April 1763 in Genf. In diesem Werk führt Voltaire die Greueltaten an Protestanten auf, die vom fanatischen Katholizismus nach dem 24. August 1572 begangen wurden, der Bartholomäus-Nacht, als die Reformierten in Paris und den Provinzen niedergemetzelt wurden. Eine der Ursachen für die Ausbreitung des Fanatismus ist in der Aufrechterhaltung des Aberglaubens beim Volk zu sehen. Und das beste Mittel gegen diese tödliche Krankheit besteht darin, der größtmöglichen Anzahl den Gebrauch der Vernunft anheimzustellen. Von Krankheit ist in Voltaires Buch die Rede, wenn er den Jansenisten vorwirft, daß sie das Volk im Zustand des fanatisierenden Aberglaubens belassen. Ich möchte diese Passage hier sogleich zitieren, selbst wenn der Leser erneut den bissigen Formulierungen des Meisters aus

Ferney begegnen wird, deren Wirkung ihm bei einem ern-
sten Thema wie dem meinigen vielleicht als unpassend
erscheinen könnte:

> »Wenn es im Winkel irgendeiner Vorstadt einige
> Konvulsionärs gibt, so ist dies eine schmutzige Krank-
> heit, die nur den niedrigsten Pöbel angreift. Die Ver-
> nunft dringt in Frankreich täglich weiter vor, sowohl
> in den Kaufmannsläden als den Häusern der Großen,
> und die Früchte dieser Vernunft muß man so lange pfle-
> gen, bis es unmöglich ist, ihr fortdauerndes Wachstum
> wieder zu verhindern.«[1]

Als Thomas Mann mit der deutschen Krankheit konfrontiert wurde, schrieb er den Roman *Doktor Faustus*
(der 1947 erschien), eine Erweiterung und Radikalisierung
von *Tod in Venedig* (1919). Hier stellt der Autor jenes
übertrieben prometheische Denken bloß, das dem deutschen Geist, der deutschen Kunst und in der folgenden
Zeit dann auch dem deutschen Volk so großen Schaden
zufügte. Mann faßt die Intention dieses Romans so zusammen:

> »Vermutlich war es die Flucht aus den Schwierigkei-
> ten der Kulturkrise in den Teufelspakt, der Durst eines
> stolzen und von Sterilität bedrohten Geistes nach Ent-
> hemmung um jeden Preis und die Parallelisierung ver-
> derblicher, in den Collaps mündender Euphorie mit
> dem faschistischen Völkerrausch ...«[2]

Dabei hatte Thomas Mann Nietzsche im Blick. Im selben Buch, *Die Entstehung des Doktor Faustus,* bestätigt

---

1 Voltaire, *Über die Toleranz, veranlaßt durch die Hinrichtung des Jean Calas
im Jahre 1762,* in: »Recht und Politik«, Schriften 1, Frankfurt a. M. (Syndikat)
1978, S. 229-230. Vergl. auch Voltaire, *Die Toleranz-Affäre,* hg. und übers.
von Albert Gier und Chris E. Paschold, Bremen (Manholt) 1993 (Anm. HT).
2 Thomas Mann, »Die Entstehung des Doktor Faustus. Roman eines Romans«,
in: *Doktor Faustus. Die Entstehung des Doktor Faustus,* Frankfurt a. M. (S.
Fischer) 1997, S. 696.

er zwei Seiten weiter das Offensichtliche: es ist der Verfasser der *Geburt der Tragödie*, der als ungenanntes Vorbild für die Gestalt des Komponisten in seinem Roman dient. Zwar ist Nietzsche selbst von der deutschen Krankheit nicht verschont geblieben, dennoch möchte ich einen seiner Begriffe aus der moralischen Psychologie zur Erklärung jenes inneren Zustandes heranziehen, der das Wachstum der Krankheit des Islam begünstigt, die ich nun analysieren möchte. Wenn der Fanatismus die Krankheit des Katholizismus und der Nazismus die deutsche Krankheit darstellt, dann ist im Fundamentalismus zweifellos die islamische Krankheit zu sehen.

Soweit meine These. Nach dem bereits Gesagten liegt mir nicht daran, zwischen einem guten und einem schlechten Islam zu unterscheiden, wobei der eine hochzuhalten und der andere anzuprangern wäre. Ebensowenig unterstelle ich, daß der Fundamentalismus eine Verzerrung des Islam ist. Wie jeder weiß, gibt es im Islam keine Institution zur Legitimation der Autorität. In der Tradition war jedoch der Zugang zum Buchstaben des Koran streng bewacht: Man mußte bestimmte Bedingungen erfüllen, damit man ihn zum Sprechen bringen und in seinem Namen sprechen durfte. Allerdings wurde auch damals der wilde Zugang zum Buchstaben nicht unterbunden, er ist keine Besonderheit unserer Zeit. Häufig waren Katastrophen in der Geschichte zu verbuchen, die aus diesem Zugang entstanden. Infolge von demographischer Entwicklung und Demokratisierung haben sich jedoch die Halbgebildeten vermehrt, somit sind die Personen, die einen Zugriff auf die Schrift für sich in Anspruch nehmen, sehr viel zahlreicher geworden; mit ihrer Zahl wächst auch ihre Radikalität.

Wenn der Buchstabe des Koran einer wörtlichen Auslegung unterliegt, kann er Widerhall finden in dem durch das Projekt der Fundamentalisten eingegrenzten Raum. Der

Buchstabe wird jedem gehorchen, der ihn im eng umrissenen Raum zum Sprechen bringen möchte. Soll dies vermieden werden, so muß er durch das Begehren nach Interpretation neu eingebracht werden. Statt daß man zwischen einem guten und einem schlechten Islam unterscheidet, sollte der Islam zu Auseinandersetzung und Diskussion zurückfinden, die Vielfalt der Meinungen wiederentdecken, dem Dissens und der Differenz einen Platz einräumen, und er sollte auch akzeptieren, daß der Nächste die Freiheit hat, anders zu denken. Die intellektuelle Debatte muß wieder ihren angestammten Platz einnehmen und den Verhältnissen angeglichen werden, welche die Vielstimmigkeit bietet. Hier sind viele Breschen zu schlagen, damit es mit der Einmütigkeit ein Ende hat und die stabile Substanz des Einen sich in einem Feuerwerk ungreifbarer Atome zerstreut.

Bezüglich der äußeren Gründe sei lediglich gesagt, daß sie nicht Auslöser der Krankheit sind, die im Körper des Islam wütet. Allerdings besteht auch kein Zweifel, daß diese ihre Entwicklung gefördert haben: Durch sie hat sich alles verschlimmert. Wenn die äußeren Gründe durch ein Wunder vom Erdboden verschwinden würden, so weiß ich nicht, ob auch die Krankheit des Islam mit ihnen verschwinden würde, aber gewiß wäre das Klima nicht mehr so günstig für ihre Entstehung und Verbreitung. Welches sind die äußeren Gründe? Hier wären anzuführen: Daß dem Islam die Anerkennung als Repräsentant einer inneren Andersheit verweigert wird; daß man ihn als Ausgeschlossenen behandelt und in diesem Status festlegt; daß der Okzident die eigenen Grundsätze verleugnet, sobald seine Interessen das verlangen; daß schließlich der Okzident (heute in der Gestalt Amerikas) ungestraft seine Hegemonie ausübt und dabei mit zweierlei Maß mißt.

Hier, in der Alten Welt, gibt es viele, die zwar das Verbrechen nicht rechtfertigen wollen, die aber dennoch der

Ansicht sind, daß die Attentate von New York und Washington eine Antwort waren auf die amerikanische Politik der Parteilichkeit. Diese Meinung scheint selbst die Amerikaner zu schockieren. Der Liberale Robert Malley, ehemals Berater von Präsident Clinton, machte im Nationalen Sicherheitsrat auf folgendes aufmerksam:

> » ... von den arabischen Ländern, von Europa und einer handvoll amerikanischer Intellektueller wurde unterstellt, daß die Hauptschuld bei der amerikanischen Politik zu suchen ist: Sanktionen und Militärschläge gegen den Irak, die pro-israelische Haltung, Unterstützung der repressiven Regime, all das würde erklären, weshalb die Terroristen sich dieses Ziel ausgesucht haben. Sind die Vereinigten Staaten Opfer der eigenen Politik geworden? Verständlich, daß dies – abgesehen von der mangelnden Logik der Argumentation – nur schwer zu akzeptieren wäre.«[3]

Selbst wenn es dem gesunden Menschenverstand eines Amerikaners widerspricht, möchte ich zuerst einmal die Behauptung aufrechterhalten, daß eben diese drei als elementare Thesen angeführten Gründe die Krankheit des Islam fördern und Anteil an ihrer Verbreitung haben. Außerdem frage ich mich, warum es dieser Argumention an Logik mangeln soll. Und für wen wäre sie denn »schwer zu akzeptieren«, außer für jene Leute, die eine solche Politik planen und ausführen? Die von Malley angeführten Vorbehalte sind lediglich Behauptungen, die von keinerlei Beweis untermauert werden. Ich gebe zu, daß solche Argumente nicht hinreichend sind, um Attentate zu erklären, bei denen die Twin Towers zerstört wurden und ein weiträumiger Flügel des Pentagon ausbrannte. Aber sie könnten im nachhinein als eine Legitimation dienen. Ähn-

---

3 Robert Malley,»Surprises et paradoxes américains«, *Le Monde,* 31. 10. 2001 (Übersetzung nach dem französischen Zitat, HT).

liche Ansichten waren nicht nur von Muslimen oder Arabern zu hören, auch Europäer und Franzosen haben sie
mir gegenüber geäußert. Und ich glaube nicht, daß man
sie lediglich einem schlichten Antiamerikanismus zuschrei-
ben sollte (selbst wenn ein solches Gefühl durchaus mit-
spielen könnte).

Ein Land, ein Volk oder ein Staat, das Führer der Welt
bleiben möchte, muß in der Ausübung seiner Macht angemessen vorgehen. In aller gebotenen Klarheit würde ich
sagen, daß man die Wahl hat zwischen einer imperialisti-
schen, auf Krieg basierenden Politik und einer imperialen,
deren Bestreben die Sicherung des Friedens ist. Bei einer
imperialen Politik wäre jedoch dem, der sie ausübt, angeraten, bei in der Welt auftretenden Konflikten immer als
Schiedsrichter zu handeln, nirgendwo jedoch als Richter
oder Partei. Nehmen wir einige Epochen als Beispiel, in
denen dies gelungen ist. Ich meine eine der letzten historischen Formen imperialer Politik im Osmanischen Reich
unter großen Herrschern wie Mehmet Fātih (1451-1481)
oder Suleimān Kānunî (1520-1566), die sich als Erben einer imperialen Struktur verstanden, wie sie an den Ufern
des Mittelmeers entwickelt wurde, seit ihrer Einsetzung
durch Alexander, ihrer Festigung durch die Römer, ihres
Ausbaus durch Byzanz und den Versuchen ihrer Restauration im Rahmen des Heiligen Römischen Reichs. In diesem Geist konnten die Osmanen den Konflikt mit Minderheiten und Nationalitäten meistern, die von jeher die
Gebiete des Nahen Ostens wie ein Mosaik überzogen haben. Jenseits einer tief empfundenen Ablehnung haben viele
festgestellt, daß die Ereignisse des 11. September eine Antwort darstellen könnten auf ein Versagen in der amerikanischen Politik, da die Vereinigten Staaten in Angelegenheiten, die den Islam betreffen, in gewissen Regionen eher
imperialistisch als imperial auftraten, und damit das eine
oder andere Symbol empfindlich trafen.

Wer sind diese Leute, die starben, um über New York, Washington und Pennsylvania den Tod zu bringen? Abgesehen von der Tatsache, daß sie befallen waren von der Krankheit des Islam, sind sie Kinder ihrer Zeit, ein Produkt der Amerikanisierung der Welt:[4] Ihr Spielzeug ist digital, ihre Erinnerungen stammen aus dem Fernsehen, und dennoch war es nicht notwendig, die archaischen Vorstellungen zu verwandeln, die in ihrem Geist und in ihrer Seele verborgen sind. Daher das technische und »ästhetische« Gelingen ihres Unternehmens. Die Terroristen haben ihre technischen Mittel mit großem Können eingesetzt, und sie haben die Verbreitung ihrer Tat durch das Bild aufs sorgfältigste organisiert. Man kann sich sogar die Frage stellen, ob der Abstand von zwanzig Minuten, der zwischen dem Anflug auf die beiden Hochhäuser lag, nicht als Einladung an die Kameras gedacht war, die elliptische Bahn des Flugzeugs zu filmen, bevor es sein Ziel genau an dem vorgesehen Punkt rammte. So konnten wir mit ansehen, wie durch den optimalen Einsatz der Mittel unserer Epoche ein Ereignis nahezu unmittelbar seine Übertragung auf alle Kontinente erfuhr. Dies ist eine Auswirkung der Universalisierung der Technik und der Vereinigung der Menschheit vor der Bildröhre in der Epoche der Amerikanisierung der Welt.

Allerdings trifft dies eher für die Technik als für die Wissenschaft zu. Die islamische Welt ist in der Wissen-

---

4 Diese Feststellung wird an einigen Ruhepunkten an der Strecke dieses Texts näher erklärt werden. Man kann die universelle Verbreitung amerikanischer Sitten ermessen, wenn man Italo Calvino liest und seine »Lezioni americane«: *Sechs Vorschläge für das nächste Jahrtausend* (aus dem Italienischen von Burkhart Kroeber, München [Hanser] 1991). Der zur Gruppe OuLiPo zu zählende Autor war im Jahr 1959 erstaunt über zahlreiche Alltagsphänomene, die zum amerikanischen Leben gehörten und ihn als Europäer bei seinem Aufenthalt in Übersee überraschten. Vierzig Jahre später zeigt sich niemand mehr über die amerikanischen Sitten erstaunt, weder in Europa, noch anderswo, sosehr haben wir sie uns zueigen gemacht.

schaft seit dem 17. Jahrhundert nicht mehr kreativ. Seit Mitte des 19. Jahrhunderts hat sie vergeblich versucht, an den wissenschaftlichen Geist, der einst von ihren Städten ausstrahlte, anzuknüpfen. Während der postkolonialen Ära (beginnend in den 60er Jahren mit den ersten Erscheinungen einer Amerikanisierung der Welt, die in der Nachkriegszeit ihren Anfang nahm) ist es dem Islam jedoch auf einigen Nebengebieten gelungen, die Technik zu beherrschen, allerdings eher im Bereich der Funktionsweise der Maschinen als ihrer Erfindung oder Herstellung. Als Techniker befindet sich das Subjekt am tiefsten Punkt des wissenschaftlichen Prozesses, dessen Lenkung eine Meisterschaft im obersten Bereich erfordert.

Wer sind diese Terroristen, wenn nicht Kinder dieser Amerikanisierung der Welt (wie wir schon bemerkt haben und immer wieder betonen werden)? Kinder, bei denen jene Wunde nicht verheilen konnte, welche das Subjekt im Islam empfindet, weil es zum Beherrschten wurde, nachdem es lange der Herrscher gewesen war. Kinder, denen die Lage eines Unterworfenen unerträglich wurde, in der sie sich wähnen, und die davon träumen, die Hegemonie ihrer Gemeinschaft wiederherzustellen. Sie wollen den Freitag zum weltweiten Tag der Ruhe (anstelle des Sonntags) machen, die Zeitrechnung der *hejra* anstatt der üblichen (bei der sie den christlichen Ursprung immer wieder anprangern). Das Bild, das ich zeichne, ist bei weitem keine Karikatur. Meine Überlegungen und Schlußfolgerungen beruhen vielmehr auf den von ihnen verteilten albernen Schriften, die ich in die Hände bekam. Zuvor sollten wir allerdings untersuchen, welches der spezifische historische Prozeß ist, der sie hervorgebracht hat. Wenn sie tatsächlich ein Ergebnis dessen darstellen, was im Folgenden dargelegt wird, dann sollte von vornherein klar gesagt werden, daß keiner dieser Gründe aus der Vergangenheit ihr Verbrechen rechtfertigen kann. Mehr noch: der Prozeß des

Erklärens übersteigt bereits diese monströsen Gestalten, deren Triebkraft der Nihilismus ist. Der hier erläuterte Werdegang soll das anthropologische Umfeld beschreiben, in das die Terroristen hineingeboren wurden, wobei jedoch nicht schicksalshaft vorherbestimmt war, daß sie zu solchen Ungeheuern werden mußten.

2

Die islamische Welt hat noch immer den Verlust der Macht nicht verkraftet. In ihr gab es einen Augenblick hoher Zivilisation, der mit hegemonialer Kühnheit einherging. Ich möchte den von Fernand Braudel geprägten Begriff einer »Weltkapitale« aufgreifen, denn ich halte es nicht für abwegig, sie vor ihrer Verschiebung nach Europa im abbassidischen Bagdad des 9. und 10. Jahrhunderts, im fatimidischen Kairo des 11. Jahrhunderts und im mamluckischen Kairo des 13. und 14. Jahrhunderts verwirklicht zu sehen. Danach überquerte die Weltkapitale das Mittelmeer, erlebte an dessen nördlicher Küste mit dem Duo Genua/Venedig eine Blüte, um später sich noch weiter von der islamischen Welt zu entfernen, indem sie sich im Amsterdam des 17. Jahrhunderts niederließ, dann im London des 19. und im New York des 20. Jahrhunderts. Seither sehen wir sie vermutlich an der pazifischen Küste am Werk, in jener konzentrierten Energie, die die Netze zwischen Asien und Nord-Amerika webt. So hat sich seit dem 15. Jahrhundert die Weltkapitale geographisch unablässig vom islamischen Raum entfernt.

Der Islam war bereits im 14. Jahrhundert von Entropie erfaßt worden, aber erst gegen Ende des 18. Jahrhunderts beginnen die Muslime, sich bewußt zu werden (mit Bonapartes Ägypten-Expedition), daß sie nicht mehr auf der Höhe des Okzidents sind. Dieser Rückstand hat zahlreichen Ländern des islamischen Gebietes das Schicksal einer Kolonie beschert, da sie kolonisierbar waren. Das islamische Subjekt, das für sich in Anspruch nahm, dem westlichen überlegen oder zumindest gleichwertig zu sein, kann nicht verstehen, welcher Prozeß es in eine solche Position der Schwäche gebracht hatte, gemessen an der des Europäers, der über Jahrhunderte hinweg sein Gegenüber war, als Feind, Gegner, manchmal als Partner und sogar Verbündeter, je nach den Zeitläuften. Von da an wuchs im einzelnen Araber und Muslim gegenüber dem Menschen des Westens das Ressentiment (ich entnehme diesen bestens geeigneten Begriff Friedrich Nietzsche, wie er ihn in der *Genealogie der Moral*[6] entwickelt). Nietzsche selbst rechnete das islamische (oder genauer: arabische) Subjekt zu jenen Völkern, die im Lauf der Geschichte nach der aristokratischen Moral[7] gehandelt haben, der Moral der Affirmation, dessen, der aufklärt, der gibt, ohne nehmen zu wollen. Den Menschen des Ressentiments zeichnet es dagegen aus, daß er sich in der Lage dessen befindet, der empfängt, ohne über Mittel zu verfügen, um zu geben, oder affirmativ zu sein. Somit ist das islamische Subjekt nicht länger der bejahende Mensch, der in die Welt ausstrahlt und sich ein natürlich dominantes, einnehmendes Wesen schafft. Aus dem souveränen wurde nach und nach ein verneinender Mensch, jemand, der zurückweist, nicht mehr agiert sondern reagiert, der seinen Haß anhäuft und auf die Stunde der Vergeltung wartet. Unmerklich wächst dieses Gefühl, das zuvor beim islamischen Subjekt unbekannt war, in ihm und setzt sich in seinem Zentrum fest. Meiner Ansicht nach lassen sich die Operationen der Fundamentalisten, ausgeführt von einem islamischen Subjekt, mit einem wachsenden Ressentiment be-

---

6 Friedrich Nietzsche, *Zur Genealogie der Moral*, in: »Werke«, herausgegeben von Karl Schlechta, Bd. 2, vor allem S. 782, S. 850, S. 864-866, S. 894.
7 Nietzsche, S. 786.

gründen, jenem Zustand, der ihm nicht zueigen war, als es in die Geschichte eintrat.

Dieses neue Gefühl hat sich nicht automatisch mit der Niederlage nach der kolonialen Konfrontation eingestellt: es verging eine lange Zeit, bevor der Keim des Ressentiments wuchs. Als Beweis kann ich die Gestalt von Abd el-Kader (1808-1883) anführen, der trotz der Niederlage im Jahr 1847, trotz seiner Gefängnishaft in Frankreich und der Verbannung in den Orient nach 1852 nichts von seiner aristokratischen Würde verloren hatte. Ihm war das Ressentiment unbekannt. Als Mann des Schwertes und der Feder widmete er sich in seinem Exil in Damaskus der Unterweisung in den esoterischen Wissenschaften, die Spur seines Meisters Ibn 'Arabi (1165-1240) vertiefend, den er interpretierte und edierte. Seiner akbarischen Doktrin (die die Gleichheit der Religionen predigt) konnte er während der Unruhen 1860 Taten folgen lassen. Er hielt sich nicht in Damaskus auf, als es zu Übergriffen der Muslime (im Rausch des Herdentriebs, der die Massen ergreift) auf die Christen der Stadt kam. Er erfuhr, daß die Stadt von solchen beschämenden Vorfällen erschüttert wurde, kehrte eilig zurück und konnte so einigen Menschen das Leben retten. Die Christen ließ er in Gruppen sammeln und brachte sie in der Zitadelle in Sicherheit.

Ein Christ, der unter den Überlebenden war, Michayil Mishaqa, hat seine Taten überliefert. Zu Hunderten strömten Flüchtlinge (europäische Konsuln und syrische Christen) in die Viertel am Ufer des Barada und die entfesselte Menge wollte sie angreifen:

> »Da ließ der Emir sein Pferd satteln, legte erneut Panzer und Helm an und ritt, den Säbel schwingend, auf die Aufständischen zu. Er rief ›Ihr Verdammten, ist das eine Art, euren Propheten zu ehren? Schande über euch! Ich werde euch nicht einen Christen überlassen. Sie sind meine Brüder!‹«[8]

Der Emir berichtet auch in seinem Buch *Mawāqif* (»Spirituelle Stationen«), wie ihn bei einem Vortrag in Damaskus ein Zuhörer ansprach, weil er über die Folgen der Niederlage bei den Muslimen beunruhigt war: Diese fingen an, die Christen (das heißt: die Leute aus dem Okzident) nachzuahmen, in ihrer Art sich zu kleiden, zu essen, zu leben. Kurz, wir haben es mit einer frühen Frage nach der Akkulturation zutun, der die islamischen Länder nun infolge der beginnenden Verwestlichung der Welt unterworfen sind. Die Antwort des Emirs zeigt nicht die geringste Spur von Ressentiment. Zuerst führt er ein konventionelles theologisches Argument ins Feld (wenn das muslimische Subjekt eine Niederlage erleiden mußte, dann muß es wohl lau und nachlässig im Dienst an seinem Herrn gewesen sein), dem folgt ein psychologisches Argument nach dem gesunden Menschenverstand (es liegt in der menschlichen Natur, daß der Besiegte vom Sieger fasziniert ist und sogar soweit geht, seine Sprache zu erlernen), dann eine zutreffende soziologische Beobachtung (da der Prozeß der Anpassung zuerst die Elite erfaßt hat, verteilt er sich später wie ein Gift im ganzen gesellschaftlichen Körper), und schließlich erinnert sich der Emir an die Theorie der Namen Gottes, die sein mittelalterlicher Meister (Ibn 'Arabi) aufstellte. Demnach lenken diese Namen Gottes die menschlichen Taten und leiten die betreffenden Ereignisse. Außerdem erfindet er den göttlichen Namen *Khādhil* (der ablassende Gott, der einen verläßt), um die Niederlage des Muslim gegenüber den Europäern zu erklären (die ja auch die Niederlage des Emirs selbst ist).

Zwar ist dieser Name von einem in der Schrift verwendeten Verb abgeleitet (im Koran heißt es: »Wenn Gott euch

---

8 Michayil Mishaqa, *Murder, Mayhem, Pillage and Plunder: The History of Lebanon in the 18th and 19th centuries,* New York, 1988 (Übersetzung nach dem französischen Zitat, HT).

unterstützt, dann kann niemand euch besiegen. Und wenn
er euch im Stich läßt – *yakhdhulu-kum* –, wer ist es, der
euch daraufhin unterstützen könnte?«),[9] aber es fällt dennoch auf, daß die Wortschöpfung des Emirs eine erstaunliche Kühnheit darstellt, sie spricht für ein freies Denken,
das zumindest dem gleichkommt, was die traditionelle
Theologie eine *bid'a*, eine »bedenkliche Neuerung«[10]
nennt. Auch im weiteren verweilt der Emir im Verlauf seiner Argumentation bei diesem Vers: Gott läßt die Muslime
im Stich und hilft nicht den Ungläubigen. Die Niederlage
des Gläubigen ist auf Gottes Gleichgültigkeit zurückzuführen; der Sieg des Ungläubigen ist jedoch nicht Seiner
Hilfe zu verdanken. Diese Sicht göttlichen Wirkens, nega-
tiv für einen selbst, aber nicht positiv für den Feind, wahrt
in Zeiten der Prüfung den Horizont des Glaubens.

Der Adlige hält sich also für souverän genug, um sich
die Freiheit für eine einfallsreiche Aktualisierung der Tradition nehmen zu können. Und er wird in seinem Unter-
fangen durch die Vertrautheit mit dem *ta'wīl*, der Hermeneutik, gestützt und legitimiert. Seine Kenntnis versetzt
ihn unmittelbar in die Lage, sich mit seinen kühnen Vor-
gängern zu messen. Derartige Verwegenheit im Bereich der
Doktrin kann jedoch nicht Halbgebildeten zur Verfügung
stehen, wie sie heute in den Gesellschaften des Islam zu
Tausenden zu finden sind. Sie haben in der postkolonialen
Phase eine Demokratisierung erfahren, ohne in den Ge-
nuß der Demokratie zu kommen. In diesem Kontext ereignete sich die Mutation: Aus dem aristokratisch geprägten islamischen Subjekt wurde nach und nach der Mensch
des Ressentiments, jener Frustrierte und Unzufriedene, der

---

9 Koran, III, 160. Alle Zitate nach der Übersetzung von Adel Theodor Khoury,
Gütersloh (Mohn), 1992.
10 Vergl. Tilman Nagel, *Geschichte der islamischen Theologie,* München (C.H.
Beck) 1994, S. 73 (Anm. HT).

sich für besser hält als die Bedingungen, unter denen er lebt. Wie jeder Halbintellektuelle wird er (mit seiner ganzen Ablehnung und dem angestauten Haß) ein Kandidat für die Vergeltung, bereit zur aufrührerischen Aktion mit der dazugehörenden Konspiration und Selbstaufopferung.

Der Anfangspunkt dieser Evolution, an dem Psychologie und Ethik sich kreuzen, wäre mit dem Ende der Kreativität auf solchen Gebieten auszumachen, welche die islamische Zivilisation geformt hatte. Seit das islamische Subjekt seine Unfruchtbarkeit zur Kenntnis genommen hat, ist es untröstlich über den Verlust der Macht. Dieser Zustand entspringt jedoch nicht der kolonialen Epoche. Die imperiale Herrschaft, denen die meisten Länder des Islam unterworfen wurden, ist nicht Ursache ihres Machtverlusts, sondern deren Folge: Das islamische Subjekt war seit mehreren Jahrhunderten auf wissenschaftlichem Gebiet nicht mehr kreativ, und es war auch nicht mehr Herr der technischen Entwicklung. Mehr als ein Jahrhundert war nötig, bis es die Technik beherrschte, die, wie bereits erwähnt, erst in der postkolonialen Zeit, der Phase der Amerikanisierung der Welt, erlernt wurde, da diese einem Lernprozeß förderlich war. Allerdings nur auf der Stufe des Konsums und der Fähigkeit eine Maschine zu starten, nicht jedoch sie zu produzieren und gar zu entwerfen. Die Beherrschung der Maschine dient der Erweiterung des Markts. Abgesehen von Personen islamischer Herkunft, die in wissenschaftlichen Institutionen des Westens arbeiten, bleibt das islamische Subjekt innerhalb der eigenen symbolischen und linguistischen Welt vom wissenschaftlichen Geist ausgeschlossen. Es lebt nicht mit dem Konzept eines Flugzeugs oder seiner Erfindung, nicht einmal seiner Herstellung, aber es kann eine Flugmaschine perfekt steuern und sogar manchmal zweckentfremdet zum Einsatz bringen.

3

Die großen Dinge hat sich der Islam schon recht früh
angeeignet. Der Prozeß ihrer Verwandlung wurde jedoch rasch unterbrochen. Bereits Anfang des 9. Jahrhunderts entsteht mit den sogenannten Mo'taziliten eine
rationalistische Bewegung. Als Denker wollten sie zwei
herrschende Ideen erschüttern: Einmal kritisierten sie
eines der islamischen Dogmen, der Koran sei unerschaf-
fen (damit auf der selben Stufe wie Gott), vom Himmel
herabgekommen als Wesen eigener Ewigkeit. Dagegen
wandten sie ein, das Buch sei zwar gewiß himmlischen
Ursprungs, aber seine Verwirklichung in der Schrift einer irdischen Sprache sei nur vorstellbar als Schöpfung
Gottes im Augenblick ihrer Offenbarung. Die Anhänger der Sekte werfen den Verkündern der Uner-
schaffenheit des Koran vor, damit ein islamisches Äquivalent zur christlichen Inkarnationslehre einzuführen:
Der Buchstabe des Koran sei gleichsam eine Inkarnation Gottes. Ja, sie sehen kaum einen Unterschied zwischen den Buchstabentreuen und den Christen, da diese ja Christus mit Gott gleichsetzen, der von Gottes Wort
hervorgebracht wurde. Außerdem entrückten die
Mo'taziliten Gott der Welt, indem sie ihn seiner
Unerforschlichkeit zuführten und in der Transzendenz
neutralisierten, die den Menschen von seiner Prädesti-
nation befreit und für seine Taten allein verantwortlich
macht.

Diese theologische Bewegung wurde zur offiziellen Staatsdoktrin – der Kalif persönlich, al-Ma'mūn (786-833),[11] Sohn Harūn al-Rashīds, wollte sie allen seinen Untertanen verordnen. Die kalifische Autorität schuf sogar eine Art Inquisition (die Mihna, 833 eingeführt), mit der man äußerst heftig gegen die buchstabengläubige Schule vorging, die zur selben Zeit entstand und deren eloquentester Vertreter Ibn Hanbal (780-circa 855) war. Dieser historische Moment verdient große Beachtung, weil eine Genealogie des Fundamentalismus auf die Gestalt aus dem 9. Jahrhundert nicht verzichten kann, die schreckliche Foltern erleiden mußte wegen ihrer Buchstabengläubigkeit, denn Ibn Hanbal lehnte die Thesen der Mo'taziliten ab. Sein Widerstand fand im Volk Widerhall und Unterstützung, dem die Rückkehr zur koranischen Orthodoxie ein Anliegen war.

Die große Einschränkung für die Bewegung der Mo'taziliten besteht allerdings darin, daß sie nicht die Krönung einer Aufklärung erfuhr. Anfangs wollten ihre Anhänger ihre Auffassungen mit absoluter Gewalt durchsetzen, entsprechend der Mittel, über die ein orientalischer Despot verfügte (al-Ma'mūn wollte die gesamte Theologie unter seine Herrschaft zwingen; um das zu bewerkstelligen, ernannte er sich zum Imam und machte seine Interpretation für die Körperschaft der *ulemas*, der theologischen Gelehrten, verbindlich). Schließlich wurde von Mutawakil, dem dritten Nachfolger al-Ma'mūns, die Orthodoxie (im Jahr 847) wieder eingeführt; nun mußten die Mo'taziliten ihrerseits alles erleiden, was sie ihren Gegnern angetan hatten, die nicht nur überlebt haben, sondern immer weiter gediehen, während die Mo'taziliten zuerst in die

---

11 Was al-Ma'mūn betrifft, beziehe ich mich vor allem auf den Artikel von M. Rekaya in der *Encyclopédie de l'Islam*, Bd. 6, S. 315-323, Leiden-Paris (Brill und Maisonneuve & Larose) 1991. (Der deutsche Leser vergl. etwa Nagel a. a. O. , S. 100 ff. Anm. HT).

Bedeutungslosigkeit verfielen und dann ganz verschwanden.

Aus dieser frühen Epoche, sowohl in Hinsicht auf ihre Wirren und Schwierigkeiten, als auch auf ihre Versprechungen, sollte die Rolle im Gedächtnis bleiben, die der Kalif al-Ma'mūn bei der Einführung des griechischen Rechts in die arabische Sprache spielte. In der Tradition heißt es, dieser Kalif habe von einem Besuch des Aristoteles geträumt, der sagte, er wollte ihm dabei behilflich sein, daß seine Bücher ins Arabische übersetzt werden. Es ist, als wäre jeder zur Aufklärung führende Prozeß mit der Liebe zu den Griechen, ihrer Art zu denken und zu fühlen, verbunden. Bei einem Feldzug gegen Byzanz stieß al-Ma'mūn auf die neo-platonische Gemeinschaft der Sabbäer des Harran. Eine kühne *fatwa* setzte sie den rätselhaften Sabiūn gleich, denen der Koran den Status der Leute des Buchs zuerkennt. Im Koran heißt es: »Diejenigen, die glauben, und diejenigen, die Juden sind, und die Christen und die Säbier ...«[12] Sie waren im Heiligen Buch also eindeutig mit Muslimen, Juden und Christen gleichgestellt. Die Sabbäer sollten dem Islam zahlreiche Gelehrte und Übersetzer aus dem Griechischen schenken. Al-Ma'mūn hat auch den Austausch der Ideen im Herzen der Polis ermutigt, indem er Streitgespräche zwischen den Anhängern von Sekten unterschiedlichen Glaubens und unter muslimischen Theologen verschiedener Richtungen organisierte. Damals verhielten sich unsere Buchstabengläubigen zumindest abweisend gegenüber den Anleihen aus der Fremde wie auch der Anwesenheit kontroverser Stimmen in der Stadt, die in ihren Ohren als blasphemisch erscheinen mußten. Allerdings war hier die Inszenierung, die der abweichenden Stimme einen Platz einräumt, vom Fürsten veranlaßt. Dies gestattet uns jedoch nicht die Behauptung, mit der

---

12 *Koran* II, 62.

Anwendung der Vernunft sei auf ihrem Siegeszug die Freiheit einhergegangen, denn diese blieb die große Unbekannte, vor allem im politischen Leben.

Im Bagdad der ersten Hälfte des 9. Jahrhunderts beginnt das große wissenschaftliche Abenteuer arabischer Sprache, ein Abenteuer, das bis ins 16. Jahrhundert andauert. Damals wurde die astronomische Schule von Bagdad gegründet, die sich auf spekulative Berechnung wie auf empirische Beobachtung stützte. Ebenfalls in dieser Stadt erfand Khuwarazmi die Algebra, er widmete sein Traktat al-Ma'mūn.

Neben dieser wissenschaftlichen Bewegung entstand gleichzeitig eine poetische Revolution, die durchaus in ein Zwiegespräch treten könnte mit dem Umbruch, wie er im Frankreich des 19. Jahrhunderts stattfand. Sollte sich der Leser in eine Position einfinden, die jenseits des Historischen nur den Kontext wertet, so könnte er durchaus die Worte dieser arabischen Dichter in ihren Anklängen an Baudelaire, Verlaine, Rimbaud und selbst Mallarmé schätzen lernen. Innerhalb des Korpus, den diese Poesie bildet, kann man Vorgehensweisen erkennen, die ebenso vielfältig sind wie die der eben erwähnten französischen Stimmen. Da ich dem Leser nicht durch zahlreiche Namen den Blick verstellen möchte, werde ich nur eine Gestalt anführen: den erkennbar Mallarmé'schen Dichter Abū Tammām (806-845), dessen Vater eine Taverne in Damaskus unterhielt. Durch außergewöhnliche Syntax, preziöse Wortwahl, hochentwickelte Paronomasie, Antithesen und Abstraktionen, formt er das Gelegenheitsgedicht, das seine Gattung ist (panegyrische Gedichte, Klagegesänge, Satiren, Schlachtbeschreibungen) in eine hieratisch-dunkle Poesie um, die nach Interpretation verlangt und deren Erfüllung erst in der Verlängerung durch den Kommentar stattfindet. Von ihm sei hier nur ein klares Distichon (auch dies gelingt ihm meisterhaft) wiedergegeben, allerdings in ver-

stiegenem Ton, das von der ewigen Liebe spricht in ihrer
Dialektik von Abwesenheit und Präsenz:

> Keine Vertrautheit gibt es für mich wenn du fort bist.
> Nur die Gedanken an dich bleiben allezeit da.
>
> Du bleibst mir näher als alle, die um mich herum sind.
> Wenn du auch fern bist, die Trauer um dich ist mir
> nah.[13]

Als einen Verwandten Baudelaires, der für das Aufkom-
men des kritischen und skandalträchtigen Individuums
steht, das die Überschreitung nutzt, um sie zum Motor
des Gedichts zu machen, möchte ich Abū Nuwās anführen (762-circa 813): Er stellt eines der radikalsten Beispiele dieser poetischen Revolution dar. Als Arabisch schrei-
bender Autor arabo-persischer Herkunft, besang er in äußerst provokativer Weise den Wein (der, wie jedermann
weiß, im Islam verboten ist) und die homosexuelle Liebe.
Er ist ein existentieller Dichter, der eigene Erfahrungen in
seine Dichtung einfließen läßt. Die Kritik seiner Zeit bezeichnete ihn als Sänger der Modernen Schule (der
Muhdathūn). Mit den Mitteln der Polemik wendet er sich
von der arabischen Poesie der Ursprünge ab, die mit der
Wüste und dem Nomadentum verbunden war. Für ihn ist
diese Lebensweise durch die Kargheit des Orts und die
Mühsal bestimmt, die diese Kargheit nach sich zieht. Der
ur-prünglichen Wüste stellt er die Eroberung der Metropole entgegen, all die Freuden, die sie bereithält, aber auch
die Tragik von Verschwendung und Maßlosigkeit, Lust
und Altern des Dandys, der ein Provokateur und Drauf-
gänger ist, von den religiösen Pflichten abgelenkt durch
alles, was sich seinen Sinnen anbietet. Er verleiht außerdem dem Gedicht eine Arithmetik aus formaler Einheit

---

13 Abū Tammām, *Divan*, hrsg. von Ilya al-Hāwī, Stück 212, S. 718, Beirut,
1981.

und Strenge, als erster in einer rhapsodischen, unbeständigen, ekstatischen Tradition. Noch heute liest sich diese Dichtung aus dem Hochmittelalter als wäre sie gestern geschrieben worden, als wäre die Tinte noch nicht richtig getrocknet. Man stelle sich vor, daß diese spektakulären Augenblicke der Kreativität aus einer Werkstatt kommen, deren Türen sich im Bagdad des 9. Jahrhunderts öffneten! Der Geist der Erneuerung war also schon sehr früh ausgeprägt, doch er blieb ohne Folgen.

Hier zwei Auszüge von Gedichten, sie künden von dem bösen Vergnügen eines fröhlichen Grenzüberschreiters. Bei seinen Glanzstücken kann ganz gewiß von *abath* die Rede sein, jener skandalösen Eitelkeit, durch die in den Augen unserer engstirnigen fundamentalistischen Zeitgenossen jede Kunst diskreditiert wird:

»Schenk mir und schenk Joseph ein
den köstlichen Wein
der uns schaudern läßt

Meide die Wirrnis in deinem Leben
und nimm nur den Frieden

Schenk mir ein bis zum Rand
ich mag keine Becher
die nur halbvoll sind

Die Flasche auf den Tisch
und das Buch daneben

Trink drei Gläser
und zitiere einen Vers

Das Gute hat sich mit Bösem vermischt
und – Gott möge mir verzeihen –

Der wird gewinnen in dem das eine
das andere überwand: genug!«

Oder

> »Zu wem, sagt er, willst du nach Mekka gehen?
> Ich antworte: ja, wenn es mit den Freuden
> von Bagdad vorbei sein wird.
> Wie soll ich denn auf Pilgerfahrt gehen
> solange ich hier abgesoffen bin
> bei der Kupplerin oder dem Wirt?«[14]

---

14 Abū Nuwās, *Divan,* hrsg. und kommentiert von A. A. M. al-Ghazāli, S. 120
(»Wein und Koran«) und S. 167 (»Die Freuden von Bagdad«), Beirut 1982.
(Der deutsche Leser vergl. das Kapitel *Abu Nuwas* in: Raoul Schrott, »Die Erfindung der Poesie«, Franfurt a. M. (Eichborn) 1997, S. 267-291 (Übersetzung
nach dem französischen Zitat, HT).

4

Hat man die Gesamtheit von Wissenschaft, technischer Entwicklung und dem Stand der Künste im Auge, so kann man zum Schluß kommen, daß die islamische Zivilisation bis in die Zeit des Barock und der Klassik hinein sich auf der Höhe dessen befand, was in Europa geschah. Was im 11., 12. oder 13. Jahrhundert im Islam geschaffen wurde, ist durchaus gleichwertig mit den Leistungen im Europa des 17. Jahrhunderts. Der Islam hat sich weit vorgewagt, er kam ganz in die Nähe des Zeitalters eines Descartes, Kepler, Kopernikus und Galilei.[15] Ausgehend vom 17. Jahrhundert und jenen Brüchen, für die diese Namen symbolisch stehen, wird dann eine Bewegung ausgelöst, die zum 18. Jahrhundert und damit zur Aufklärung führt. Durch sie wird Europa sich von den anderen großen Zivilisationen absetzen, der islamischen, chinesischen und indischen Kultur. So bringt erst das 18. Jahrhundert die Ablösung des Westens in jenem faszinierenden Strom von Ideen, die dann in den Ereignissen von 1789 verwirklicht werden. Wie Hegel einmal schrieb, wurde selten ein historischer Bruch so gründlich durchdacht, bevor man ihn in die Wirklichkeit umsetzte. Mit der Französischen Revolution hatte der Gedanke die Tat vorweggenommen: durch ihn war sie nicht aufzuhalten.[16]

---

15 Ahmad Djebbar, *Une histoire de la science arabe,* entretiens avec Jean Rosmoduc, S. 101-106 und S. 366-370, »Points-Sciences«, Paris (Le Seuil) 2001.

Immerhin haben noch am Ende des 17. und Anfang des 18. Jahrhunderts Europäer bei Begegnungen mit der islamischen Polis die materiellen Verhältnisse, aber auch die sie umrahmende gesellschaftliche Moral als gleichwertig angesehen. Dies wird durch zwei Beispiele deutlich. Antoine Galland (1646-1714) versucht in seiner Anthologie der orientalischen Sprüche und Maximen das moralische Bewußtsein des Europäers zu bereichern, indem er auf Lehren zurückgreift, die er aus dem arabischen, türkischen oder persischen Fundus schöpft.[17] Und die Gattin des englischen Botschafters bei der Hohen Pforte (1717-1718), Lady Mary Montagu, kommt manchmal nicht umhin, in ihren Briefen die Verhältnisse im Osmanischen Reich positiver zu beurteilen als die europäischen, vor allem was die religiöse Toleranz betrifft. Dies versichert sie nach ihren Gesprächen mit einem theologischen Gelehrten, dem Effendi Ahmad Bey, bei dem sie drei Wochen in Belgrad wohnt. Sie stellt fest, daß der tiefere Einblick in die Geheimnisse der Effendis eine Art Deismus offenbart, der im Großen und Ganzen dem akbaristischen Denken entspricht (die relativistische Theorie von Ibn 'Arabi), welches innerhalb der osmanischen Elite vorherrschend ist.[18]

Mit der Ausweitung der Freiheit, der Stärkung des Individuums und der Menschenrechte sprengte das 18. Jahrhundert die Verbindung der Gleichwesentlichkeit zwischen Politik und Religion. Der Beginn einer Problemstellung, die sich fortpflanzen, kristallisieren und zu jenen Lösungen führen wird, die (grundlegend für das Folgende) im

---

16 G. W. Friedrich Hegel, *Phänomenologie des Geistes*, in: »Hegels sämtliche Werke«, hrsg. J. Hoffmeister, Band 2, Leipzig (Felix Meiner) 1937, »Die Aufklärung« S. 383 ff., »Die Wahrheit der Aufklärung« bes. S. 412.
17 Antoine Galland, *Les Paroles remarquables, le bons mots et les maximes des Orientaux*, vergl. vor allem das Vorwort von Abdelwahab Meddeb, »La Sagesse des Orientaux«, S. 5-14, Paris (Maisonneuve & Larose) 1999.
18 Vergl. Lady Mary Montagu, *Briefe aus dem Orient,* bearb. von I. Bühler, Frankfurt a. M. (Societäts-Verl.) 1991.

Europa des 18. Jahrhunderts umgesetzt werden, wäre in einem arabischen Text des Westens auszumachen, der berühmten Abhandlung *Unterscheidende Rede ...* von Averroës (1126-1198).[19] In diesem Buch entwirft der Philosoph aus Cordoba ein System des Denkens, das auf den ersten hellenisierenden Philosophen aus Bagdad, al-Kindi (796-873) zurückgeht. Dessen Reflexion über das Verhältnis zwischen Religion und Philosophie, Theologie und Technik, nimmt Averroës auf und vertieft sie, wobei die Philosophie der logischen Technik gleichgesetzt wird, welche die Grundlage seiner Methode bildet (Averroës nennt sie auf Arabisch *ela*, das heißt Instrument, das von Aristoteles überkommene *organon*, das dabei helfen soll, die unerschöpfliche Artikulation der Sprache in der Welt gedanklich zu fassen). Die erste Station in diesem langen Prozeß bildet die Übermittlung dieser Problemstellung zu den europäischen Averroisten, die vor allem christlichen aber auch jüdischen Glaubens sind.[20] In diesem philosophischen Abenteuer, mit dem die grundlegende Aufteilung und Autonomie der einzelnen Felder festgelegt wird, nehmen die Ideen aus dem Griechischen ihren Weg ins Arabische, gelangen dann ins Lateinische, ins Hebräische und in die lebenden europäischen Sprachen. Hier hat der Islam dieselbe Perspektive wie der Okzident, in der arabischen Sprache erfuhr der Prozeß jedoch eine Unterbrechung, während er in den europäischen Sprachen weitergeführt wurde.

---

19 Vergl. Averroès, *Discours décisif*, arab.-frz. Ausgabe von Marc Geoffroy, Paris (Flammarion), 1996. Der Text wurde unter dem Titel Averroës: »Unterscheidende Rede und Feststellung der Verbindung, welche zwischen Religion und Philosophie obwaltet« von Marcus Joseph Müller ediert, zuerst in arabischer Sprache, München (Königl. bayr. Akad. der Wissenschaften) 1849. Deutsche Übersetzung von Marcus Joseph Müller, *Harmonie und Religion*, in: »Philosophie und Theologie von Averroës.« München (Königl. bayr. Akad. der Wissenschaften) 1875, S. 1-25 (Anm. HT).
20 Vergl. Alain de Libera, *Penser au Moyen Age,* Paris (Le Seuil) 1991. Vergl. außerdem Maurice-Rouben Hayoun und Alain de Libera, *Averroès et l'averroïsme*, Paris (Que sai-je/PUF) 1991.

Dennoch wäre die Annahme ein Irrtum, daß sich im
Islam die Energie des Denkens und die Kreativität er-
schöpft hätten, da Averroës ohne Nachfolger blieb. In seinen Büchern[21] hat Henry Corbin daran erinnert, welche
schöpferischen Nachfolger Avicenna sowohl auf Arabisch
als auch auf Persisch beschert waren, vor allem unter den
persischen Platonikern. Diese waren vom plotinischen Erbe
geprägt (lange Fragmente der *Enneaden* waren auf Arabisch seit Beginn des 10. Jahrhunderts bekannt durch die
fälschlicherweise Aristoteles zugeschriebene *Theologie*.)
Hinzu kommen die Meditationen Avicennas (980-1037)
– der dem aristotelischen Vermächtnis eine spirituelle
Fassung gibt –, Sohravardis (1155-1191) – der den zoro-
astrischen Fundus wiederentdeckt – und Ibn 'Arabis (1165-
1240) – der diesen kühnen Interpretationen das Feuer der
inneren Erfahrung hinzugesellt. Diese Bewegung des Denkens und Lebens wird im 17. Jahrhundert große Geister
hervorbringen – etwa Mollah Sadra Shirazi (gestorben
1640) – und sogar noch später, etwa die Schule der *shaykhi*
(im Umkreis der Stadt Kerman),[22] die ebenfalls bis ins 19.
Jahrhundert große Gelehrte hervorgebracht hat. Der Horizont verändert sich mit dieser spirituellen Bewegung, die
eher schiitisch ist, und dennoch die Spekulationen des
sunnitischen Sufismus akbarischer Prägung trifft (diese
werden bis ins 17. Jahrhundert große Texte hervorbringen, etwa des Syrers Nabulusi; sogar bis ins 19. Jahrhundert, wenn man den ins damaszenische Exil verbannten
Algerier, den Emir Abd el-Kader, hinzurechnet). In dieser
Perspektive wird man schließlich »der ontologischen Un-
endlichkeit gegenüber der kosmologischen Endlichkeit«[23]
den Vorzug geben.

---

21 Vergl. vor allem Henry Corbin, *Histoire de la philosophie islamique,* Paris
(Gallimard) 1974.
22 Vergl. *Handwörterbuch des Islam*, Leiden (Brill) 1941, Stichwort *shaikhi*, S.
617 (Anm. HT).

Hier tritt der Kontinent der Seele in den Vordergrund, der die Leidenschaften erregt, und wenn über Politik nachgedacht wird, dann nur, falls sie der Seele das Kommando überträgt. Kurz, wer den reichen Kontinent der Seele mit seiner Inbrunst belebt, besteht in seinen Taten wie in seinen Vorstellungen auf Abkehr von der weltlichen Politik. Es handelt sich eher um einen poetischen und metaphysischen Rückzug, als daß man sich einer Verantwortung entzieht möchte, welche die Geschicke der Polis bestimmt. Durch diesen Rückzug entsteht eine spirituelle Tradition, die immer mehr an Tiefe gewinnt und sich mit jenem aristokratischen Sinn für Moral verbindet, der dem Wesen der islamischen Zivilisation entspricht.

Auch die wissenschaftlichen Aktivitäten wurden nicht eingestellt. Als Beweis möchte ich die konsequente Forschungs- und Beobachtungstätigkeit in der Astronomie in Mittelasien anführen, unternommen als Fortführung der internationalen Schule von Maragha (1259-1316), sowohl in Samarkand (wo 1420 ein Observatorium gegründet wurde, das mindestens bis 1500 aktiv blieb) als auch in Istanbul (das der Gelehrte Taqiy ad-Dîn 1575 mit seinem Observatorium ausstattete).[24]

Und es sollte auch nicht vergessen werden, daß die Künste in Form von Architektur oder Malerei in verschiedenen islamischen Staaten weiterhin gediehen: Unter den Timuriden in Mittelasien (15. Jahrhundert), den Sefewiden in Persien (16.-17. Jahrhundert), den Moguln in Nordindien (17.-18. Jahrhundert), den Osmanen auf allen drei Kontinenten, über die sich das Reich erstreckte (14.-19. Jahrhundert).

---

23 Christian Jambet, *Se rendre immortel,* S. 86, wo? Fata Morgana, 2000.
24 Vergl. Régis Motelon, »Panorama général de l'astronomie arabe«, in: Roshdi Rashed (Hrg.), *Histoire des sciences arabes,* Bd 1, S. 29-30, Paris (Le Seuil) 1997

5

Es wäre also höchste Zeit, sich von dem Stereotyp zu verabschieden, das besagt, die islamische Zivilisation habe ihre Fruchtbarkeit bereits Ende des 12. Jahrhunderts eingebüßt, gleichzeitig mit dem Ende des Averroismus und der theologischen Reaktion auf dieses philosophische Werk. Im äußersten Fall kann man annehmen, daß die Geister seit dem 15. Jahrhundert von einer Entropie erfaßt wurden, die sie allmählich, jedoch unwiderruflich in den Abgrund zog. Was allerdings auf dem Gebiet des Timuridischen Fürstenhauses gebaut und erfunden wurde (zwischen Samarkand, Bokhara, Taschkent, Herat) braucht den Vergleich nicht zu scheuen mit dem, was sich zur selben Zeit, dem Quattrocento, im Florenz der Medicis oder im Burgund der Brüder Limburg glanzvoll zeigte. Jene Timuriden werden ausführlich von Antoine Galland in seinen *Paroles remarquables* ... erwähnt, jener Schrift, mit der er zum Plutarch der Muslime werden wollte. So schildert er häufig den timuridischen Herrscher Shah Rokh, einen Abkömmling Tamerlans, als gebildete, wenn nicht gar aufgeklärte Monarchengestalt, in erbaulichen Passagen ein Vorbild für die europäischen Könige dem es nachzueifern gilt.[25]

---

25 Galland a. a. O. S. 101-107. Vergl. auch die Lebensgeschichte eines Timuriden: Zahiruddin Mohammad Babar, *Die Erinnerungen des ersten Großmoguls von Indien*, die Baburnamä, übersetzt von Wolfgang Stammler, Manesse 1988 und den Artikel von Amitav Gosh: »Babur, Herrscher von Kabul«, in: *Lettre International*, Heft 56, 2002 (Anm. HT).

Angesichts der politischen Misere der verschiedenen islamischen Gemeinschaften, angesichts der nicht aufzuhaltenden Verbreitung des Fundamentalismus, gehört es bei manchen Intellektuellen, die sich für modern halten, zum guten Ton, diese kreative und nachhaltige Energie zu mißachten. Sie unterschätzen damit einen bedeutenden Beitrag zur Zivilisation, den sie überdies nur für das aristokratische Milieu gelten lassen und ins Reich des Kontemplativen verweisen, in diesem Zusammenspiel habe er lähmend gewirkt auf notwendige politische Reformen. Mit dem Beweis des politischen Scheiterns gewappnet, predigen diese kritischen Intellektuellen eine Rückkehr zu Averroës, um über diese historische Besonderheit den Weg zur Neubestimmung des Staatsbürgers zu eröffnen, der den Einfluß des Westens relativieren soll, da eine Ausschließlichkeit westlichen Denkens in ihren Augen als verletzend, wenn nicht beschämend gilt.[26] Solche Intellektuelle führen gegen uns das dialektische Verhältnis zwischen Besonderem und Universellem ins Feld, das ihnen über ihre Identitätsprobleme hinweghelfen soll angesichts einer objektiv verwestlichten Welt. Besser wäre es, jeder würde sich in aller Gelassenheit die westliche Aufklärung zueigen machen.

Erst durch solch eine Aneignung wird die Wahrheit der Aufklärung in ihrem vollen Glanz erstrahlen: Wenn sich jeder Nicht-Europäer an ihr erleuchtet, tritt diese Wahrheit endlich aus dem Nebel hervor, hinter dem sie verborgen bleibt, weil sie von den Nachkommen derer, die sie der Welt geschenkt haben, in ihr Gegenteil verkehrt wird.

---

26 Diese Tendenz wird von dem marokkanischen Gelehrten Mohamed Abed al-Jabri repräsentiert. Vergl. seine Einführung zu der Paraphrase des Platon´schen *Staates* durch Averroës, in der es heißt: »Mit diesem Buch, das nunmehr in die Arabische Sprache zurückkehrt, können wir mit Stolz feststellen, daß wir auf eigenem Gebiet die Antworten finden können, die zu unseren aktuellen Problemen passen«, S. 9-10, Beirut, 1998.

Wenn ein Prinzip durch die Realität der historischen Tatsachen dementiert wird, ist das nicht hinreichend, um die dahinter stehende Idee zu disqualifizieren.

Solche Makel wurden bereits sehr früh aufgespürt, nämlich im Jahr 1834, als der erste algerische Text in französischer Sprache erschien, *Le Miroir* von Hamdane Khodja, ein wirres Buch, das lediglich durch eine Bemerkung Wert besitzt, die auf der zweiten Seite des Vorworts[27] erscheint. Hier wird etwas formuliert, was als ein unwiderlegbares Argument für jede antikoloniale Position gelten kann. In dem Moment, da man im Namen der Freiheit der Völker in Europa Belgien, Griechenland und Polen zuhilfe eilt, unterdrückt Frankreich, das diese Auffassung von Freiheit in die Welt gesetzt hat, tatsächlich ein anderes Volk, diesmal allerdings in Afrika:

> »Ich sehe wie man Griechenland unterstützt und befestigt, nachdem man es dem Osmanischen Reich entrissen hat. Ich sehe, wie das belgische Volk aus Holland ausgegliedert wird, wegen eines Unterschieds der politischen und religiösen Prinzipien. Ich sehe, wie alle freien Völker am Schicksal der Polen und der Wiedererrichtung ihres Nationalstaats Anteil nehmen, und ich sehe auch, wie die englische Regierung mit der Befreiung der Neger ihren Ruhm unsterblich macht, wie das britische Parlament eine halbe Milliarde zur Verfügung stellt, um diese Befreiung zu fördern. Wenn ich aber den Blick auf das Land Algerien richte, dann sehe ich seine bedauernswerten Bewohner unter dem Joch von Willkür, Auslöschung und allen Geißeln des Krieges, und all diese Schrecknisse werden begangen im Namen der französischen Freiheit.«

---

27 Hamdane Khodja, *Le Miroir,* Paris (Sindbad) 1983, S. 38 (Übers. nach dem französischen Zitat HT).

Dem ist nichts hinzuzufügen. Mit dieser Aussage haben wir einen der ersten Proteste gegen die westliche Verirrung vor uns, die den Europäer gegen das (zum Prinzip erhobene) Ideal verstoßen läßt, wenn die Wahrung seiner Hegemonie das verlangt.

Sollten wir etwa der Kritik zustimmen, die Carl Schmitt 1926 an den Kolonialreichen formulierte? Der deutsche Rechtsphilosoph hebt die Illusion der demokratischen Universalität hervor, die zur Konfrontation von Staatsrecht und Völkerrecht führt, weil sie Homogenität und Gleichheit nur nach Innen denkt, und damit ihren universellen Charakter außer Kraft setzt. Demokratie war damals auf den Westen beschränkt, weil dieser nicht in der Lage war, eine universelle Gleichheit zu schaffen. Unter kolonialen Umständen erweist es sich, daß die Grundlage der Demokratie lediglich das Konzept interner Homogenität und Gleichheit darstellt.

> »Kolonien, Protektorate, Mandate, Interventionsverträge und ähnliche Formen der Abhängigkeit ermöglichen es heute einer Demokratie, eine heterogene Bevölkerung zu beherrschen, ohne sie zu Staatsbürgern zu machen; sie von dem demokratischen Staate abhängig zu machen und doch gleichzeitig von diesem Staat fernzuhalten. Das ist der politische und staatstheoretische Sinn der schönen Formel: die Kolonien sind staatsrechtlich Ausland, völkerrechtlich Inland.«[28]

Schmitt zufolge setzt sich die Idee von universeller – also absoluter – Gleichheit von selbst außer Kraft; sie ist ein leeres Konzept, das um sich selbst kreist.

---

28 Carl Schmitt, »Der Gegensatz von Parlamentarismus und moderner Massendemokratie«, in: *Positionen und Begriffe*, Berlin (Duncker & Humbolt) 1994, S. 68.

> »Bisher hat es noch keine Demokratie gegeben, die den
> Begriff des Fremden nicht gekannt und die Gleichheit
> aller Menschen verwirklicht hätte.«[29]

Schließlich definiert Schmitt die Kolonien mit einer lapidaren Formel:

> »völkerrechtliche Abhängigkeit [verbunden] mit einer
> staatsrechtlichen Fremdheit«[30]

Nahezu ein Jahrhundert später leistet diese Definition ihren Beitrag zu der Bemerkung von Hamdane Khodja. In ihr wird sich wohl jeder Algerier wiedererkannt haben, der sie zu ihrer Zeit lesen konnte.

Können wir aber nun, da wir in einer postkolonialen Epoche leben, behaupten, daß diese Verirrungen und Illusionen nicht mehr das Handeln der Menschen bestimmen? Oder haben sie sich lediglich andere Masken und Verkleidungen zugelegt? Wird dieses Denken nicht aufgegeben, kann man mit Sicherheit davon ausgehen, daß es bei jedem das Ressentiment nähren wird, der unter seinen Folgen zu leiden hat. Und dies ist der Fall beim islamischen Subjekt.

---

29 Schmitt S. 69.
30 Schmitt S. 69-70.

6

Vielleicht könnte eine Rückbesinnung auf Averroës durchaus hilfreich sein für die pädagogische Anleitung des islamischen Subjekts, das in seiner Verwirrung und Orientierungslosigkeit offene Ohren hat für die Einflüsterungen der finstersten fundamentalistischen Chimären. Tatsächlich erscheint es nicht unsinnig, den Denker des 12. Jahrhunderts dort in Anspruch zu nehmen, wo er in unserer Sprache Probleme seiner Zeit analysierte und löste, wenn sie uns heute noch immer den Weg verstellen. Dies ist der Fall beim Verhältnis zum Anderen und bei der Ungleichheit der Frau.

Das Verhältnis zum Anderen, zum Fremden, wird zu Beginn des Traktats *Unterscheidende Rede...*[31] mit großer Eleganz umrissen. Der Gedankengang des mittelalterlichen Philosophen aus Cordoba wäre als Antwort geeignet gegen alle, die noch heute so überaus empfindlich auf ihre Identität pochen. In Wirklichkeit wird hier der gesunde Menschenverstand eingesetzt zur Lösung der Frage (auf dem Umweg über ein logisches Problem), ob es gestattet ist, von fremden Völkern zu lernen. Beim Einsatz der eigenen Vernunft, um Gott zu erkennen und die Unverletztheit der Dinge, die er mit Sein ausgestattet hat, empfiehlt Averroës tatsächlich, auf eine Methode zurückzugreifen, die das Unbekannte aus dem Bekannten entwickelt.[32] Diese

---

31 Averroès, *Discours* ... S. 106-113. *Philosophie und Theologie* S. 1-25.

Methode ähnelt in ihren Prämissen wie in ihren Besonderheiten dem Syllogismus. Sie dient als Instrument des theoretischen Denkens, ganz wie die Werkzeuge bei der Arbeit.[33] Beim Einsatz des Instruments der Logik (Verstan-
des-Syllogismus), stellt Averroës fest, daß den ersten Ge-
nerationen (sie sind der Humus der Tradition) dieses Instrument unbekannt war. Er schiebt die argwöhnische
bid'a, (»bedenkliche Neuerung«) beseite, der wir begegnet sind, als vom Emir Abd el-Kader die Rede war. Dieser
Begriff wird immer wieder von den beschränkten Orthodoxen genutzt, um Wege zu verstellen, die man durch Anleihen bei Fremden oder Übernahmen ausländischer Neue-
rungen beschreiten könnte. Averroës meint, es wäre sinnlos, seine Zeit damit zu vertun, daß man selbst das noch
einmal erfindet, was von anderen bereits erfunden wurde.
Das Sammeln von Wissen ist universell. Jedermann kann
sich hier bedienen, gleichgültig welcher Ethnie, Sprache
und welchen Glaubens er ist. Indem Averroës dazu auffor-
dert, die Methode der Alten (der antiken Griechen) anzu-
nehmen, übergeht er das Dogma der *jahilliyya*, das eine
Ära der Unwissenheit annimmt, welche durch die Ära der
Gnade abgelöst wird, die der Islam eröffnet. Er ist nicht
nur der Auffassung, daß die Pflege der Überlieferung alter
Völker anderen Nationen zum Vorteil gereichen könnte,
sondern er kann mit Vorschlägen aufwarten, wie man sie
aufzunehmen hat: Wir sollten uns über sie freuen und den
antiken Denkern dankbar sein für alles, was sie in Einklang mit der Wahrheit erfunden haben, dürfen allerdings
nicht vergessen, die Öffentlichkeit vor ihren Irrtümern zu
warnen, indem wir auf sie hinweisen. Bis zu dieser Feststellung ist das Wort für die antiken Griechen auf Arabisch *qudāma*, was die Alten heißt, also »die Alten vor

---

32 Averroës, *Philosophie und Theologie* S. 2.
33 Averroës, *Philosophie und Theologie* S. 3.

Auftauchen der Nation, die dem islamischen Recht unterworfen ist«.[34] Im folgenden Teil stellt Averroës schließlich
eine sehr schöne Ambivalenz her, wenn er von jenen spricht,
»die uns unter den alten Völkern vorausgingen«, und den
Begriff *umam as-sālifa*[35] gebraucht. Dieser stammt aus der
Wurzel s-l-f, so wie das Wort, das für die »frommen Alten« aus Medina steht, jene *salaf*, auf die sich alle beziehen, die in der Geschichte des Islam die Rückkehr zum
Ursprünglichen in Anspruch nehmen (nicht zu vergessen
die »Fundamentalisten« des 19. Jahrhunderts, deren Ga-
lionsfigur Mohammed Abduh[36] ist, und die aktuellen
Islamisten). Als wollte der arabische Aristoteliker aus Spanien unbewußt die Griechen, die ja Fremde und Heiden
sind, an die Seite der Gestalten stellen, welche ihren Platz
im islamischem Mythos haben.

Den Frauen, jener Andersheit, die auf dem geschlecht-
lichen Unterschied gründet, gilt die Analyse des Averroës
in seiner Paraphrase des Platon´schen *Staates*, deren ara-
bisches Original verloren ist. Überliefert ist es in der hebräischen Übersetzung, die 1321 von dem Marseiller Juden Samuel Ben Yehuda in der Zitadelle von Beaucaire
angefertigt wurde.[37] Ausgehend von dieser Übersetzung
verfügen wir auch über eine lateinische Fassung, die von
einem jüdischen Schüler des Pico della Mirandola (1491)
angefertigt wurde. Auf diese Weise konnte das neo-

---

34 *Philosophie und Theologie* S. 4.

35 *Philosophie und Theologie* S. 9. Müller übersetzt hier: Kirchenväter (Anm.
HT)

36 Die Bewegung, die er unterstützt, heißt wie wir sehen werden *salafiya*, ein
Hinweis auf eben jene *salaf*.

37 E. I. J. Rosenthal, *Averroes Commentary on Plato's Republic*, Cambridge
1956. Die Mängel dieser Übersetzung wurde von der Kritik bemerkt. Daraufhin legte Ralph Lerner eine andere Übersetzung vor: *Averroes on Plato's Republic*,
Cornell University Press 1974. Dieser Text wurde durch die Bemühungen von
Ahmed Sha'lān, Professor für Hebräisch an der Universität von Rabat (Beirut
1998) wieder ins Arabische rückübersetzt: vergl. Fußnote 26.

platonische Milieu im Florenz des Quattrocento ebenfalls den Kommentar des arabischen Philosophen nutzen.

Da die *Politik* des Aristoteles ihm nicht zur Verfügung stand, entschloß sich Averroës, die platonische Utopie aktiv zu lesen (Zuammenfassung, Kommentar, Aktualisierung). Und er ist mit dem athenischen Philosophen vollkommen einig, daß in der Natur zwischen Mann und Frau Gleichheit besteht. Deshalb können beide Geschlechter an denselben großen Dingen Anteil haben: Es kann unter den Frauen Philosophen geben, große Heeresführer und politische Führer. Diese Gleichheit setzt aber nicht die Differenz außer Kraft, die beide Geschlechter trennt: Die Männer sind für die ihnen auferlegten Pflichten etwas besser geeignet, die Frauen geschickter in der Ausführung anderer Aufgaben. Das gilt für die musikalische Interpretation: Man sagt, daß Melodien dann wirklich von größter Vollkommenheit sind, wenn Männer die Komposition und Frauen die Aufführung übernehmen. Es ist also offensichtlich, daß Männer und Frauen dieselben Berufe in der Polis ausüben können, weil sie beide derselben Natur zugehören. Da aber die Frauen körperlich schwächer sind, sollten sie weniger anstrengende Pflichten haben. Sie sind sogar in der Lage, die Kriegskunst zu beherrschen, wie man in den barbarischen Ländern feststellen konnte, die sich jenseits der Grenzen des Reichs erstrecken. Um diese Behauptungen mit einem Beispiel zu erläutern, nimmt Averroës noch einmal das Bild aus der Tierwelt auf, das zu Beginn des Texts über die Klasse der Wächter Verwendung fand:[38] obwohl schwächer, sind die Hündinnen ebenso wild wie ihre männlichen Artgenossen, wenn es darum geht, die Hyänen zu bekämpfen, die die Herde angreifen.

---

38 *Hafadha*, der von Averroës verwendete Begriff, ist koranisch (VI, 61). Er betrifft die Wächter-Engel (schützende und beobachtende); Farabi verwendet auch *hurrās*, »Wächter« in einem »weltlicheren« Sinn.

Nach einem zustimmenden Resumee schreitet Averroës zur Aktualisierung innerhalb des Kommentars, wo er gewissen Frauen – die intelligent und guten Sinnes sind – die Möglichkeit zuspricht, die politische Autorität zu erlangen. Er hat wohl an den Islam gedacht, wenn er bemerkt, daß gewisse Gesetze ihnen die Ausübung der höchsten Macht (er nennt es »das große Imamat«) untersagen, da man überzeugt war, daß es solche Frauen nur in seltenen Fällen geben kann.

Allerdings bleiben die Frauen dieser Städte (damit sind die ihm bekannten Gemeinden Andalusiens gemeint) von der Teilnahme an den großen Dingen ausgeschlossen, weil sie sich der Versorgung ihrer Ehemänner sowie dem Gebären, der Ernährung und Erziehung der Kinder widmen, und mit solchen Pflichten vollkommen ausgefüllt sind. Im übrigen gleichen sie Pflanzen. Da ihr Unterhalt eine schwere Bürde für die Männer darstellt, werden sie zu einem Grund für die Armut in diesen Städten. An den notwendigen Aktivitäten beteiligen sie sich nämlich nicht. Sie tragen höchstens durch rudimentäre Tätigkeiten wie Spinnen und Weben zur Produktion bei. So die abgeklärte Meinung des Averroës, natürlich um die Gleichstellung der Frauen zu fördern, zwischen den Zeilen für ihre Befreiung eintretend. In dem er hier ökonomisch argumentiert, trifft er sich mit den feministischen Forderungen unserer Zeit, die die Befreiung der Frau in Zusammenhang mit ihrer Teilnahme an der Produktion sehen, um ihnen die finanzielle Abhängigkeit zu ersparen, die alle anderen Abhängigkeiten nach sich zieht. Diese Verteidigung der Frauen wurde in arabischer Sprache von einem muslimischen Mann des 12. Jahrhunderts verfaßt. Sie kann noch immer als Plädoyer dienen, um die Frauen aus der Ungleichheit und ihrer Gefangenschaft zu befreien, unter der sie häufig in zahlreichen islamischen Gebieten zu leiden haben, heute, zu Beginn des 21. Jahrhunderts.

7

Wir kommen nicht umhin, festzustellen, daß der islamische Fundamentalismus wächst und weltweit Verbreitung
gefunden hat. Das Ereignis des 11. September 2001 wurde nur durch die Tatsache möglich, daß das westliche Vorbild sich gewandelt hat. Das europäische wurde zu einem
amerikanischen Modell.

Offenbar hat das europäische Modell, in dem ich aufgewachsen bin, dessen Wurzeln in der französischen Aufklärung liegen und das mich mit seiner französisch-arabi-
schen Erziehung formte, seine Attraktivität verloren. Das
mußte ich feststellen, als der Schleier als Thema erneut
auf die Tagesordnung kam, der in Europa eine hohe Sym-
bolkraft besitzt. In meiner Kindheit (in den 50er Jahren)
erlebte ich in einer Hochburg des Islam, der Medina von
Tunis, im Zuge von Verwestlichung und Modernisierung
die Entschleierung der Frauen. Dies betraf die Frauen,
Töchter und Schwestern der Juristen, die einen Lehrstuhl
in der tausendjährigen theologischen Universität Zituna
innehatten (mit Qarawin in Fes und al-Azhār in Kairo gehört sie zu den drei wichtigsten Hochschulen des
sunnitischen Islam). Die Entschleierung der Frauen im konservativen Milieu, in dem ich aufwuchs, war nicht nur
Folge von Bourguibas Emanzipationskampagne. Im noch
traditionellen Marokko hatte Mohammed V. persönlich
seine Töchter entschleiert. Das lag damals in der Luft, nicht
nur weil es nicht weit bis Frankreich ist. In der ganzen

arabischen Welt begleitete die Entschleierung einen Prozeß, der bereits Ende des 19. Jahrhunderts begonnen hatte. Am Anfang stand Qāsim Amīns Pamphlet über die
Unterdrückung der Frau, deren Knechtschaft durch den
Schleier symbolisiert wurde. Inspiriert von liberalen Ko-
ran-Auslegungen von Scheich Mohammed 'Abduh (1849-
1905), hatte Qāsim Amīn das Buch *Tahrīr al-Mar'a* (»Die
Befreiung der Frau«) verfaßt. Seine Ideen hatten die Frau-
en selbst mobilisiert, in einem Prozeß, der 1925 in Ägypten zur Gründung der Feministische Bewegung führte.
Deren Vorsitzende Hoda Sha'rāwi legte 1926 den Schleier
in aller Öffentlichkeit ab. Qāsim Amīn macht sich in seinem Pamphlet nicht etwa für die vollständige Befreiung
der Frau stark. Anstatt des traditionellen Schleiers schlägt
er beispielsweise einen praktischen Ersatz vor, der den
Vorschriften des Koran Genüge tut, ohne die Frauen in
ihren Bewegungen zu behindern, oder ihre Teilnahme an
den Aktivitäten der Polis zu stören. Vor allem erinnert er
daran, daß die Unterdrückung der Frau nicht vom Islam,
sondern vom Brauchtum ausgeht. Diese Auffassung stimmt
mit dem überein, was die Anthropologin Germaine Tillion beschrieb, als sie nach Forschungen in einem islamischen Gebiet (dem Aurès) die Verschlechterung der Le-
bensbedingungen der Frauen in einen größeren Zusammenhang stellte. In ihrer Abhandlung über die Frau und
den Schleier sah sie »das Einsperren der Frauen im gesamten Mittelmeerraum als Teil *der Entwicklung, dem
unaufhörlichen Abstieg der Stammes-Gesellschaft*«. Sie
führte auch Gründe an, weshalb »dieser demütigende
Zustand so häufig fälschlicherweise dem Islam angelastet
wurde ...«[39]

---

39 Germaine Tillion, *Le Harem et les coussins,* Paris (Points/Le Seuil) 1966, S.
18. (Übers. nach dem frz. Zitat HT).

Die Bewegung, die an die Frauen appelliert, Schluß zu machen mit ihrer Gefangenschaft, geht einher mit den kulturellen Auswirkungen einer fortschreitenden Verwestlichung. Diese hat schon im letzten Viertel des 19. Jahrhunderts das Denken und Handeln der Theologen geprägt. Für Scheich Mohammad 'Abduh gilt das, den Meister des *Salafismus* (der die Modernisierung und die Rückkehr zu den *salaf*, den alten Frommen des frühen Islam in einem fordert: eine Form des »Fundamentalismus«, die vom heutigen zu unterscheiden ist).[40] Dieser Scheich wandte sich gegen die europäische Hegemonie und gleichzeitig auch gegen den lokalen Despotismus. Sein Bestreben war es, die Errungenschaften der westlichen Zivilisation möglichst unverfälscht in die Fundamente des Islam einzufügen. Er las das *Traktat über die Ethik* des hellenisierenden Philosophen Miskawayh (932-1030)[41] und dachte über die Bildung von Staaten und Zivilisationen und deren Niedergang nach, wobei er das mit Zyklen und Anbrüchen arbeitende Denken Ibn Khaldūns (1332-1406) mit dem des konservativen Historikers François Guizot (1787-1874) verknüpfte. Wie bei seinem Lehrer Afghāni (1839-1897) war der Niedergang seiner Zivilisation Ausgangspunkt seiner Überlegungen. Um dem abzuhelfen griff er Thesen Afghānis aus dessen Kontroverse mit Ernest Renan auf:[42] Der Islam ist nicht unvereinbar mit dem wissenschaftlichen Geist; es genügt, die materiellen Verhältnisse der großen Zeit wieder herzustellen, damit die islamische Polis zur wissenschaftlichen *Kreativität* zurückfindet. Auch Mohammed 'Abduh räumt die Notwendigkeit einer Veränderung ein. Aber die Bedingung für eine solche Veränderung liegt im Respekt vor den Prinzipien des Islam. Seiner geistigen Offenheit ist es zu verdanken, daß er seine Vorstellungen mit einem Hintergrund ausstattet, der dem Positivismus von Auguste Comte entliehen ist. 'Abduhs Bestreben war, innerhab des Islam die Elemente einer rationalen Religion zu finden, die den Zugang zur Moderne begleiten könnte. Er rief zur Schaffung einer Eli-

---

40 Westliche und christliche Konnotationen hatten bei der Prägung der beiden Neologismen *fondamentalisme* und *intégrisme* Anteil. *Fondamentalisme* bezeichnet eine konservative Strömung, die zwischen 1900 und 1920 durch den amerikanischen Protestantismus ging; während *intégrisme* ursprünglich für die Position von Katholiken verwandt wird, welche die vom Vatikan zwischen den 50er und den 80er Jahren in Angriff genommenen oder innerhalb der Kirche ausgearbeiteten Reformen ablehnten (dtsch.: »Traditionalisten«). Trotz dieser Konnotationen bin ich der Ansicht, daß sich »Fundamentalismus« sehr gut für den Geist des Salafismus eignet, dessen Anhänger den Islam zu modernisieren versuchten und dennoch die »Fundamente« zu erhalten bestrebt waren (durch Rückkehr zur ursprünglichen Utopie). *Intégrisme* paßt dagegen zu den Bewegungen, die seit 1930 von den Muslimbrüdern ausgelöst wurden und alle heutigen Islamisten und Terroristen umfassen. Indem wir diesen Begriff verwenden, denken wir an die Polysemie des Wortes Integrität: Zustand einer Sache, die intakt geblieben ist, aber auch in dem veralteten Sinn von »Tugend«, absolute Reinheit. Während Integrität qualitativ ist, ist das Französische *integralité* quantitativ: Zustand einer Gesamtheit. Eine Vorschrift *dans son intégralité* befolgen, bedeutet, sie insgesamt zu befolgen. Der Islamismus ist also Integrismus, wenn er die Integrität seines Gesetzes predigt, dessen Anwendung er in seiner Gesamtheit fordert. Damit setzt er jede Andersheit außer Kraft und fordert eine Form des Daseins, das einen neuen Namen in den Katalog der Totalitarismen einfügt, die im letzten Jahrhundert gewütet haben. Zwischen beiden Wörtern (*fondamentalisme* und *intégrisme*) gibt es einen Unterschied der Intensität: Zwang wird zum Terror und Kampf zu Krieg. (Wir haben uns für den in Deutschland üblichen Begriff Fundamentalismus entschlossen. Auch hier gibt es Überschneidungen mit anderen politischen Richtungen und interessante Überblendungen: Man denke nur an die fundamentalistischen Strömungen der Grünen, die heute nur noch in der Kurzform »Fundis« bekannt sind. Anm. HT) Dagegen zögere ich, *intégrisme* mit *islamisme* gleichzusetzen, denn bis zu Ernest Renan hat man den Islam in Frankreich so genannt, und sogar noch später (analog zu dem Wort *christianisme*). Die *intégristes* kann man jedoch als Islamisten bezeichnen, denn dies unterscheidet sie von den Muslimen (*muslimūn* und paßt gut zu dem arabischen Wort, mit dem man sie heute bezeichnet (*islāmiyūn*). Im übrigen ist es angebracht, daran zu erinnern, daß dieses Wort eine allgemeinere Bedeutung hatte: im mittelalterlichen Arabisch bezeichnete es einen »Anhänger des Islam«; al-Ash'ari (873-935) gebraucht es in dieser Bedeutung im Titel seines berühmten Werks *Maqālāt al-Islāmiyyīn* das in der deutschen Ausgabe von Hellmut Ritter folgendermaßen übersetzt wurde: »Die dogmatischen Lehren der Anhänger des Islam«, 3. Aufl. Wiesbaden, 1980.
41 Miskawayh, *Traité d'éthique,* aus dem Arabischen übers. von Mohammed Arkoun, Institut Français de Damas, 2. Aufl, 1988.
42 Ernest Renan, *Der Islam und die Wissenschaft,* Schutterwald (Wissenschaftlicher Verl.) 1997.

te auf, deren Aufgabe darin bestehen sollte, den Islam in dieser Richtung zu interpretieren.[43]

Diese bekannten Tatsachen seien hier nur erwähnt, um einen Eindruck davon zu vermitteln, welches Klima die Verwestlichung nach europäischem Vorbild zu schaffen imstande war, die das arabische Denken seit dem ausgehenden 19. bis in die Mitte des 20. Jahrhunderts prägte. In diese Atmosphäre fällt das Aufblühen der feministischen Bewegung zwischen den Weltkriegen. Damals wurde in Kairo eine moderne Universität gegründet, die geprägt war von dem philologischen Positivismus, den Taha Husayn (1900-1972), Schüler der al-Azhar Universität, der die Sorbonnne besucht hatte, auf die arabische Poesie der Anfänge anwenden wollte.[44] Das Buch löste zwar einen Sturm der Entrüstung aus, aber einige Körner fielen doch auf fruchtbaren Boden. Den Konservativen war klar, wenn sie es zulassen würden, daß der Korpus der vorislamischen Poesie in seiner geschichtlichen Bedingtheit betrachtet wurde, dann konnten sie auch nicht mehr verhindern, daß man die ersten Zweifel am koranischen Text anmelden würde. Wie immer ein beißender Ironiker, veröffentlichte Taha Husayn schon 1937 einen Essay über *Die Zukunft der Kultur in Ägypten,*[45] in dem er die lokalen Intellektuellen geißelte, die das schöpferische Abenteuer mit Unterwürfigkeit gegenüber der Administration verwechselten. Er verwies die lokalen Berühmtheiten auf ihre engstirnige und halbherzige Auffassung der ägyptischen Identität, indem er ihnen die Auswirkungen auf das Mittelmeer und die hellenische Kultur in Erinnerung rief, die von diesem

---

43 Vergl. Albert Hourani, *La Pensée arabe et l'Occident*, S. 144-145, aus dem Englischen übersetzt von Sylvie Besse Ricord, Naufal éd. 1991. (=*Arabic thought in the liberal age 1798-1939.)* Immer noch der beste Überblick über die Verwestlichung des arabischen Denkens zwischen 1850 und 1950.
44 Taha Husayn, *Fi ash-Shî'r al Jāhili*, Dar an-Nahr, 1996.
45 Taha Husayn, *Mostaqbal ath-Thaqifa fi Maçr*, Kairo, 1938.

Boden einst ausgegangen waren. In diesem Buch rief Taha Husayn seine Landsleute dazu auf, sich in Denken und Lebensart völlig zu europäisieren, mit der einzigen Einschränkung, daß sie ihre Religion bewahrten.

Ich möchte noch ein anderes Beispiel anführen, dem dieser Prozeß der Europäisierung in einem Werk arabischer Sprache abzulesen ist. Tatsächlich findet man die Folgen der Anwendung der kritischen Methode in der Arbeit eines anderen Schülers der al-Azhār, gemeint ist der Scheich 'Ali 'Abd ar-Rāziq (1888-1966),[46] der seine Ausbildung in Oxford beendete. Er nahm sich den Mythos des Kalifats vor, wies dessen äußerst begrenzte Wirksamkeit in der Geschichte nach und erklärte ihn für überholt.

Als er sein Buch schrieb, kam ihm die endgültige Abschaffung des Kalifats in all seinen Formen (durch Kemal Atatürk 1924) zugute. Das Verschwinden der ehrwürdigen Institution empfand 'Abd ar-Rāziq nicht als Verlust, er empfahl den Muslimen, ihre politischen Strukturen zu überdenken, und dabei die historische Entwicklung und den Beitrag anderer Nationen zu berücksichtigen. Bezug nehmend auf Hobbes und Locke (freilich ohne sich unter ihren Einfluß zu begeben),[47] hatte unser aufgeklärter

---

46 'Ali 'Abd ar-Rāziq, *Al-Islām wa uçūl al-Hukm*, Kairo, 1926. Es gibt eine französische Übersetzung von Abdoul Filali Ansari, *L'islam et les fondements du pouvoir*, Paris (La Découverte), 1994.

47 S. 62. Der Übersetzer verschweigt, daß der Autor diese Philosophen nur aus dem Handbuch von Arthur Kenyon Roger, History of Philosophy, S. 242-250 zitiert. Diese Auskunft stammt vom Autor selbst in einer Anmerkung (vergl. den arabischen Text, S. 19, in der Neuauflage in Tunis, 1999). Eine Einzelheit, die Beachtung verdient, denn sie verweist auf die Grenzen jener Verwestlichung im Denken, die sehr häufig von Handbüchern ausgeht und nicht von der Durchdringung und Aufnahme der grundlegenden Texte. Verdienstvoll ist allerdings, daß Scheich 'Abd ar-Rāziq seinen Leser auf die Monographie von Sir Thomas Arnold zu diesem Thema (S. 66 der Übersetzung) verweist: The Califate, Oxford, 1924. Indem er seinen englischen Kollegen einen »großen Gelehrten« nennt, entgeht dieser dem aufkommenden Mißtrauen, unter dem die Orientalistik zu leiden hatte.

Scheich sogar die Stirn, eine Ausbildung politischer Prinzipien im Islam abzustreiten. Natürlich wurde durch solche Gedanken eine heftige Polemik ausgelöst. An dieser Stelle sei auch daran erinnert, daß Osama Bin Laden in dem Video, das nach den amerikanischen Angriffen auf Afghanistan (am 7. Oktober 2001) durch al-Jazira übertragen wurde, implizit auf die Abschaffung des Kalifats hinwies, als er von den zurückliegenden achtzig Jahren des Unglücks, der Entrechtung und der Verlassenheit sprach, unter denen das islamische Subjekt zu leiden hatte und gegen die es sich nun auflehnen soll.

8

Durch das, was das Video vom 7. Oktober 2001 unterstellt, wird sichtbar, wie sehr die Dinge in den islamischen Ländern ihre Richtung geändert haben. Die Demontage der Mythen ist zuende, wir sind zu ihrer Restauration übergegangen. Nach der Entschleierung der Frauen sind wir nun dabei, sie erneut zu verschleiern. Kurz, wir sind in einer neuen Epoche angekommen.

Ich habe es zugebenermaßen als Schock empfunden, als mir die erneute Verschleierung der Frauen in einer der Hochburgen der Freiheit und der westlichen Kultur, in Frankreich, genauer: in Paris, vor Augen geführt wurde. Bisher hatte ich gedacht, daß wir an einem unumkehrbaren Prozeß beteiligt waren, der auch jene Subjekte einschloß, die aus islamischen Gebieten ins Land gekommen waren. Als ich in der Folgezeit den arabischen Orient häufiger besuchte (Tunesien, das Land, in dem ich aufwuchs, ist vom französichen Modell stärker geprägt, und ich selbst habe dort eine zweisprachige Erziehung genossen, entsprechend den Reformen im Staat Bourguibas), mußte ich zu meinem großen Erstaunen entdecken, wie in ein und derselben Person der Wunsch nach dem Konsum amerikanischer Art bestehen kann neben einer vereinfachten, schematischen Sicht des Islam, die weit entfernt ist von der Tradition und ihrer Komplexität. Ich habe erfahren, daß das Subjekt, das an der vom Weltmarkt angebotenen Konsumgesellschaft Anteil hat, nicht von vornherein seine Seele reformieren muß. Es kann amerikanische Lebensformen annehmen und doch in seinem archaischen Denken verharren.

Das beste Beispiel für dieses Paradox ist in Saudi Arabien verwirklicht, das in seinen Allianzen aufrichtig prowestlich und in seinen urbanen Landschaften bereits tiefgreifend amerikanisiert ist. Gleichzeitig steht das Land für einen Islam, der nicht mehr traditionell zu nennen ist, sondern nach häufigen Hungerkuren ein geradezu anämisches und debiles Dasein führt. Es ist ein Islam, der seinen Glauben neu begründet, in dem er die von ihm selbst geschaffene Zivilisation negiert. Ein Islam, der gegen alles unablässig Krieg führt, was es in seiner Geschichte an Großartigem gab, gegen all die Schönheit, gegen alles, was eben nicht in Konformität mit dem Buchstaben entworfen wurde, sondern eher in der Überschreitung des heiligen Textes, oder zumindest in seiner Umgehung, in dem Willen, sich von ihm wegzubewegen, ohne ihm deshalb Schaden zuzufügen. Wenn eine Autorität, wer immer es sei, ihre Untertanen der eindeutigen Auslegung des Buchstabens um jeden Preis unterwerfen wollte, dann wäre es für sie unumgänglich, die Lektüre der Sufis und Theosophen zu verbieten, die kühne Denker waren, wie etwa Ibn 'Arabī. Sie müßte all die schönen Texte vernichten, mit denen unser jugendliches Erwachen einherging. Sie müßte den *Diwan* jenes hochberühmten Dichters des 9. Jahrhunderts zerstören, den ich schon so oft zitiert habe, des Bagdader Libertins Abū Nuwās. Sie müßte die freien Denker des Islam aus dem 9. oder 10. Jahrhundert bis in den letzten Winkel verfolgen.[48] Sie müßte ihre Werke zerreißen und in die Flammen eines Scheiterhaufens werfen: Etwa die Bücher von Ibn al-Muqaffa' (Mitte des 8. Jahrhunderts),

---

48 Dominique Urvoy portraitierte einige von ihnen in *Les Penseurs libres de l'Islam classique*, Paris (Albin Michel) 1996.

der bei seinem Bemühen um eine Ethik, die Alten (die Manichäer) den (muslimischen) Zeitgenossen vorzog. Oder den berühmtesten aller Unfrommen im Islam, Ibn Rawandi (9. Jahrhundert), der zahlreiche Mythen des Islam aufdeckte: Die Unvergleichlichkeit des Koran, die Makellosigkeit des Propheten, die Umstände der Offenbarung. Sie müßte in aller Eile einen Schleier über jene Gestalten werfen, von denen bei Ibn Hazm (993-1064) die Rede ist, denn ihnen war es gelungen, eine nüchterne religiöse Haltung einzunehmen, indem sie das skeptische Prinzip der Griechen anwandten, die forderten, daß alle Beweise gleichwertig seien *(isostheneia ton logon)*. Es wäre für sie von höchster Bedeutung, die Bücher von al-Ma'arri (973-1058) zu vernichten, ein Dichter, der alle Religionen in einer derart lapidaren Formel abtat, daß es mir leicht fiel, sie in mein Schüler-Gedächtnis einzuprägen. Der blinde aus Ma'arra ist ein skeptischer Geist, der mich einweihte in die Tugenden des Zweifels, beispielsweise durch folgenden Vers:

> »Menschen folgen auf Menschen und sie erheben die Lüge zur Religion
> Welche Generation könnte sagen, sie sei im Besitz der wahren Richtung?«[49]

Ebenso müßte sie die *Märchen aus Tausend und Einer Nacht* verbrennen, die in meinen Kinderohren noch nachklingen, weil sie mich mit der Wahrheit des Bösen in der Welt vertraut machten, und mit der Reise durch die Wörter meine islamische Prägung festigten. So wurde mir als sprechender Person eine Struktur verliehen, außerdem die Fähigkeit, auf die Gewalt des Realen mit symbolischen und imaginären Mitteln zu antworten.

---

49 Abū'l-Alā' al-Maarrī, *Risālat al-gufrān*. Vergl. Maarrī, *Paradies und Hölle: die Jenseitsreise aus dem »Sendschreiben über die Vergebung«*, übers. von Gregor Schoeler, München (C.H. Beck) 2002. (Übersetzung nach dem französischen Zitat, HT).

Man muß begreifen, daß das Auftreten dieses dürren und verarmten Islam zuallererst dem Islam als Zivilisation und Kultur schadet. Noch hat sich bei mir das Staunen darüber nicht gelegt, wie sehr der Fundamentalismus die Regression ins Archaische und die aktive Teilnahme an der Technik in sich vereint. Ich habe Saudi Arabien erwähnt, weil sich alle Bewohner und Herrscher dieses Gebiets heute in einer Aporie befinden: Obwohl sie sich auf die westliche Allianz berufen, obwohl sie Verbündete der pax americana sein wollen, haben sie nicht aufgehört, den Bürgerkrieg zu schüren, der die Gesamtheit der muslimischen Welt bedroht. Sie haben die Idee der Rückkehr zur reinen Auslegung des Buchstaben, zu seiner unendlich vorsichtigen Anwendung finanziert, unterstützt und restauriert: Sie sind es, die das auf dem koranischen Buchstaben gründende Recht eingesetzt haben, das nicht einmal davor zurückschreckt, das Kriterium seiner Geltung in der Anwendung körperlicher Züchtigungen zu finden, die von der Schrift gefordert werden.

Zweiter Teil
Genealogie des Fundamentalismus

9

Um die Entstehung Saudi Arabiens und die Ausbildung seiner Ideologie zu erklären, muß man sich weit in die Vergangenheit zurückbegeben. Wir werden also das 18. Jahrhundert aufsuchen, müssen zuvor allerdings noch dem 11. Jahrhundert einen Besuch abstatten. Jene Epoche des Hochmittelalters hatte ich oben bereits erwähnt und auch schon angekündigt, noch einmal die Gestalt von Ibn Hanbal beleuchten zu wollen, denn er war eine der Persönlichkeiten, welche die Ereignisse im ersten Viertel des 9. Jahrhunderts in Bagdad als Zeugen beschrieben haben. Vergessen wir nicht, daß Ibn Hanbal eine der vier juristischen Schulen des sunnitischen Islam gegründet hat. Mehr als die anderen besteht seine Doktrin auf der Rückkehr zur reinen Auslegung des Buchstabens und der Nachfolge der *salaf*, der Alten von Medina, was letztlich bedeutet, daß jeder Einzelne wie jedes Jahrhundert sich an der idealen Stadt des Propheten zu messen hat. Dabei wird jedoch verschwiegen, daß dieses musterhafte Medina, in dessen Mauern sich im 7. Jahrhundert Mohammeds Politik ausbildete, eine Idealisierung ist. Die Tatsache, daß in Wirklichkeit ein blutiger Bürgerkrieg einige Jahre nach dem Tod des Propheten die Geschichte der Stadt eröffnete, wird unterschlagen. Drei der vier ersten Kalifen (die der Mythos die »rechtgeleiteten Kalifen« nennt) wurden ermordet. Ein großer Teil der Geschichte des Islam trug sich in der gewalttätigen Atmosphäre des Bürgerkriegs zu und immer wieder machten sich Legitimitätszweifel und Fraktionierungen lärmend bemerkbar. Ibn Hanbal breitet einen Mantel des Schweigens über die unterschiedlichen Interessen und Feindschaften, die bereits sehr früh die Gemeinschaft gespalten hatten, indem er die Gegner und Feinde aus dieser ersten Zeit der Zwietracht in die Hierarchie der Alten einreiht. Ihm ging es darum, die Massen zu versöhnen und einen breiten Konsens herzustellen durch Förderung einer einmütigen Gemeinschaft in der einen und unbestreitbaren Wahrheit von Koran und Tradition (der *sunna*). Um alles störende von dem Horizont einer solchen Wahrheit zu entfernen, riet er davon ab, der persönlichen Meinung *(al-ra'y)* eine Rolle zuzugestehen, wie es andere juristische Schulen empfahlen. Außerdem lehrte er die wörtliche Koranlektüre, jede allegorische Exegese sollte vermieden werden.

Zwischen Ibn Hanbal und dem 18. Jahrhundert, in dem die Geburt der Ideologie der Saudis, entwickelt durch Ibn 'Abd al-Wahhāb, stattfand, stellt Ibn Taymiyya (gestorben 1328), ein syrischer Theologe, radikaler Schüler Ibn Hanbals, eine Vermittlung her. Er lebte in einer für den Islam schwierigen Zeit (seine Art von Radikalismus kommt übrigens nur dann zum Ausdruck, wenn die Gemeinschaft, zu der man gehört, von großer Gefahr bedroht wird). Es herrschen chaotische Zustände, hervorgerufen durch die Invasion der Mongolen, die Plünderung Bagdads und die Abschaffung des Kalifats, wobei die Gefahr der Kreuzzüge kaum gebannt ist: Eine apokalyptische Situation für den Islam, der sich in seiner Existenz bedroht fühlt. Ausgestattet mit außergewöhnlicher Intelligenz und Arbeitsenergie, widmet Ibn Taymiyya sein Leben der Aufgabe, noch die kleinste Unebenheit aufzuspüren, die den Blick auf die glatte Oberfläche des Buchstabens stören könnte, und er macht es sich zur Aufgabe, diesen Buchstaben zu polieren, ihn von unterschiedlichen Bedeutungen, die sein

Profil schmücken, zu befreien. In einem großen Durchein-
ander bläst er zur Jagd auf die Folgen des Philosophierens
wie auf die griechischen Reste im theologischen Diskurs.
Er geißelt zahlreiche esoterische Sekten, die zu Häretikern
erklärt werden, weil sie der Hermeneutik den Vorzug geben. Er verurteilt die Theorie und Erfahrung der Einzigartigkeit des Seins, die von den Sufis gepredigt und gelebt
wird. Diese hält er für gefährlicher als die Christen, denn
einzig gültiges Fundament des Glaubens kann nur der un-
geteilte Monotheismus sein. Nach Ansicht der Christen
sei Gott nur ein einziges Mal zum Menschen geworden
(durch die Inkarnation), die Sufis öffnen die menschliche
Bereitschaft, das Göttliche zu empfangen, ins Universelle.
Im Alltäglichen widerspreche dies der Idee des Einen Gottes. Ibn Taymiyya verurteilt auch die Pilgerfahrten zu bestimmten Heiligen und den Besuch ihrer Gräber, verdammt
jede Form von Mittlerschaft, die für ihn gleichbedeutend
ist mit den schändlichen Resten von Heidentum und Göt-
zendienst, die nichts anderes als die Ausrottung verdient
haben.[1]

Ibn Taymiyya hat ein kurzes Buch geschrieben, eine Art
Manifest, seit seinem Erscheinen Anfang des 14. Jahrhun-

---

1 Diese polemischen Abhandlungen finden sich in seinen *Fatwas*, die auf Ver-
anlassung des saudischen Staates in einer großzügigen, summarischen Edition
von mehr als zwanzig Bänden veröffentlicht werden, angeboten in den Bot-
schaften des Landes. Vergl. auch seine Briefe und Kontroversen, versammelt in
Majmū'at al-Rasā'il wa'l-Masā'il, ediert von Rashid Ridha in fünf Abschnitten,
verteilt auf zwei Bände, Kairo, ohne Jahr. Rashid Ridha (1865-1935) ist der
syrische Schüler von Mohammed 'Abduh, der vom Horizont seines Meisters
abwich, indem er den Kreis der *salaf* allzu eng faßte, welchen 'Abduh von den
ersten Muslimen um die großen Denker der Tradition bis zu Ghazāli (gest. 1111)
erweitert hatte. Nimmt man noch sein Mißtrauen gegenüber dem Sufimus hinzu, so versteht man das relativ späte Interesse, das er für seinen Landsmann Ibn
Taymiyya aufbrachte. Als Konsequenz aus seiner neuen Anhängerschaft für den
hanbalitischen Doktor aus Damaskus hat er einen Jugendtext verleugnet, in
dem er den Wahabismus mit einer *bid'a*, einer »bedenklichen Neuerung« gleichgesetzt hatte; gegen Ende seines Lebens wird er dann tatsächlich zu Verehrer
dieses Wahabismus, noch vor dem endgültigen Triumph von 'Abd al-'*Azīz* Ibn
Saud, dem Gründer Saudi Arabiens (1932).

derts als Brevier für jeden Novizen der Lehre des reinen
Buchstabens Augenschmaus und Seelennahrung. Sein Titel lautet: *Die Politik im Namen des Göttlichen Rechts
zur Einführung der richtigen Ordnung in den Angelegenheiten des Hirten und der Herde.*[2] Häufige Neuauflagen
in Volksausgaben von etwa hundert Seiten lassen auf den
Grad seiner Verbreitung schließen. Hier hat man die Charta
vor Augen, die den Fürsten und seine rechtschaffenen
Untertanen an den Horizont der *sharī'a*, des islamischen
Rechts, bindet. Der von einem solchen Werk ausgehende
Radikalismus erfüllt alle Erwartungen der Fundamentalisten. Allein dieser Text hätte eine ausführliche Analyse
verdient, die dabei behilflich sein könnte, Symptome dessen auszumachen, was ich die Krankheit des Islam nenne.
Ich werde hier nur wenige wichtige Passagen in Augen-
schein nehmen, um die Dimension des vorliegenden Buches zu wahren.

Erstens befördert der Autor die körperlichen Züchtigungen, die der Koran befiehlt, zum Maßstab für jedes
Gesetz. Solche Züchtigungen sind keinesfalls zahlreich, es
handelt sich um die Steinigung wegen Ehebruchs, die Auspeitschung wegen fälschlicher Anschuldigung des Ehebruchs, die Auspeitschung wegen des Genusses von Wein,
das Abschneiden der Hand des Diebes, das Abschneiden
von Händen und Füßen oder Kreuzigung von Straßenräu-
bern (je nach dem, ob ihnen Mord vorgeworfen wird oder
nicht). Dieses rudimentäre Strafrecht heißt *hudūd, hadd*
in der Einzahl, was gewöhnlich »Intervall, Hindernis, Ex-
trem, Ende, Spitze oder Schneide, Grenze« bedeutet. Durch
sie gilt der Glaube an Gott als unveränderlicher Teil des
Rechts, das ein Recht Gottes ist und damit nicht zur Diskussion steht, mit Ihm ist nicht zu feilschen. Ibn Taymiyya

---

2 Ibn Taymiyya, *as-Siyāsa ash Shar'iyya fī Içlah ar-Rā'ī wa'r-Ra'iyya*, Kairo,
ohne Jahr.

erzählt eine Anekdote: An den Propheten hatte sich ein
Kläger gewandt, der seine Klage gegen einen Dieb zurück-
ziehen wollte, um ihm das Abschlagen der Hand zu ersparen. Da wurde der Prophet zornig und sagte, niemand,
nicht einmal er, könne eingreifen, in das, was er den »Anteil Gottes« nannte. Damit zieht er zwischen Gott und den
Menschen eine unüberwindliche Grenze, die zu erspüren
ist aus den Vorschriften, die einzelne Delikte mit körperlichen Züchtigungen bedrohen. Dann empfiehlt der Prophet dem Kläger, zweimal hinzuschauen, bevor er Klage
führt gegen einen Beschuldigten. Sind nämlich die Müh-
len des Rechts einmal in Gang gesetzt, ist nichts mehr rück-
gängig zu machen. Dies ist der Teil des Rechts, der nicht
zur Verhandlung steht, in dem weder Stand noch Vermögen eine Rolle spielen können.

Eine solche Auffassung, die den Bereich des Rechts im
Unberührbaren der Transzendenz ansiedelt, könnte mit der
Kant´schen Auffassung von Strafrecht vereinbar sein. In
dem Teil der »Rechtslehre« der sich mit dem »Straf- und
Begnadigungsrecht« beschäftigt, dem ersten Teil der *Me-
taphysik der Sitten,* schreibt er:

> »Das Strafgesetz ist ein kategorischer Imperativ, und
> wehe dem! welcher die Schlangenwindungen der
> Glückseligkeitslehre durchkriecht, um etwas auszu-
> finden, was durch den Vorteil, den es verspricht, ihn
> vor der Strafe, oder auch nur einem Grade derselben
> entbinde ...«[3]

In Kants Denken befindet sich das Recht also außerhalb der Welt, außerhalb jeder empirischen Erwägung oder
menschlichen Empfindung. Hier haben wir es ebenfalls
mit einer Logik der Reinheit zutun, die das Recht von allem Nützlichkeitsdenken befreit und jeglichen Kompromiß ausschließt:

---

3 Immanuel Kant, *Metaphysik der Sitten,* Berlin (L. Heimann) 1870, S. 173.

» ... denn die Gerechtigkeit hört auf, eine zu sein, wenn sie sich für irgend einen Preis weggibt ...«[4]

Erinnern wir uns daran, daß bei Kant diese Passage in eine Verteidigung der Todesstrafe mündet, sowie in die Ablehnung der Thesen, die ein früher Kritiker der Todesstrafe entwickelt, der Marchese de Beccaria, in seinem *Dei delitti e delle pene* (1764).[5]

Allerdings muß gewiß nicht betont werden, daß zwischen Ibn Taymiyya und Kant Welten liegen. Für den deutschen Philosophen zielen die Reinheit und das Absolute des Rechts auf den Menschen als Ziel und nicht als Werkzeug. In seiner Gegenwart und dem ihm eigenen Kontext der Aufklärung bleiben wir im Horizont der Freiheit. Mit dem syrischen Gelehrten verlassen wir jedoch nicht den Theozentrismus, der den Menschen dem göttlichen Befehl unterwirft. Bei Kant findet das Absolute und die Reinheit des Rechts seine Ableitung durch den Rückgriff auf die göttliche Transzendenz. Für Ibn Taymiyya ruht das Recht auf eigenen Fundamenten. In den 20er Jahren wird dann dieses Recht zur Transzendenz an sich, folgt man der Theorie des Juristen und Kantianers Hans Kelsen.[6]

Was die Anwendung körperlicher Züchtigungen angeht, so erweisen sich andere Rechtsschulen als wesentlich milder. Eine gütliche Regelung wird von manchen Juristen bei falscher Beschuldigung des Ehebruchs wie auch bei Diebstahl zugelassen, denn dies sind Delikte, die ein menschliches Recht verletzen. Auch findet aktive Reue bei Raub und Banditentum Berücksichtigung. Und durch Berufung auf die *shubba*, die »Ähnlichkeit« der begangenen

---

4 Kant S. 174.
5 Kant S. 176-179. Hegel hat aufgezeigt, wie eine solche Reinheit zum revolutionären Terror führt: vergl. den Teil mit dem Titel »Die absolute Freiheit und der Schrecken« in *Phänomenologie des Geistes*, Bd. 2. S 130-141.
6 Hans Kelsen, *Reine Rechtslehre*, Leipzig (Deuticke) 1934.

Tat mit einer erlaubten, kann der Angeklagte als unschuldig gelten. Dem Juristen steht eine Anzahl ausgefeilter Kniffe zur Verfügung, um die Anwendung der *huddūd* zu mildern. Überdies wird das Anführen von Beweisen sehr erschwert. Schließlich wird es als verdienstvoller erachtet, Verstöße, die körperlichen Züchtigungen unterworfen sind, zu verschweigen, als für sie Beweise zu liefern.[7] All dies sind »liberale« Regelungen, die Ibn Taymiyya stillschweigend übergeht.

---

7 Enzyklopädie des Islam, Brill (Leiden) 1913 ff. unter Stichwort: hadd.

10

In der *siyasa* des syrischen Gelehrten ist der *jihād*, der heilige Krieg, eines der wichtigsten Themen: Ihn hält er für ebenso bedeutend wie das Gebet, damit stellt er ihn höher als die anderen kanonischen Verpflichtungen (Glaubensbekenntnis, Fasten, Almosen, Pilgerreise). Um seine tragende Rolle zu verdeutlichen, nimmt er ihn in ein Bild hinein, das als Symbol für die Religion steht: Eine Säule, deren Basis die Unterwerfung unter Gott,[8] deren Schaft das Gebet und deren Kapitell der *jihād* bilden. Auch befördert er den Kampf gegen die Ungläubigen zu einer der zwei Aufgaben des Fürsten: Dieser soll sein Handeln in den Dienst an der Religion stellen, indem er einerseits den Triumph der Tugend im Innern der Polis sichert (durch die Strenge der körperlichen Züchtigungen), und andererseits den Heiligen Krieg außerhalb der Grenzen führt.

Sein Manifest schließt Ibn Taymiyya mit der Feststellung, indem der Islam die imperialen Mittel (Verfügung über Geld und Waffen) in den Dienst der Religion stelle, vollende er das religiöse Gebäude. Er widmet sich der Eroberung der Vergünstigungen auf Erden und sichert sich die jenseitigen. So, meint der Autor, erringt der Islam den größtmöglichen Erfolg auf politischem und religiösem

---

8 Das ist die Urbedeutung des Wortes *islām*, sie steht im Einklang mit dem Instinkt der Naturreligion. Die Rückkehr zum ursprünglichen Prinzip der Anbetung läßt den Islam zur Religion an sich werden.

Gebiet. Die angepriesene Gemeinschaft meidet damit zwei Klippen, die durch die beiden Formen der Trennung zwischen Politik und Religion entstehen: Wenn die Macht der Religion keine Beachtung schenkt oder die Religion nur mit sich selbst beschäftigt ist, Macht und Größe beiseite läßt, um sich auf Demut und Wohltätigkeit zu beschränken. Das ist bei den anderen beiden Religionen der Fall, die bei der Errichtung ihres religiösen Gebäudes von der Ohnmacht überwältigt werden. Sie schlagen zwei Irrwege ein: Daß man erstens die Religion für sich beansprucht, ohne die politische, finanzielle und militärische Macht in ihre Dienste stellen zu können. Oder daß man zweitens sich im Besitz der Macht, des Geldes und der Waffen befindet, ohne die Pflicht zu empfinden, diese für die Einführung oder Stärkung der Religion nutzbar zu machen. Den ersten Weg beschreiten all jene Menschen, die »dem Zorn verfallen«; den zweiten all jene, die »irregehen«.[9] Den ersten Weg haben die Juden eingeschlagen, den zweiten die Christen.

Wir stellen fest, daß die Gleichwesentlichkeit des Politischen und Religiösen (die mancher Wissenschaftler für eine wesentliche Eigenschaft des Islam hält)[10] nichts anderes ist als die Überlegung eines Theologen, der sich in einen Glaubenskämpfer verwandelt hat. Diese Verbindung stellt sich als Ideal (oder Utopie) dar, als Mobilisierung im Rahmen einer Ideologie, die dann von den heutigen Fundamentalisten reaktiviert werden soll.

Ich möchte nicht verschweigen, welchen Täuschungen Ibn Taymiyya hier unterliegt. Man muß nur seine Worte mit den damaligen Zuständen vergleichen wie auch mit

---

9 Zwei Begriffe aus der ersten Sure, die al-Fātiha, die Eröffnung, genannt wird: Koran I, 7. Traditionell, jedoch nicht unbestritten, ist die Interpretation, die Ibn Taymiyya hier vorschlägt, daß die Juden »dem Zorn verfallen« und die Christen »irregehen«.
10 Ich werde zu Beginn des 16. Kapitels diese Frage noch einmal aufgreifen.

dem historischen Gedächtnis, das seine Epoche speist. Für die Juden, die ihrer politischen und militärischen Macht beraubt wurden, mag das noch angehen: zahlreiche Gedichte des spanischen Juden Yehuda Halevi (um 1075-um 1141) zeugen von diesem Verlust in pathetischen Tönen:

> »Der Sohn der Sklavin kleidet mich in Schrecken
> und wirft seinen Pfeil von hoher Hand [...]
> Das Licht der Liebe hat man mir genommen
> ein stolzer Fuß lastet auf mir wie ein Joch.
> Ich muß seine Grausamkeiten erleiden
> verbannt, gefangen, beleidigt und empört
> habe weder Führer noch Minister
> so bedrängt mich der Feind und der Felsen weicht.«[11]

Für diese Machtlosigkeit, Zeichen des Exils, gab es Darstellungen auch im Christentum. Davon zeugt die Allegorie der Synagoge, die unter dem Südportal des Straßburger Münsters zu sehen ist (Mitte des 13. Jahrhunderts). Eine schöne Dame mit verbundenen Augen (um anzudeuten, daß ihr Blick umschattet bleibt gegenüber dem neuen Licht der Gnade des Neuen Testaments), die eine gebrochene Lanze trägt (zur Erinnerung daran, daß die staatliche Macht und der Gebrauch von Waffen, den diese mit sich bringt, ihr verschlossen bleibt). Wie aber ist es um das Christentum bestellt? An demselben gotischen Portal zeigt sich gegenüber der Synagoge hoheitsvoll die Allegorie der Ecclesia als vornehme Dame, stolz die Attribute der Macht vorweisend (Krone und ungebrochene Lanze), neben sich die kirchlichen Symbole. Die Kreuzzüge konnte Ibn Taymiyya nicht vergessen haben, sie waren ein Kapitel, das gerade zuende ging, als er geboren wurde. Im-

---

11   Yehuda Halevi, *Le Diwān*, übers. von Y. Arroche und J. G. Valensi, Montpellier (Éclat) 1988. (Übersetzung nach dem französischen Zitat, HT).

merhin stellen sie nichts anderes dar als die Übertragung des *jihād* auf das Christentum. Vielleicht hat der syrische Gelehrte etwas von den letzten Episoden in jenem Streit zwischen Papst und Kaiser erfahren über die Frage, wie die Macht zwischen Weltlichem und Geistlichem aufzuteilen ist. Vielleicht hatte er das Wort des Evangeliums im Sinn, in dem es heißt, daß das Reich Gottes und das Reich Caesars zu trennen sind.

In einer langfristigen Perspektive hat die Theorie von Ibn Taymiyya keinen Bestand. Angesichts der geschichtlichen Entwicklung muß jeder vernunftbegabte Mensch feststellen, daß die Tatsachen das Urteil unseres Theologen lügen strafen, auch wenn es eines Zeitraums von mehreren Jahrhunderten bedurfte, um ihn zu widerlegen. Meines Wissens hat der größte politische Erfolg der Menschheit auf europäischem Gebiet stattgefunden, ausgehend von einer christlichen Genealogie, obwohl dies in Trennung von der Religion vonstatten ging, durch die Auswirkungen eines negativen Denkens, das den ererbten Glauben neutralisiert. Dagegen hat die Rückkehr Israels zu einem Staat (der Wunsch Yehuda Halevis erfüllte sich mehr als achthundert Jahre nach seiner poetischen Formulierung), die militärische Macht in der Hand der Juden, Zeiten des Ruhms und des Niedergangs gesehen. Heutzutage ist es der Staat der Muslime, der politisch und militärisch ein unglückliches Bild abgibt, geprägt von Scheitern und Niederlage.

Die Geschichte ist um keine List verlegen. Sie wies Ibn Taymiyya einen weiteren Irrtum nach, indem sie im nachhinein ein Stereotyp des gesunden Menschenverstands zu Fall brachte. Wenn ich mit der Waage der Geschichte den Beitrag beider Seiten abzuwägen hätte, so könnte ich mit folgender Behauptung nicht fehlgehen: Als wertvollstes Erbe kann der Islam für sich den Reichtum und die Intensität seiner spirituellen Tradition in Anspruch nehmen, dies zum einen durch die Inbrunst seiner Spruchdichtungen, zum anderen durch die Tragweite seiner Spekulationen. Der Erfolg der islamischen Welt verwirklichte sich in der Tradition der Sufis, die Ibn Taymiyya verurteilte. Und das Scheitern des Islam konkretisierte sich in der Politik, in der unser Gelehrter doch das Privileg seines Glaubens sah. Dagegen glauben noch manche steif und fest, die Vollkommenheit mystischer Erfahrung sei nur im Christentum zu erreichen, weil es weit von der Politik entfernt und die Religion der Liebe und nicht des Gesetzes ist. Aber in spirituellen Dingen war der Islam überlegen und in politischen das Christentum. Aus diesen Beobachtungen kann man die Lehre ziehen, daß in Wirklichkeit das historische Material sich nicht einer essentialistischen Sicht der Dinge beugt, ebensowenig wie den Ideen oder den Menschen, die sie verfertigen.

Um auf Ibn Taymiyya zurückzukommen: Dieser stand zu seiner Zeit nur als eine Meinung unter vielen. Seine Radikalität schien bei der Menge Gefallen zu finden. Aber seine Kollegen der Theologie und Jurisprudenz ärgerten sich über ihn, er war eine Quelle der Uneinigkeit in der Stadt. So mußte er Prozesse über sich ergehen lassen und lange Jahre der Gefangenschaft (die er zum Schreiben nutzte). Seine Buchstabentreue, sein allzumenschlicher Dogmatismus, sein »Corporeismus«, wird von Ibn Batūta (1304-vmtl.1369) verspottet, dem Reisenden aus Tanger, der behauptet, ihm begegnet zu sein:

> »In Damaskus wohnte unter den großen hanbalitischen Juristen Taqī ad-dīn Ibn Taymiyya, ein geschätzter Mann, der über verschiedene religiöse Wissenschaften sprechen konnte, aber ein wenig wirr war.[12] Die Men-

---

12 Im Arabischen steht: »illa anna fī ʿaqlihi shayʾun«, wörtlich: aber etwas verwirrte seinen Geist. Auf gut Deutsch würde der Ausdruck bedeuten: aber er hatte einen Vogel.

schen von Damaskus verehrten ihn sehr, da er sie von der Kanzel herab ermahnte. Einmal gab er Meinungen kund, mit denen die Juristen nicht einverstanden waren, so brachten sie ihn zu al-Malik an-Nāsir, der befahl, ihn nach Kairo zu bringen [...] Al-Malik an-Nāsir ordnete an, daß man ihn ins Gefängnis warf. Unser Mann blieb mehrere Jahre in Gefangenschaft und schrieb in seinem Kerker ein Buch, das sich mit der Auslegung des Koran beschäftigt, dem er den Titel *al-Bahr al-muhīt* (›der Ozean‹) gab, es umfaßte vierzig Bände ... Die Mutter Ibn Taymiyyas suchte den Herrscher auf, um sich zu beklagen. Da befahl al-Malik an-Nāsir, man solle den Angeklagten freilassen. Aber Ibn Taymiyyas Betragen hatte sich nicht gebessert. Damals befand ich mich in Damaskus und an einem Freitag war ich zugegen, wie er die Leute von der Kanzel der Moschee herab ermahnte. Unter anderem sagte er: ›Gott steigt zum Himmel dieser Welt herab wie ich von meiner Kanzel‹, und er nahm eine Stufe auf seiner Leiter. Ein malekitischer Jurist, der unter dem Namen Ibn az-Zahrā bekannt war, griff ihn mit Fäusten und Sandalen an und bestritt, was jener gesagt hatte. Die Menge erhob sich und schlug den Juristen mit Fäusten und Sandalen, daß ihm sogar der Turban vom Kopf fiel, und eine seidene Kalotte entblößte.[13] Die Leute warfen ihm seinen Kopfputz vor ... [Ibn Taymiyya wurde dann vor den Kadi der Hanbaliten gebracht] ... der befahl, ihn ins Gefängnis zu werfen, und ließ ihm dann eine Bastonnade verabreichen ... Der Verurteilte starb im Gefängnis.«[14]

---

13 In der Tradition ist es den Männern verboten, Seide zu tragen.
14 Ibn Battuta, »Voyages et périples«, in: *Voyageurs arabes,* übersetzt von Paule Charles-Dominique, Gallimard (Pléiade), Paris 1995, S. 454-455. (Übersetzung nach dem französischen Zitat, HT)

Der Bericht schildert uns diesen Theologen als hysteri-
schen Agitator, der die Menge in Begeisterung versetzte,
seine sunnitischen Kollegen schockierte, selbst jene, die
derselben juristischen Schule (der Hanbaliten) angehörten
wie er. Sein Verhalten und seine Provokationen strapazier-
ten den guten Willen der politischen Autorität. Für die
Politik ist er ein störender Ideologe, der auch bei den Gelehrten keinen einmütigen Rückhalt findet. Dagegen
scheint er sich auf die *vox populi* verlassen zu können, die
für Vereinfachungen zu haben ist und zur Gefolgschaft
neigt, ohne sich der Mühe einer ursprünglichen Auslegung
unterziehen zu wollen. Seine Stimme ist die des Zensors,
kriegerisch, theatralisch, die über die Jahrhunderte hinweg bei den fundamentalistischen Brandstiftern Gehör finden wird. Der erste von ihnen wird der Begründer des
Wahhabismus sein.

11

Mohammed Ibn 'Abd al-Wahhāb (1703-1792) steht am
Anfang der ideologischen Strömung, die von seinem Namen abgeleitet wird, dem Wahhabismus. Im Innern der
Arabischen Halbinsel wird er ein Gemisch aus den Theorien von Ibn Hanbal und Ibn Taymiyya predigen. Im Nejd
geboren, wird er sich dem Stamm der Saud anschließen,
der an die Macht gelangen möchte, indem er die arabischen Wüsten erobert. Aber der erste Versuch mißlingt.
Auf diese Weise entsteht mitten im 18. Jahrhundert, als
Europa von der Aufklärung erleuchtet wird, eine puristi-
sche Bewegung, die zwei Jahrhunderte später das heutige
Saudi Arabien hervorbringen wird.

Aus der Gleichzeitigkeit dieser beiden Phänomene, die
zu weit auseinanderliegenden mentalitätsgeschichtlichen
Epochen gehören, eröffnet sich für die Welt eine neue Ära.
Von nun an wird sich die Vielfalt der Menschheit noch
weiträumiger ausfächern. In ein und demselben Jahrhundert hat man das Leben der Menschen vor Augen, in dem
alle Zeiten und zahlreiche Epochen vertreten sind, welche
die Menschheit je zurückgelegt hat, vom Urgeschöpf aus
Zeiten vor dem Neolithikum bis zu dem Kind, das von
der letzten technischen Revolution gezeugt wurde.

Die Reaktion Sades auf die Ereignisse in Arabien ist im
Rahmen dieses Phänomens zu sehen, das sich seither noch
verschärft hat. Hier das Urteil des postreligiösen Menschen
Ende des 18. Jahrhunderts in seiner neuen Weisheit über

Artgenossen, die ins Stadium dessen regredieren, dem alles religiös ist:

> »Es gibt noch Religionskriege, die Europa verwüsten könnten. Boheman, Haupt und Agent einer neuen Sekte des ›reinen Christentums‹ wurde eben in Schweden festgenommen, man fand unter seinen Papieren absolut zerstörerische Pläne. Es heißt, daß die Sekte, der er zugehört, nichts geringeres anstrebte, als Herr über alle Potentaten Europas und ihre Untertanen zu werden.[15] In Arabien erheben sich neue Sektierer und wollen die Religion Mahomets *reinigen.* Das Riesenreich von China wird von noch abscheulicheren Unruhen erschüttert, die ebenfalls religiös motiviert sind. Und immer sind Götter Grund für alle Übel.«[16]

Soweit die Worte des göttlichen Marquis, der die Gefährlichkeit dieser Sekte bereits wahrgenommen hat, als sie erst im Entstehen begriffen war – und man wird bemerkt haben, daß Sades differenzierter Blick den gefährlichen Reinheitswahn nicht allein dem Islam zuschreibt: Ihn sieht er als ein universell drohendes Problem, sobald Eiferer im Namen des reinen Buchstabens, gleichgültig welcher Religion, revolutionäre Bewegungen und Aufstände anzuzetteln versuchen. Die Aufforderung, die menschlichen Angelegenheiten im Namen Gottes wahrzunehmen, wird nur Fanatiker hervorbringen, denen alle Katastrophen zuzutrauen sind.

Wenn wir uns näher mit dem Doktrinär Ibn ‘Abd al-Wahhāb befassen (indem wir beispielsweise sein berühmtestes Buch lesen: *Kitāb at-Tawhīd,* »Für den Kult des Einen Gottes«), so offenbart sich uns ein Schreiber, der nicht einen Funken Originalität besitzt. Man wagt ihm nicht

---

15 Dieser Boheman wäre also eine Art europäischer Bin Laden.
16 D. A. F. de Sade, »Cahiers personnels«, in: *Œuvres complètes,* Bd. 13, Pauvert, Paris 1966, S. 9-10 (Übersetzung nach dem französischen Zitat, HT).

einmal den Status eines Denkers zuzusprechen. Das eben
erwähnte Buch ist gespickt mit Zitaten, es läßt erkennen,
daß sein Verfasser eher Kopist als ein kreativer Geist ist.
In seinen anderen zahlreichen kleinen Schriften findet dann
der Verdacht Bestätigung, daß er zwar kurzen Atems ist,
aber der kleinen Form nicht die Würde eines Genres zu
verleihen vermag. Die von ihm vollgeschriebenen Seiten
befleißigen sich einer strikten hanbalitischen Gefolgschaft.
Dabei scheint er den Begründer an Rigidität zu übertref-
fen. Tatsächlich erweist sich Ibn Hanbal als äußerst tole-
rant in der Frage der Exkommunizierung. Und selbst Ibn
Taymiyya blieb es nicht verborgen, daß der Gelehrte aus
Bagdad in allem, was die kultischen Verpflichtungen (die
'ibādāt) anging, äußerst fordernd war, und recht liberal,
wenn es um das Brauchtum (den *ādāt*) ging. In der Folge
dieser Feststellung könnte man der Ansicht sein, daß Ibn
Hanbal den Heiligenkult vielleicht toleriert hätte, selbst
wenn zu seiner Zeit die Bruderschaften der Schreine noch
nicht gegründet waren. In dieser wie auch in anderen Fragen sehen wir eine Steigerung der Intensität zwischen den
drei Gliedern der Kette: von der relativen Toleranz des
Meisters aus Bagdad (9. Jahrhundert) gehen wir über zur
radikalen Kritik (die theoretisch blieb) des Theologen aus
Damaskus (14. Jahrhundert) und gelangen dann zu tätli-
cher Gewalt und zur Zerstörung jahrhundertealter Mau-
soleen durch den arabischen Sektierer (18. Jahrhundert).
Übrigens ist in Arabien heutzutage kein einziges heiliges
Grab mehr zu finden, abgesehen von dem des Propheten
in Medina. Mein Freund, der Dichter Salah Stétié, hat mir
versichert, bei einem Besuch in Arabien habe er erfahren,
der geringste archäologische Hinweis auf die Frühgeschich-
te des Islam oder spätere Zeiten werde hier sofort mit einer Betondecke übergossen. Um seinen Glauben zu bewahren, schreckt der Wahhabit nicht vor einem Übergriff
auf jene Spuren zurück, die seine Zivilisation ausmachen,

mit dem einzigen Ziel, der gefürchteten Konfrontation auszuweichen, in der sich Mythos und historisches Dokument gegenüberstehen.

Es liegen Welten zwischen den beiden Meistern, die Ibn ʿAbd al-Wahhāb vorausgingen, und ihm selbst, der für sich in Anspruch nimmt, von ihnen gelernt zu haben. Man darf nicht vergessen, daß Ibn Hanbal auch Sufis als Gefolgsleute hatte, unter denen sich große Meister befinden. Manche Ansichten, die auf ihn zurückgehen, sind durchaus vereinbar mit der Erfahrung des Inneren. Dies ist etwa beim Begriff des *tafwidh* (sich in Gottes Hand begeben, was das letzte Geheimnis betrifft) der Fall oder beim *taslīm* (sich mit seinem ganzen Willen dem Wort Gottes und seines Propheten unterwerfen, in seinen Taten wie in seinen Aussprüchen). Solche Haltungen können den Fideismus eines Ansāri (1006-1089) befördern, des großen spirituellen Meisters aus Herat, dessen Andenken ich nicht ohne Bewegung in Erinnerung bringe, in einem Augenblick, da Bomben auf die Reste seiner schönen Stadt fallen.[17] Dieser Meister vereinte hanbalitische Strenge mit der Glut der inneren Erfahrung, die sich, ausgehend von seiner Meditation des Koran, in Feuerstößen zeigt. Hier erkenne ich das Versfragment, das seinen Blick gefangennahm und ihn zum Sufismus bekehrt hat:

»Diejenigen, die glauben, lieben Gott noch mehr.«[18]

Daraus entsteht dann einer seiner *Herzensschreie:*

»Mein Gott! Ich habe Wasser im Kopf und Feuer im Herzen; in meinem Innern bin ich von Lust erfüllt,

---

17 Zum Hanbalismus, dessen Adept der Meister von Herat ist, vergl. das Vorwort seines Übersetzers Serge de Laugier de Baureceuil in: Ansari, *Chemin de Dieu*, Paris (Sindbad) 1988, S. 82.

18 *Koran* II, 165. Wörtlich: »... sind die Feurigsten in der Liebe Gottes« (Anm. HT).

außen jedoch von Sehnsucht. In einem uferlosen Meer
habe ich geschlummert; ein Schmerz, der keine Arznei
kennt, ist in meiner Seele. Mein Blick ist auf etwas gerichtet, das keine Zunge beschreiben kann.«[19]

Ibn Taymiyya wiederum zeigt ein außerordentlich kon-
struktives Talent, wenn er einmal auf Invektiven und Ver-
wünschungen verzichtet. Ich möchte zum Abschluß seine
Zurückweisung der Logiker[20] anführen, ein Werk, das reich
an subtilen Gedanken ist und Perspektiven eröffnet, die
durchaus geeignet wären, ein Licht auf gewisse Zonen zu
werfen, die von der modernen Logik eingegrenzt werden.
Auf einige der Nuancen wollte ich hingewiesen haben, die
sowohl Ibn Hanbal als auch Ibn Taymiyya eine gewisse
Komplexität verleihen, um beide von ihrem traurigen Schüler aus dem Nejd, Ibn 'Abd al-Wahhāb, abzugrenzen, der
es bei seinen dürftigen Talenten verdient hätte, dem Vergessen anheimzufallen.

Ibn 'Abd al-Wahhābs Mittelmäßigkeit und die Unred-
lichkeit seiner Lehre wurden schon häufig aufgedeckt,
mitunter von Scheichs aus dem Volk oder Unbekannten,
die sich in den traditionellen Wissenschaften für kompe-
tenter hielten und nicht davor zurückschreckten, ihn zu
verurteilen. Dies trifft für Dāwūd al-Baghdādī zu, der die
Doktrin des Ibn 'Abd al-Wahhāb in einem kleinen Werk
vernichtend kritisiert, das zwei Zurückweisungen des
Wahhabismus beinhaltet (diese Traktate wurden im Jahr
1293 der *hejra*/1875 verfaßt und im Jahr 1305h/1887 in
Istanbul veröffentlicht).[21] Al-Baghdādī gibt eine *fatwa* wieder, die 1305h/1780 von einem Zeitgenossen von Ibn 'Abd

---

19 Ansāri, *Cris du cœur*, übers. von Serge de Laugier de Baureceuil, Paris (Sindbad) 1988, S. 82 (Übersetzung nach dem französischen Zitat, HT).
20 Ibn Taymiyya, Ar-Radd'alā al-Mantiqiyyīn, Bombay 1949.
21 Dāwūd al-Baghdādī, *Al-Mihna al-Wahbiyya fī Radd al-Wahabiyya* und
Ashadd al-Jihād fī Ibt'ā l Da'wā al-Ijtihād, 1305 h. (1887). Neu hrsg. von
Ikhlās Vkfi Yayinidir, Istanbul 1986.

al-Wahhāb erlassen wurde, dem shafi'itischen Scheich Mohammed Ibn Sulaymān al-Madani. Dieser erhält eine An-
frage, in der Ibn 'Abd al-Wahhāb angeklagt wird, er habe
den Weg des Unwissens eröffnet und es unkultivierten
Männern gestattet, mit ihrem Atem das göttliche Licht zu
löschen: Wie kann eine solche Persönlichkeit die dogmati-
sche Interpretation *(al-Itjtihād)*²² für sich in Anspruch nehmen, obwohl er in seiner Person nicht alle Bedingungen
vereinigt, welche die gelehrte Tradition für die Ausübung
dieser Kunst erfordert? Muß er sich nicht den Leuten der
Wissenschaft unterwerfen, anstatt weiterhin das Imamat
für sich in Anspruch zu nehmen und der Gemeinschaft
abzuverlangen, daß sie ihm auf dem eingeschlagenen Weg
folgt? Weshalb erklärt er andere, die ihm widersprechen,
zu Ungläubigen und ruft dazu auf, sie zu töten?²³ Nehmen
wir einmal an, jemand würde die Bedingungen für den
itjtihād erfüllen und würde aus eigenen Denkbemühungen
eine Doktrin ausarbeiten: Muß er sie denn allen anderen
aufzwingen, wo doch das Gebiet der Doktrinen sehr weit-
räumig ist und die Wege dorthin vielfältig, wie es in der
Tradition der Interpretation niedergelegt wurde und wie
es die Leute der Wissenschaft bekräftigen?²⁴ Es wird um
Aufklärung gebeten, welche Verbote Ibn 'Abd al-Wahhāb
erlassen hat: Besuch der Heiligengräber, Schwüre, Fürspra-
chen, Opfergaben, Brandopfer, die Anrufung des Propheten oder einer seiner Gefährten im Fall der Bedrängnis,
Bittgebete, wenn sie nicht an Gott gerichtet sind? Der

---

22 *itjtihād*, aus derselben Wurzel wie *jihād* (j-h-d), freie Forschung in den Quellen
(Anm. HT).
23 *Haddara dammahu:* diese historische Formulierung bedeutet wörtlich: »er-
tragen, erlauben, daß das Blut eines Menschen vergossen wird, ohne daß der
Täter dann zu verfolgen wäre« (das wird von einem Fürsten oder Richter ausge-
sprochen). Die Fundamentalisten benutzen häufig diese Formel, die in einem
Aufruf zum Mord besteht, der von vornherein den für unschuldig erklärt, der
ihn begeht.
24 Dāwūd al-Baghdādī, S. 40-41.

Unbekannte, der diese juristische Untersuchung verfaßt hat, fragt sich auch, mit welchem Recht der Mann aus dem Nejd die Gläubigen, die solchen Praktiken folgen, zu vogelfreien Verrätern erklärt. Der shafi'itische Gelehrte scheut auch keine Mühe, jedes einzelne Verbot zu widerlegen, das Ibn 'Abd al-Wahhāb erfunden hat. Seine technisch äußerst fundierte Entgegnung kann sich auf einige der größten Namen der islamischen Theologie stützen, ausgewählt unter den strengsten Orthodoxen und Glaubensverbreitern der Sunniten.[25] Er sieht schließlich keinen Unterschied zwischen diesem Autor und jemand, der in unzulässiger Weise sich der Wissenschaft bedient, einem ungebildeten Sektenanhänger, dessen Vorschriften das komplexe Gebäude des Rechts beschädigen, das über Jahrhunderte hinweg errichtet wurde.[26]

---

25 Etwa Ibn Hazm (994-1063), der Zhāhirit aus Cordoba, und der Jerusalemer hanbalit Ibn Qudāma (1147-1223).
26 Dāwūd al-Baghdādî, S 41-44.

12

Die von Ibn ʿAbd al-Wahhāb zu Lebzeiten vorangetriebe-
ne Kampagne zur Machtergreifung scheiterte. Die Truppen des ägyptischen Vizekönigs Mohammed ʿAli (1769-
1848) konnten schließlich die Wahhabiten nach einer
schwierigen Expedition (1812-1817) aus dem Hijāz ver-
treiben. Bei Jacques Berque kann man die Frage finden,
auf welchem Weg die ägyptischen Generale ihre Kanonen
bis Darʾyîa bringen konnten, in die Wiege des Wahhabismus, wo Berque selbst 1970 die immer noch zerstörte
Zitadelle der Saudis gesehen hatte.[27] Auch ein weiterer
Versuch Mitte des 19. Jahrhunderts wollte nicht gelingen.
Aber die Ideologie war ausgesät und zu Beginn des 20.
Jahrhunderts waren alle Bedingungen für ein neues Aufleben des Projekts erfüllt. Dem Stamm Ibn Sauds, für alle
Zeiten dieser puristischen Ideologie fest verbunden, gelang ein Neuanfang. Dreißig Jahre später brachte er den
größten Teil der Halbinsel unter seine Hegemonie. Er be-
friedete hier die Gesamtheit aller Stämme und schuf 1932
den saudischen Staat im Namen der wahhabitischen Ideologie, die er zur offiziellen Doktrin machte, über ihre pein-
lich genaue Anwendung wachte nun eine eifrige Miliz.

Ohne das durch die Ausbeutung der Ölfelder erworbe-
ne Vermögen wären der Saudische Staat und die ihn be-

---

27 Jacques Berque, *Langages arabes du présent*, Paris (Gallimard) 1974,
S. 124.

gründende Ideologie eine Randerscheinung geblieben. Sein
Gebiet hätte sich auf ein unwirtliches Land beschränkt, in
dem eine kleine Sekte ihr Leben fristete, irgendwann einmal von selbst erloschen oder in trauriger Schlichtheit über-
lebend, im Einklang mit den bitteren Mühen der Wüste.
Dank der mit den Petrodollars auf einen Schlag errunge-
nen Macht konnten die Saudis ihre primitive Ideologie
verbreiten, und uns um eine Zivilisation ärmer machen,
welche die Völker des Islam über mehr als tausend Jahre
ihrer gedrängten Geschichte aufgebaut hatten. Durch die
technischen Möglichkeiten von Ton und Bild (aus der
Amerikanisierung der Welt) richteten sie am Islam selbst
großen Schaden an, indem sie seine vielfältigen kreativen
Dimensionen außer Kraft setzten oder veränderten.

So wurde der Raum lokaler Kulturen verwüstet, die
noch dem Heiligenkult Schutz boten, wie er sich in
theatralen Festen ausdrückt, lebendiges Zeugnis einer antiken, ganz und gar dionysischen Energie, die innerhalb
der Konturen des islamischen Glaubens zu neuer Entfaltung gefunden hat. Die Zeremonie der Trance konnte bis
weit hinein ins 20. Jahrhundert überleben: Als Kind bereits von ihr völlig bezaubert, habe ich sie in den 80er
Jahren anläßlich eines *moussem* wiedergefunden, das die
'Isawa von Meknes zur Zeit des Geburtstags des Propheten veranstalteten. Aber die Zensur ruht nicht. Unter dem
schleichenden Einfluß der Wahhabiten beschloß die örtliche Behörde, diese Inbrunst zu dämpfen, die Unebenhei-
ten zu glätten, die Ausschweifungen zu kontrollieren.

Ist eine solche Ästhetik der Verschwendung langsam
auszuhungern? Was kann man tun, wenn man helfen will,
diese ekstatischen Zeremonien zu bewahren, die seit frü-
hesten Zeiten von den 'Isawa von Meknes gepflegt wurden? Bei ihnen hat E. R. Dodds Überreste ausgemacht,
durch welche man etwas über die Menaden der Antike
erfahren könnte. Sie vermitteln einen Eindruck von der

Energie, die völlige Selbstvergessenheit zur Folge hat. Agave konnte es so unterlaufen, daß sie ihren Sohn Pentheus nicht mehr erkannte, ihn zerfleischte und sein lebendiges Fleisch aß, wie es Euripides in den *Bakchen*[28] zeigt.

Nun könnte man mir entgegenhalten: »Wie kommen Sie dazu, diese barbarischen Szenen zu verteidigen, die Hervorbringungen des Irrationalen sind, während Sie doch bisher als ein Vorkämpfer für Vernunft aufgetreten sind?« Darauf würde ich antworten: Schon seit langem sehe ich die Trennung der Instanzen als meine Lebenskunst, um nicht jener Reduktion zum Opfer zu fallen, die uns die Logik der Vernunft aufzwingt. In der Politik lasse ich Klugheit, Mäßigung, gesunden Menschenverstand walten, hier bin ich erklärter Realist, der mit beiden Beinen auf dem Boden steht, folge den Ratschlägen von Aristoteles, Voltaire, Kant. Auf diesem Gebiet bin ich, kurz gesagt, apollinisch. In der Poesie jedoch, in der Kunst, beim Abenteuer der inneren Erfahrung, verwandle ich mich in den Menschen des Exzesses, der Maßlosigkeit, werde himmlisch und segle im Kielwasser von Platon, Rousseau, Nietzsche, Georges Bataille.[29] Und ich entdecke das Dionysische in mir. Infolge dieser paradoxen Logik kann die Liebe zur *Aufklärung* mich nicht dazu verleiten, die Schattenseite des Menschen zu verbergen.

Die ästhetische Dimension, die der Arbeit und dem Alltäglichen innewohnte, hat sich aus der Wirklichkeit der Städte entfernt. Hinweise auf die Feinheiten traditioneller

---

28 E. R. Dodds, *Les grecs et l'irrationnel*, aus dem Englischen übers. M. Gibson, Flammarion, Paris 1977. Bezüglich der Szenen des Sparagmos (essen von menschlichem oder tierischem lebenden Fleisch), wie sie in dem Stück des Euripides gezeigt werden, vergl. Euripides, *Die Bakchen* Vers 139 S. 52-53 (die Mänaden zerreißen das thebanische Vieh) und Vers 1240 ff S. 78 (Pentheus wird von Agave zerfleischt). Deutsche Übersetzung von Raoul Schrott, München (Hanser) 1999, vergl. auch das Nachwort von Heinz Schafroth, der diese Auslegung zurückweist: S. 102 (Anm. HT).

29 Abdelwahab Meddeb, »Art et transe«, S. 72-79, *Esprit*, Nr. 220, April 1996.

Doktrinen suchten oft ihr Exil in autochthonen Köpfen und Herzen, nachdem diese sich für den Rückzug entschieden hatten, oder bei Europäern, die Eingang fanden in den Islam (in der Nachfolge von René Guénon) durch die Pforten des Sufismus und die Inbrunst seiner Meister.

Hat man in der Amerikanisch-Arabischen Allianz lediglich geostrategische Erwägungen und gemeinsame Interessen zu sehen? Ich nehme *Über die Demokratie in Amerika* von Tocqueville zur Hand, lese im ersten Buch das zweite Kapitel, das allein schon durch seinen Titel eine archäologische, genealogische Methode verrät. Die Rückkehr zum Verständnis der Vergangenheit vermag hier auf Gegenwart und Zukunft der Nationen ein Licht zu werfen.[30] Um das große soziale Rätsel zu verstehen, das die Vereinigten Staaten für die Welt seiner Tage darstellen, unternimmt Tocqueville tatsächlich eine Reise zu den Gesetzen der Gründertage. Er unterzieht den Kodex, den sich der Staat von Connecticut 1650 gab, einer erneuten Lektüre. Die Gesetzgeber von Connecticut befassen sich zuerst mit dem Strafgesetz und

> »bei der Abfassung verfallen sie auf den seltsamen Gedanken, aus der Heiligen Schrift zu schöpfen. ›Wer einen andern Gott als den Herrn anbetet, wird mit dem Tode bestraft‹, heißt es da am Anfang. Es folgen zehn oder zwölf Bestimmungen der gleichen Art, die wörtlich dem Deuteronomium, dem Exodus oder dem Leviticus entnommen sind. Gotteslästerung, Hexerei, Ehebruch, Notzucht werden mit dem Tode bestraft; schwere Beleidigung der Eltern durch einen Sohn wird mit der gleichen Strafe belegt.«[31]

---

30 Der Leser wird bemerkt haben, daß dieses Buch derselben Vorgehensweise verpflichtet ist.

31 Alexis de Tocqueville, *Über die Demokratie in Amerika,* aus dem Französischen von Hans Zbinden, Manesse, Zürich 1987, S. 59.

Bei der Lektüre eines solchen Textes werde ich das Gefühl nicht los, daß das wahhabitische Arabien und das puritanische Amerika über denselben Taufstein gehalten wurden. Beiden Staaten ist ein im Religiösen verwurzeltes Recht zur Zeit ihrer Gründung gemeinsam. Ihr Rückgriff auf die Heilige Schrift sorgt für grausame und archaische körperliche Züchtigungen, mit denen die Tugend des sozialen Körpers gesichert werden soll. Unredlich wäre es jedoch, wenn man es mit dieser erstaunlichen Feststellung belassen wollte, die unseren beiden Staaten überraschende Wahlverwandschaften zuerkennt. Zwei Seiten später ergänzt Tocqueville:

»Neben dieser Strafgesetzgebung, die so stark von engherzigem Sektierertum und all den religiösen Leidenschaften erfüllt ist, welche die Verfolgung aufgewühlt hatte und die in der Tiefe der Seele weiterbeben, steht, in gewissem Sinne mit ihr verkettet, eine Sammlung politischer Gesetze; vor zweihundert Jahren verfaßt, scheint sie dem Freiheitsgeist unserer Zeit weit vorauszueilen.«[32]

Mit diesen politischen Festlegungen tut sich ein radikaler Unterschied auf, der die eben festgestellte Ähnlichkeit in weite Ferne rückt. Denkbar wäre jedoch, daß in dieser Dialektik des Unterschiedlichen und des Gleichen sich ein Mißverständnis eingenistet hat. Selbst wenn die Sünde der Naivität das ihrige beiträgt, dürfte der religiöse Bezug in der politischen Verfaßtheit der Saudis den amerikanischen Protagonisten nicht schockieren. Es mag zutreffen, was Tocqueville weiter ausführt:

»in Amerika ist die Religion der Weg zur Bildung; die Beobachtung der göttlichen Gesetze ist es, die den Menschen zur Freiheit führt.«[33]

---

32 Tocqueville S. 60-61.
33 Tocqueville S. 64.

Ein weiteres Paradox, das nur zum Mißverständnis Anlaß geben kann. Während in Amerika die Religion zu Freiheit und Aufklärung geführt hat, wurde sie im Wahhabismus verfälscht und schematisiert, so kann sie nur zur Aufrechterhaltung von Knechtschaft und Finsternis dienen. Seiner Knechtschaft und Blindheit nicht bewußt, marschiert der wahhabitische Sektenanhänger Schulter an Schulter mit dem amerikanischen Soldaten. Die Partner beziehen sich auf Grundlagen ihrer Gemeinschaften, die sich oberflächlich ähneln. Der Schein kann die Illusion einer natürlichen Allianz aufrechterhalten. Auf der Bühne des Weltmarkts adelt der Amerikaner den Wahhabiten und weiht ihn in die Technik ein, die ihm dazu verhilft, im Rhythmus Amerikas zu atmen, wo auch immer auf der Welt er sich befindet. Mit solchen Weggefährten kann sich der Wahhabit materiell bereichern und in die Verbreitung seines Glaubens investieren. Durch das Anhäufen eines Vermögens ehrt er seine spirituelle Genealogie. Hat nicht Ibn Hanbal es zu einer göttlichen Pflicht erklärt, daß man sich bereichert? Gibt es nicht bei Ibn Taymiyya einen Imperativ, sein Vermögen in den Dienst der Religion zu stellen, und nennt er nicht jeden einen Schuft, der dies nicht erfüllt?

Die amerikanisch-saudische Harmonie wird erst dann gestört werden, wenn sich jene seltsame Gestalt zeigt, die man den »Wahhabiten im Wahhabiten« nennen könnte. Eine solche Figur weist mit dem Finger auf den Wahhabiten, der seiner Doktrin untreu geworden ist, der auf die andere Seite der amerikanischen Lebensart überläuft, er gilt als Beschmutzer des puristischen Bildes des Islam. Bin Laden und seine zahlreichen Landsleute, die am Attentat vom 11. September beteiligt waren, illustrieren diese Figur des Wahhabiten im Wahhabiten auf perfekte Weise. Es ist gleichsam eine Dramaturgie der Verdoppelung, welche die Person aushöhlt und grundlegend in Frage stellt, um ihr einen radikaleren Doppelgänger vorzuführen. Diese Analogie verdanke ich dem Sufi Qushayrī (986-1072), an einer Stelle kommentiert er einen der Verse, die über die Versuchung Adams im Garten Eden berichten.[34]

> »Nachdem er den Einflüsterungen des Dämons erlegen war, sagte Adam, wütend, weil in seiner Reinheit befleckt, zu ihm: ›Verfluchter, du hast mich in Versuchung geführt und ich bin nur deinen Aufwiegelungen gefolgt.‹ Darauf antwortete der Dämon: ›Gewiß, Adam, ich war der Dämon, der dich inspirierte, aber weißt du denn, wer mein Dämon ist?‹«[35]

---

34 Koran, VII, 19.
35 Al-Qushayrī, Laṭ'āif al-Ishārāt, hrsg. von I. al-Basyūni, Bd. 1, Kairo 1981, S. 524 (Übersetzung nach dem französischen Zitat, HT).

13

Es wurde schon mehrmals erwähnt, daß der Islam die großen Dinge bereits sehr früh kennenlernte, der in Gang gekommene Prozeß jedoch abgebrochen wurde. Der Leser fragt zu Recht nach den Gründen für dieses Phänomen. Mehrere wurden bereits genannt, um das Versiegen der Quellen der Kreativität zu erklären. Da ist einmal das allmähliche Entgleiten des internationalen Handels. Der Grundstein für die Größe des Islam war in einem Augenblick gelegt worden, als in Europa Lethargie herrschte (8.-11. Jahrhundert). Dann erwies es sich jedoch als eine der Auswirkungen der Kreuzzüge – die zwei Jahrhunderte andauerten (1099-1270)[36] –, daß manche italienische Städte (Genua, Pisa, Venedig) wieder zu einer Dynamik zurückfanden, die das islamische Monopol auf den Mittelmeerhandel brachen.

> »Weshalb konnte diese glanzvolle Zivilisation ... nicht in der eigenen Mitte Bedingungen für das Aufkommen der modernen Wissenschaft schaffen, mit all dem, was damit verbunden war, also der wissenschaftlichen, der technischen und schließlich der industriellen Revolution?«[37]

---

36 Den Kreuzzügen waren allerdings der Verlust Siziliens und der Fall Toledos vorausgegangen.
37 Ahmad Djebbar, S. 56 (Übersetzung nach dem französischen Zitat, HT).

Diese Frage stellt der Mathematiker und Wissen-
schaftshistoriker Ahmad Djebbar, um dann statt einer
Antwort mit einer Zusammenstellung von allem aufzu-
warten, was in der Forschung (namentlich bei C. Cahen
und M. Lombard) darüber gesagt wurde. Da wären zuerst die Folgen der inneren Krisen, die der Islam nach der
christlichen und mongolischen Offensive (12.-13. Jahrhundert) zu bewältigen hatte. Dann die Auflösung gesellschaft-
licher Bindungen durch neue Produktionsformen im Handwerk und den Manufakturen. Schließlich wechselte das
Monopol für manche Rohstoffe wie Eisen, Holz und Gold,
wodurch der Geld-Transfer des Islam nach Europa beschleunigt wurde. So verliert er die Kontrolle über den
internationalen Handel. Er wird ihn nie wieder beherrschen können. Die neuen Reeder erweitern den Horizont
(durch die Entdeckung Amerikas) und variieren die Han-
delswege (durch neue Seekarten, die in Umgehung der islamischen Territorien neue Wege nach Asien und Ozeani-
en eröffnen).

Régis Morelon, Historiker und Experte in Arabischer
Astronomie, hat einmal in meiner Anwesenheit (einer öffentlichen Diskussion zu dieser Frage) eine quantitative
These zusammengefaßt. Sie wurde entwickelt von Pater
Alvès de Sa, einem Brasilianer mit außergewöhnlich brei-
ter Bildung, der auch Schüler des in Kairo gegründeten
Dominikanischen Instituts für Arabistik gewesen ist. Alvès
de Sa ist der Ansicht, daß sich große Zivilisationen nach
fünfhundert Jahren aufzulösen beginnen. Seine Einteilung
könnte man auf den Islam anwenden, dessen klassische
Zeit ungefähr von 750 bis 1250 reichte. Danach hätten
die Hervorbringungen dieser Kultur in Form des Klassi-
zismus noch weitere fünfhundert Jahre vorgehalten, anschließend hätte es dem Islam an Mitteln gefehlt, um sich
dem Bruch der Aufklärung, und der technischen und industriellen Revolution anzupassen.

So plausibel diese Erklärungen klingen mögen (wie andere auch), ein Teil des Rätsels bleibt dennoch bestehen. Gibt es ein Eingreifen in den Lauf der Geschichte, das über dem menschlichen Willen steht? Wäre dies das Walten der Vorsehung? Oder des Geistes, dessen Wege zwischen den Völkern unerforschlich sind, so wie sein Kommen und Gehen unter Nationen und Sprachen? Oder sollte es gar möglich sein, die Metapher des Unbewußten auf die Geschichte anzuwenden, um damit Potentialitäten zu bestimmen, die sich der Vernunft entziehen und den Fächer von Begründungen überschreiten, welche den Aufstieg und Fall von Zivilisationen erklären? Was den Islam betrifft, so bleibt die alles überrollende Expansion des Beginns wie auch sein unwiderruflicher Niedergang größtenteils im Bereich des Unerklärlichen.

Es bliebe noch die Reihe von Niederlagen zu verstehen oder zumindest anzuführen, welche die islamische Welt erfuhr, als sie Anfang des 19. Jahrhunderts zu reagieren versuchte. In diesem Augenblick wird ihr nämlich bewußt, daß eine Revolution, deren Wesen sich ihr völlig entzieht, dabei ist, die Oberfläche der Erde und die Art und Weise, in der der Mensch die Erde bewohnt, zu verändern. Es sind Niederlagen von großer Bedeutung, denn auf den rauchenden Trümmern, die sie hinterlassen haben, wächst das Ressentiment, das den fundamentalistischen Korpus anstachelt, indem es ihm seine Motive liefert.

Beginnen wir mit dem Scheitern der im 19. Jahrhundert betriebenen Modernisierung. Hier ist die Situation in Ägypten weiterhin exemplarisch. Dieses Scheitern hätte eine genaue Untersuchung verdient, weil sich in ihm auch das Scheitern einer Europäisierung verbirgt, von der das arabische Denken berührt wurde. Ihren Kontext habe ich oben anläßlich meiner Ausführungen über die Frauenbefreiung umrissen. Wie kann man das Scheitern der Modernisierung erklären, die von Mohammed 'Ali in einer

mehr als vierzig Jahre (1805-1848) währenden Regierungs-
zeit in Angriff genommen wurde? Immerhin hat man das
Gefühl, als hätte es in dieser Politik an nichts gefehlt: ein
zentraler Staat, Monopole für die Ausbeutung von Boden-
schätzen, eine moderne Armee wurden geschaffen, das
Territorium bis in die Dimensionen eines Imperiums erweitert (Ägypten wuchs entlang mehrerer Achsen: der sy-
risch-palästinensischen, der arabischen und dem Nil), Techniker und Übersetzer wurden herangezogen, Studenten
nach Europa geschickt, die Grundstrukturen für ein
Bildungssystem, ein Gesundheitswesen, von Fabriken und
Manufakturen gelegt, die Rohstoffe verarbeiten sollten,
industrielle Formen der Agrarwirtschaft (Baumwolle, Zuk-
kerrohr) wurden eingeführt, ein eigener Stil in der Architektur wurde geschaffen, Großprojekte in Angriff genommen, im Hinblick auf die Modernisierung der Infrastruk-
tur Straßen, Kanäle und Dämme errichtet. Es mangelte an
nichts bei diesem Unternehmen, außer vielleicht an einem
methodischen Vorgehen, das Durchhaltevermögen und eine
Abstufung der Prioritäten vereint.

Im freundschaftlichen Austausch mit Roshdi Rashed,
der die hervorragende *Geschichte der arabischen Wissenschaften*[38] konzipiert und verlegt hat, erfahre ich (er ist
Epistemologe und Mathematikhistoriker), daß der Haupt-
grund des ägyptischen Scheiterns in den Hindernissen zu
suchen ist, welche die Europäer Mohammed 'Ali in den
Weg legten. In Zeiten der europäischen Expansion mußte
mit allen Mitteln verhindert werden, daß eine neue regio-
nale Macht so nah am alten Kontinent entsteht, ein neuer
Rivale auf dem ohnehin schon aggressiven Markt, zu dessen Schutz man durchaus die Waffen sprechen ließ.

Als ich den japanischen Erfolg erwähne, der sich ein
wenig später anbahnte, nämlich nach 1868 durch die Meiji

---

38 Vergl. 1. Teil, Anm. 15.

Ära,[39] antwortet mein Freund, daß die Modernisierung
Nippons sich ohne Wissen des Westens vollzog, oder besser, außerhalb seiner Einflußsphäre: das Land der aufge-
henden Sonne hätte somit von seiner Entlegenheit profi-
tiert.[40] Ich möchte noch einen Aspekt hinzufügen: Bei dem
Entschluß, sich zu modernisieren und zu verwestlichen,
hat Japan seine traditionellen Machtstrukturen beibehal-
ten, sowohl was den Weg dieser Entscheidung innerhalb
der sozialen Hierarchie angeht, als auch in der Geschick-
lichkeit seiner Handwerker und Arbeiter, die sich den Eh-
renkodex präziser Arbeit bewahrt hatten. Die Industriali-
sierung Japans wurde veranlaßt durch die Initiative der
großen alten Familien, denen sich die Innungen sorgfälti-
ger Handwerker hinzugesellten. In Ägypten waren diese
beiden Bedingungen nicht gegeben: Mohammed 'Ali war
ein Ausländer, der ein gesellschaftliches Ganzes aufgelöst
hatte, dem es an historischer Verwurzelung fehlte (er hatte beispielsweise das Monopol über die Landwirtschaft
erworben); vor allem aber lag das Handwerk völlig dar-
nieder: Die von den Arbeitern verinnerlichte Ethik war
nicht mehr darauf ausgerichtet, eine mit Umsicht fertigge-
stellte Arbeit abzuliefern. Die Verfasser der *Beschreibung
Ägyptens*[41] hatten bereits Ende des 18. Jahrhunderts den
Niedergang der traditionellen Manufakturen festgestellt,
eine Verschlechterung der handwerklichen Fähigkeiten, den

---

39 Mei=Klar, Ji=Regierung; zusammen ergeben die beiden Zeichen die Bedeutung: »klare Regierung« oder, in besserem Deutsch, »aufgeklärte Herrschaft«.
40 Der japanische Sieg über Rußland 1905 wurde in Ägypten als ein Zeichen
dafür aufgenommen, daß ein orientalisches Land Erfolg haben kann, der in
doppelter Hinsicht mit dem Programm der Nationalisten korrespondierte: gegen die Vorherrschaft Europas zu kämpfen und gleichzeitig seine Zivilisation zu
übernehmen. Vergl. das Buch des ägyptischen Nationalisten Mustafa Kamil über
das reformierte Japan: *ash-Shams al-Mushriqa* (»Die erleuchtende Sonne«),
Kairo, 1906.
41 »Description de l'Égypte ou recueil des observations et des recherches, qui
ont été faites en Égypte pendant l'expédition de l'Armée française.« Forschungsbe-
richt nach Napoleons Ägypten-Kampagne 1798. Nachdruck (Text dt., engl., frz.):
Gilles Néret (Hrg.), *Description de l'Égypte*, Köln (Taschen) 2002. (Anm. HT)

rudimentären Stand der Technik. Beeindruckend fanden sie die große Kluft zwischen einer zeitgenössischen Kupferarbeit und einem Gegenstand, etwa einer Tür, aus der Mamluckenzeit, der aus demselben Material angefertigt worden war. Bei den Fähigkeiten des Handwerks war der Verlust unermeßlich: Welch ein Unterschied zwischen der vollkommenen Schönheit der aus dem 14. Jahrhundert überkommenen Werkstücke und der schludrigen Ausführung in Material wie in der Form jener Produkte, die Ende des 18. Jahrhunderts in Umlauf waren! Inzwischen war ein vom ägyptischen Handwerk angefertigter Gegenstand nicht mehr das Produkt aus der Zeit der Präzision, sondern bereits in der des Ungefähren angelangt, eine Situation, die nicht zur Nachahmung von Produkten des Ingenieurwesens befähigen konnte, wie sie das industrielle Zeitalter bietet. Dieses erfordert eine hohe Präzision, die in ihrer Ausführung eine komplexe Koordination zwischen räumlich getrennten Arbeiten am selben Stück voraussetzt.

Das einzig Positive, das die Herrschaft von Mohammed 'Ali und seiner Nachfolger an die Zukunft weitergaben, liegt in den politischen, ökonomischen und sozialen Rudimenten, die in Ägypten die Entwicklung zum Nationalstaat förderten. Da dieser dem Volk aber weder demokratische Freiheit noch Wohlstand brachte, sollte auch diese Periode eine Niederlage bescheren, die zu den anderen Niederlagen nun noch hinzukam. Die Auswirkungen werden uns noch beschäftigen.

Betrachten wir einen Schriftsteller, der für diese Epoche repräsentativ ist, Scheich Tahtāwi (1801-1873), ein Schüler der al-Azhar Universität, der fünf Jahre in Paris lebte. Dort wurde er Imam der von Mohammed 'Ali nach Frankreich geschickten Studenten. Zurück in Kairo, leitete er das Übersetzungsbüro; er hat selbst etwa zwanzig Werke aus dem Französischen übersetzt. Er ist ein Mann, der eine gewisse Liberalität im Umgang mit juristischen oder politischen Fragen an den Tag legt, seine Bezugspunkte bleiben islamisch. Seine Unterstützung gilt einem Herrscher, der in seiner Ausübung der absoluten Macht dem Recht verpflichtet wäre. Er empfindet eine aufrichtige Empathie für die »beschützten Minderheiten« (die *dhimmi*, Juden und Christen). Er hält Anleihen bei ausländischen juristischen Festlegungen für legitim, empfiehlt deren Aufnahme in den Korpus der *sharî'a*, wenn das Allgemeininteresse es verlangt: diese Überlegung sollte sich als wertvoll für die Entwicklung des Rechts erweisen. Aber in der Hinwendung zur europäischen Kultur bleibt er vormodern. Weder gelingt es ihm, Konfusion zu vermeiden, noch die einzelnen Schriften in eine Rangfolge zu bringen, er unterscheidet nicht zwischen grundlegenden und verzichtbaren Werken. Er durchschaut nicht die Ordnung der Texte: Da er Handbücher bevorzugt, entgeht ihm, daß diese zusammen mit den Enzyklopädien nur einen Ersatz für die Wissenschaft darstellen können. Kurz, er vermittelt den Eindruck eines Mannes, der es eilig hat und der Auffassung ist, daß ein Kompendium hinreichend ist, um diese Kunst oder jene Technik zu beherrschen. Es ist offensichtlich, daß er sich nicht vorstellen kann, welche harte Arbeit mit dem unaufhörlichen Wechselspiel zwischen Grundlagenforschung und angewandter Wissenschaft verbunden ist.[42]

---

42 Tahtâwi gibt in seinem Buch, dessen französische Übersetzung unter dem Titel *L´Or de Paris* erschien [Paris (Sindbad) 1988, S. 224], eine Auswahl seiner Lektüreliste zur Zeit seines Aufenthalts in Paris wieder. Der Übersetzer Anouar Louca erinnert in seinem Vorwort (S. 15) daran, daß er immer wieder mit großer Treue einen »Historischen Grundriß über die Sitten und Gebräuche der Nationen« *(Aperçu historique sur les mœurs et coutumes des nations)* zur Hand nahm, deren Verfasser ein gewisser Depping ist; hierbei handelt es sich um eine Lieferung der *Encyclopédie portative ou Résumé universel des sciences, des lettres et des arts*. Hier wird deutlich, welches Schein-Wissen diese Art der Lektüre anleiten kann. Wie können solche minderen, knappen, schematischen Werke »auf kürzestem Weg zur Entdeckung ungeahnter Gesellschaften« führen, wie der Übersetzer behauptet? Vergl. Tahtâwi, *Ein Muslim entdeckt Europa. Die Reise eines Ägypters im 19. Jh. nach Paris*. Hrsg. und übers. von Karl Stohwasser, Kiepenheuer, Leipzig 1988. Anmerkungen S. 286-304.

Mit dieser Anmerkung benenne ich ein Symptom für das Scheitern der Europäisierung, das selbst in ihren späteren Phasen für Autoren gilt, denen wir bereits begegnet sind, wie 'Abd ar-Rāziq (der seine oberflächliche Kenntnis von Hobbes und Locke ebenfalls einem Handbuch verdankte, wie wir bereits gesehen haben).[43] Sogar von Taha Husayn, dem berühmtesten der »Okzidentalisten«, kann man behaupten, daß er bis ans Ende seiner Laufbahn (in den 70er Jahren des letzten Jahrhunderts) als Literaturhistoriker Anhänger oder gar Schüler von Gustave Lanson, als Chronist und Kritiker bestenfalls Nachahmer von Sainte-Beuve geblieben ist. Es stellte sich beispielsweise heraus, daß er sich an überholten Modellen orientierte, und keinesfalls als ein Neuerer gelten kann, der in der Einsamkeit des Pioniers seinen Weg bahnt, am Abenteuer der Zeitgenossen teilnimmt, seinen Beitrag leistend zur Schaffung neuer Orte der Gastlichkeit für den Gedanken und das Wort.

---

43 Vergl. hierzu Teil 1, Anm. 47.

14

In einem Text, der wenige Monate vor ihrem Tod veröffentlicht wurde, formulierte Simone Weil in schöner Klarsicht, daß eine

> »Amerikanisierung Europas gewiß eine Amerikanisierung des ganzen Globus zur Folge haben würde.«[44]

Sie sah auch die Rolle voraus, die Amerika im sich abzeichnenden postkolonialen Zeitalter spielen würde, und fürchtete, Europa könnte die sich bietende Gelegenheit ungenutzt verstreichen lassen, den Fortgang des Prozesses nachzuvollziehen, der das Geschick der Welt verwandeln würde.

> »Amerika, das keine Kolonien und folglich auch keine kolonialen Vorurteile hat, das seine demokratischen Kriterien naiv auf alles ausweitet, was es selbst nicht direkt betrifft, betrachtet das koloniale System ohne Sympathie. Zweifellos steht es kurz davor, das in seiner Routine erstarrte Europa heftig zu erschüttern. Indem es aber die Partei der von uns unterdrückten Völker ergreift, gibt es uns gleichsam unwissentlich das beste Mittel in die Hand, um in naher Zukunft seiner eigenen Einflußnahme zu widerstehen. Amerika be-

---

44 Simone Weil, »À propos de la question coloniale dans ses rapports avec le destin du peuple français« (1943) in: *Écrits historiques et politiques*, Gallimard, Paris 1960, S. 375 (Übersetzung nach dem französischen Zitat, HT).

greift das nicht, es wäre jedoch katastrophal, wenn wir es ebenfalls nicht begreifen würden.«[45]

Die Europäer haben es dann nicht begriffen und die Amerikanisierung der Welt trat nach und nach an die Stelle ihrer Europäisierung. Der Kolonialismus fand ein Ende, allerdings planlos: Man wollte nicht sehen, daß die Entkolonialisierung eine der unausweichlichen Folgen des Zweiten Weltkrieges darstellte, ganz im Gegensatz zu dem Weitblick einer Simone Weil. Also versuchte man, den Termin hinauszuzögern. Dieser Aufschub dauerte fünfzehn Jahre (1945-1960), in denen die Blindheit der Politiker uns weder großes Leid noch Hunderttausende von Toten zu ersparen vermochte. Der Fall Algeriens illustriert auf beredte Weise diese todbringende Verantwortungslosigkeit Europas. Aber dies ist ein anderer Prozeß, der an anderer, ihm angemessener Stelle untersucht werden soll.

Um den Horizont dieses Buches nicht zu verlassen, begnügen wir uns mit der Feststellung, daß die Welt von der Europäisierung zur Amerikanisierung überging. Der traditionelle Kolonialismus mußte nach und nach Allianzen unter souveränen Staaten weichen, die mit einer Art stillschweigendem Protektorat in Verbindung standen, in dem die Schutzmacht einen großen Teil des Reichtums mit den von ihr beschützten Bewohnern teilt. In Saudi-Arabien oder in den Vereinigten Arabischen Emiraten ist der Besucher beeindruckt von dem materiellen Komfort, der in den Städten Einzug gehalten hat, Anzeichen für eine umfassendere Amerikanisierung, die weit über die Luxusartikel hinausgeht, welche das Alltagsleben der Leute ausfüllen. Die Gesetzgebung dieser Länder bewahrt streng den Anschein des archaischen religiösen Gesetzes, obwohl im Privatrecht, das Beteiligung am Weltmarkt sichert, der lokale Vertragspartner sich mehr in die Formen des internationalen Rechts

---

45 Weil, S. 377 (Übersetzung nach dem französischen Zitat, HT).

fügt, als er zugeben würde. Solche Angleichungen finden
stillschweigend statt, man läßt sie bestehen, solange der
Anschein gewahrt bleibt.

Es gibt so etwas wie eine Anpassung an die Werteskala
der Welt durch eine doppelte Übereinkunft, welche für die
amerikanische Identität auf ihrem eigenen Territorium
charakteristisch ist: die Identität des Wohnsitzes ist nicht
gleichbedeutend mit der Identität der Polis. Die Treuepflicht
gegenüber der Gemeinschaft geht einher mit der Treuepflicht zum Staat, eine Ambivalenz, die charakteristisch
ist für den amerikanischen Bürger. Sehr häufig gründet sich
die persönliche Identität sowohl auf die religiöse Gemeinschaft als auch auf die ethnische Zugehörigkeit, wobei lediglich deren religiöser Ausdruck beim Staat Anerkennung
findet. Zahlreiche Glaubensrichtungen, die in Frankreich
als illegale Sekten gelten würden, finden Aufnahme ins offizielle Register, von dem gewisse Rechte ausgehen. Jede
Religion kann einen juristischen Status erlangen, der den
Schutz der öffentlichen Autorität genießt.

Aber diese Ausbreitung der Religionen ist in unserer
Betrachtung nicht ausschlaggebend. Eher das Gemein-
schaftsgefühl, auf das alle Glaubensrichtungen zuzustre-
ben scheinen, am deutlichsten zu sehen in einer Religion,
die direkt in Amerika entstand, den Mormonen. Die psy-
chologische Veranlagung, in die zahlreiche Glaubens-
formen münden, nennt Harold Bloom die »Amerikanische Religion«, sie wäre auch Kennzeichen einer nach-
christlichen Nation, die im Entstehen begriffen ist.[46] In diesem Brennpunkt findet die Vielfalt sekundärer Identitäten
ihre Einheit. Das amerikanische Wesen ist einerseits durch
die Dualität der Zugehörigkeit gekennzeichnet, andererseits durch das Aufgehen jeglichen religiösen Glaubens in

---

46 Harold Bloom, *The American Religion, The Emergence of the Post-Christian
Nation,* New York (Simon & Schuster) 1992.

einem Gesamtempfinden. Vielleicht ist diese Struktur auf alle Länder übertragbar und erlaubt es dem Wahhabiten, zu einem hervorragenden und authentischen Teilnehmer an der Amerikanisierung der Welt zu werden.

Archaischen Glaubens und brillianter Technologe des Marktes, kann sich dieses zwiespältige Wesen in Amerika wiederfinden, sowohl in der eben beschriebenen psychologischen Anlage, als auch durch die Aufrechterhaltung eines Glaubens, der von anderen Kontinenten und aus anderen Zeiten stammt. Ich konnte dies in Brooklyn sehen, in den kleinen ashkenasischen Synagogen von Borough Park Ende September, als ich unter polnischen Chassiden war, die das Ende des Laubhüttenfestes feierten. Es war *simhat torah,* bei dem die Gläubigen die ersten Worte der Torah anstimmen, nachdem sie eben noch die letzten gesprochen haben: So berührt das Ende des eben ausgeklungenen lithurgischen Jahrs den Anfang des neuen. Die Atmosphäre war archaisch. Ich hatte die Empfindung, bei einem sehr alten Ritus zugegen zu sein, ererbt aus Übersee in einer Form, die er im 18. Jahrhundert in Polen angenommen hatte. Ich ging von *stiebl* zu *stiebl* und traf nur auf Menschen, die die Torah zum Gegenstand ihrer Anbetung machten, in Form von riesigen Schriftrollen, welche von schwarzgekleideten Bärtigen mit schimmernden Tüchern bedeckt wurden, aus reiner Seide, wie ich mir vorstellte. Und sie liebkosten diese zugedeckten Rollen wie man ein Kind oder eine Geliebte liebkost. Männer mit Hüten tanzten allein, da die Frauen weder tanzen noch das Innere der Tempel betreten durften. Am nächsten Morgen begaben sich dieselben Männer wieder nach Manhattan, um ihr Wissen an ihrem Arbeitsplatz einzusetzen, der die Gesamtheit der Informationskanäle abdeckt, von der Software-Entwicklung bis zum Verkauf von Maschinen.

15

Die Modernisierung, die andere islamische Staaten in einer früheren Phase (der Bildung des Nationalstaats) ergriffen hatte, wurde nach europäischem Modell durchgeführt. Das gilt für die Kampagne von Kemal Atatürk (seit 1922), oder das von Bourguiba eine Generation später ins Leben gerufene Unternehmen (1957). Letzterer hatte sich mit dem juristischen Denken der französischen »Dritten Republik« auseinandergesetzt; er war entschlossen, einen weltlichen Staat und eine laizistische Gesellschaft zu schaffen. Aber mit diesen aus dem Studium gewonnenen Einsichten gingen Reflexe einher, die einem lokalen Atavismus entsprangen. Die demokratischen Prinzipien seiner okzidentalen Genealogie wurden von seiner Machtfülle zunichte gemacht, die der eines orientalischen Despoten ähnelte. Daß der tyrannische Atavismus plötzlich wieder zum Vorschein kam, läßt sich durch die Notwendigkeit erklären, auf einen autoritären Staat zurückzugreifen, der in der Lage war, die selbst erwählte pädagogische Aufgabe zu erfüllen, um die ihm unterstellte Gesellschaft auf den zivilisatorischen Wandel vorzubereiten, der ihre Mängel beheben sollte.

In der Beziehung zwischen Religion und Souveränität war es nicht einfach, von der *sharī'a* zu einem Recht zu kommen, dem die theologisch-politische Prägung fehlte. Selbst in den fortschrittlichsten Verfassungen wie der tunesischen hat der Gesetzgeber den Islam als Staatsreligion festgelegt. Der Bürger ist also nicht frei in der Wahl seines Glaubens (oder Unglaubens), denn dieser soll mit dem des Fürsten übereinstimmen. In solchen Festschreibungen sind wir den von Hobbes analysierten Zuständen sehr viel näher als etwa dem französischen Rechtsempfinden, wie es sich in der Verfassung der Fünften Republik ausdrückt. Tatsächlich ist Hobbes hier ganz bei unserer Wirklichkeit, wenn er folgendes schreibt:

> »Deshalb können die Bürger das Recht über den Gottesdienst zu bestimmen, an den oder die Inhaber der höchsten Staatsgewalt übertragen[47] ... So bleibt nur übrig, daß ... die Auslegung der Heiligen Schrift, d. h. das Recht, alle Streitfragen zu entscheiden, von der Machtvollkommenheit des Menschen oder der Versammlung ausgeht und abhängt, welche die höchste Staatsgewalt innehat.[48] ... In dieser Weise gebührt in den christlichen Staaten die Rechtsprechung sowohl in weltlichen als auch in geistlichen Dingen der bürgerlichen Gewalt.«[49]

Diderot hat für diese Theorie äußerst klare Neuformulierungen gefunden, veröffentlicht in seinem Artikel über den »Hobbismus« in der *Enzyclopédie*, er tritt ein in einen Dialog mit dem Geist mehrerer zeitgenössischer arabischer Verfassungen; so unterschiedlich sie sind, sie stimmen doch darin überein, daß sie der politischen Autorität die Herrschaft über die Religion zuerkennen:

> »Es stand dem Souverän zu, den Völkern vorzuschreiben, welchen Glaubens man über Gott und die göttlichen Dinge zu sein hatte.«[50]

---

47 Thomas Hobbes, *Vom Menschen/Vom Bürger*. Übers. von Günter Gawlick, Hamburg (Meiner Verl.) 1959, S. 250.
48 Hobbes S. 308.
49 Hobbes S. 310.
50 Denis Diderot, *Encyclopédie*, Bd. 8. Neuchâtel, 1765. (Übersetzung nach dem französischen Zitat HT).

Einige Überbleibsel der theologisch-politischen Ordnung waren nicht vollständig auszulöschen bei diesen Versuchen einer juristischen Modernisierung. Diese Beobachtung findet zumindest in dem zentralen Stellenwert ihren
Ausdruck, der der Exekutive zukommt, wie sie sich in Form
einer prägnanten Verkörperung des Staates in seinem Oberhaupt präsentiert. Als wäre noch auf unbewußte Weise
jene Vorstellung im Geist des modernen oder sogar mo-
dernistischen Gesetzgebers unterwegs, daß der Repräsentant der Souveränität Träger des göttlichen Schattens auf
Erden ist, eine Idee, die unter zahlreichen Schreibern des
mittelalterlichen Islam gängig war, auch wenn sie zu manchen theologische Kontroversen führte. Die Liquidation
des Theologischen durch das Politische erweist sich als
schwierig genug, um nicht zu sagen als unmöglich, wie es
Carl Schmitt in einer Antwort an Peterson über die westliche Tradition nachweist, die, wie jeder weiß, bereits viel
stärker säkularisiert ist.[51]

Wie auch immer der Staat aussah, der zu Zeiten des
Nationalstaates geschaffen wurde, oder die Prinzipien, auf
die sich der Gesetzgeber stützte,[52] auf unbewußte Weise
haben diese Staaten nichts anderes getan, als die Tradition des Emirats zu modernisieren und ihm eine neue Form
zu verleihen. Die Institution des Emirats hat von Māwardi
(gestorben 1031) eine theoretische Ausarbeitung erfahren.
Sie kennt viele Ausprägungen und wechselt je nach den
Umständen ihre Form. Der modernen Version scheint eine
Form am besten zu entsprechen, wenn nämlich der Emir
mit Gewalt die Macht ergreift *(imarāt al-istilā');*[53] laut

---

51 Carl Schmitt, *Politische Theologie. Vier Kapitel zur Lehre von der Souveränität.* München/Leipzig (Duncker & Humblot) 1922.
52 Dabei nehme ich auch jene Staaten nicht aus, in denen es dem Gesetzgeber
bewußt war, daß er einen Bruch vollzog, weil er sich am Geist des europäischen
Konstitutionalismus orientierte: namentlich die neugegründeten Staaten von
Atatürk und Bourguiba.

Māwardi ist sie dann legitim, wenn der Fürst durch seinen Gewaltakt seine Territorien vor einem Aufstand oder einer Abspaltung bewahrt. Auf solchem Boden kann der Führerkult gut gedeihen. Und wenn sich der Leser der Theorie Carl Schmitts zuwendet, kann er sich auch die Vorrangstellung des Oberhaupts erklären: weil der Ausnahmezustand, der sie legitimiert, zur Norm wird. Derjenige, der in einer Ausnahmesituation entscheidet, verfügt über die zeitweilige Aufhebung des Rechts,[54] oder die Exekutive übertrifft die Legislative – zumindest in dieser Situation. Diese Notklausel gibt es übrigens auch in der Verfassung der 5. Republik, de Gaulle nutzte sie in der Ausnahmesituation, die von gewissen Ereignissen im Algerienkrieg hervorgerufen wurde.[55] Diese doppelte Erklärung gilt auch für die universelle Präsenz des Staates, wie er sich in den islamischen Ländern verkörpert. Ein solcher Staat läßt die theologisch-politische Prägung, die Diktaturen kennzeichnet, wieder aufleben. Im republikanischen und demokratischen Staat wird eine solche Prägung stark abgeschwächt, bis sie beinahe unsichtbar wird.

In den betroffenen Ländern befindet sich die politische Macht beinahe überall in Händen der Armee. Allerdings entspringt die Rolle des Militärs in der Politik nicht dem Modell des Caudillo, wie er im iberischen und lateinamerikanischen Raum wirksam war. Dieses Phänomen besitzt seine eigene Genese, die bei der Gestalt des Emir noch herauszuarbeiten wäre. Auch hier handelt es sich um eine Tradition der islamischen Geschichte. Schon vor der Auf-

---

53 Māwardi, *Al-Ahkām as-Sult'āniyya* (»Prinzipien der Macht«), S. 39-41, Beirut o. J..

54 Schmitt, Kapitel 1, »Definition der Souveränität«

55 Man muß daran erinnern, daß unter denen, die die Verfassung der V. Republik erarbeiteten, auch aufmerksame Leser Carl Schmitts waren, wie etwa René Capitant, der einen Artikel schrieb über den »Nationalsozialistischen Staat« (1938), wieder aufgenommen in Schmittiana, Eclectica, 17. Jahrg., Brüssel, 1990.

lösung des Kalifats, im Augenblick seiner Schwäche (also bereits sehr früh, im 10. Jahrhundert), wurden sich die bewaffneten Milizen ihrer Macht bewußt und bemächtigten sich des Staatsapparats, entschlossen, ihn zum eigenen Vorteil zu dirigieren. So waren die Emirate bereits auf der Bildfläche erschienen, als das Kalifat im Niedergang begriffen war.

16

Man muß nur einen Blick auf die Chronik der Geschichte des Islam werfen, um auf jeder Seite festzustellen, wie das Dogma von der Gleichwesentlichkeit des Religiösen und Politischen widerlegt wird. In diesem Stereotyp sind zahlreiche westliche Islamwissenschaftler mit den Fundamentalisten einer Meinung; es geistert auch als Vorurteil durch die Presse sowie durch andere Medien, aus denen sich die Öffentlichkeit informiert. Ich dagegen habe die Stirn zu bescheinigen, daß dieses Urteil (das wie ein Dogma daherkommt) nichts weiter als eine Behauptung ist. Eine Behauptung, die durch die Tatsachen keine Bestätigung findet. Die politische Macht war sehr häufig in den Händen von Offizieren, die sich mit den Attributen des Emirs schmückten. Dessen Aufgabe war es, die Beziehungen zu der Vereinigung, die im Namen der Religion spricht, zu den *ulemas*, zu gewährleisten: Die Gelehrten in religiösen Angelegenheiten stellten die juristisch-theologische Instanz dar.

Ein Historiker mit einer essentialistischen Sicht der Dinge wird den Propheten des Islam heranziehen, der tatsächlich ein kriegerischer Prophet und Begründer einer politischen Stadt war. Er wird nicht müde werden zu behaupten, bereits in der Entstehung des Islam, in seinen Grundlagen, habe jedes mit Vernunft begabte Wesen die Verschmelzung von Religiösem und Politischem anerkannt.

Natürlich hat diese existiert und wurde auch mit der Schaffung des Kalifats fortgeführt, das auf den Nachfolger, den Stellvertreter des Propheten, überging. Das Kalifat ist scheinbar ein Merkmal des Islam. Ein Souverän, der in der Gesamtheit seiner Funktionen Nachfolger des Propheten ist, als Oberhaupt der Gemeinschaft. Es gibt auch eine andere Verwendung dieses Begriffs, die im Koran Erklärung findet: Der Mensch wird in seinem Aufenthalt hinieden als »Kalif (Gottes) auf Erden« eingesetzt.[56] So kristallisiert sich der Theozentrismus im Umfeld des Anthropozentrismus. Mit derlei Koppelungen, zu denen sich die Tatsache noch hinzugesellt, daß Galileis Entdeckung nicht verinnerlicht wurde, empfindet sich das islamische Subjekt kaum imstande, aktiv auf sein Schicksal zuzugehen, da es narzißtische Kränkungen trägt, die auch der westliche Mensch einmal kannte, verursacht von einem überholten Geozentrismus, Theozentrismus, Anthropozentrismus.

Kehren wir zur Gestalt des Kalifen zurück. Keine Verfügung in der Schrift (weder im Koran, noch in der Sunna) kann ihm die Gestalt einer religiösen Verpflichtung verleihen. Daran erinnert der Scheich ʿAbd ar-Rāziq in seinem bereits zitierten Traktat:

> »Das Kalifat wurde nicht nur vom Koran übergangen, der es nicht einmal erwähnt hat, sondern es wurde ebenso von der Sunna mißachtet, die es nie erwähnt.«[57]

Freilich gilt die zweite koranische Erwähnung des Begriffs einem Propheten-König: Gott wendet sich an David und sagt zu ihm:

---

56 *Koran* II, 30. Hier verkündet Gott der Versammlung der Engel, kurz bevor er Adam erschafft: »Ich werde auf der Erde einen Nachfolger einsetzen«. Durch diesen Vers ist der Mensch eingesetzt in das göttliche Vikariat.
57 ʿAbd ar-Rāziq, S. 67.

» ... wir haben dich zum Kalifen auf Erden gemacht.«[58]

Auch dieser Beleg würde es allerhöchstens gestatten, die Theorie der Souveränität im Umkreis einer theologisch-politischen Vision anzusiedeln, die in der Person des Souveräns eine Überdeterminierung erkennen würde: Er ist Vikar Gottes auf Erden wie jeder andere Mensch auch; als Fürst ist er Sein Schatten. Da wir diese Eigenschaft auch in der Tradition der orthodoxen und der katholischen Kirche wiederfinden, ist es uns nicht gestattet, das Kalifat als islamische Besonderheit anzusehen, welches die politische Funktion durch Delegierung des Propheten legitimiert. Die durch das Attribut Davids ausgelöste Schlußfolgerung beschränkt sich auf die theologische Argumentation, mit der die politische Funktion geheiligt wird, und gilt keinesfalls für den umgekehrten Vorgang, wie er in der Figur des Kalifen seinen stillschweigenden Ausdruck findet, der seine Legitimität als Nachfolger des Propheten erhält. Dies könnte nämlich dazu verleiten, die weltliche Macht dem zu überlassen, der ursprünglich in das heilige Amt eingesetzt worden ist.

Die Idealgestalt des Kalifen hat nur für eine kurze Periode in der Geschichte Verwirklichung gefunden. Schon im ersten Arabischen Reich von Damaskus, dem der Omayyaden (640-750), kann man sich durchaus die Möglichkeit vorstellen, daß die Frage der Legitimität durch eine Aufteilung der Macht zwischen Kalif und Imam gelöst wird. Der Bürgerkrieg, der durch eine angefochtene Legitimität entstand, stellt eine traumatische Erfahrung dar, die seltsamerweise den unüberwindlichen Elan der frühen Eroberungen weder unterbrechen noch hinauszögern konnte. Der Konflikt fand seinen Brennpunkt zwischen den »Leuten des Hauses« (Nachkommen des Propheten)

---

58 *Koran* XXXVIII, 26: »Wir haben dich zum Nachfolger auf der Erde bestellt.« (Anm. HT)

und der handeltreibenden Aristokratie Mekkas (deren
Anführer zu Beginn der Predigertätigkeit des Propheten
den Islam bekämpft hatten; in den zuerst offenbarten Ver-
sen sahen sie die Hirngespinste eines Illuminaten). Auch
die Machtergreifung durch die mekkanische Sippe der
Omayyaden kann als eine Usurpation angesehen werden.
Im Hinblick auf eine Versöhnung hätte man das Kalifat in
zwei Ämter aufspalten können: So hätte die quälende Frage der Legitimität ihre Lösung gefunden in einer Trennung
des geistlichen Amts (das auf den Imam als Nachfolger
des Propheten überging)[59] vom weltlichen Amt (das von
der einen oder anderen Sippe übernommen worden wäre,
aus denen sich der Stamm der Quraysh in Mekka zusam-
mensetzt).

Solche Voraussetzungen für eine getrennte Lösung dürf-
ten wohl in den Köpfen jener Zeit zirkuliert haben. Erah-
nen kann ich dies aus einem improvisierten Gedicht des
Hofdichters Farazdak (gestorben 728). Tatsächlich berichtet die literarische Tradition, daß der Prinz Hischām (er
wird der zehnte Kalif der Omayyaden werden, 724-743)
sich in der Zeit, als sein Vater 'Abd al-Malek in Damaskus regierte (er war der fünfte Kalif derselben Dynastie,
685-705) nach Mekka kam. Hischām begann mit dem
Ritual der Umschreitungen des verschleierten Würfels und
versuchte dabei, zum Schwarzen Stein vorzudringen, den
er berühren wollte,[60] aber die Menge war so dicht gedrängt,
daß er sich ihm nicht nähern konnte. Man brachte ihm
einen Stuhl, auf dem er Platz nahm, um die Menge zu be-

---

59 Und man hätte dem Imam den Kalifen-Titel überlassen können.
60 Der Würfel im Zentrum des Tempels heißt Ka'ba; die nach Osten gerichtete
Ecke wird die irakische genannt, die nach Norden zeigende die syrische, die
ihren Schatten nach Süden wirft heißt, jemenitische Ecke; an der westlichen
Ecke ist der Schwarze Stein versiegelt. Die esoterische Tradition sieht in dieser
Ecke die rechte Hand Gottes. Wer als Pilger den Stein berührt und küßt, macht
durch seine Geste seinen Treueeid gegenüber Gott deutlich.

trachten; bei ihm waren syrische Würdenträger. Während
er so dasaß, kam der Iman Zan el-'Abidîn, Sohn Husayns,
Sohn 'Alis,[61] und begann mit seinen Umschreitungen. Als
er sich auf der Höhe des Schwarzen Steins befand, wichen
die Leute vor ihm zurück und ließen ihn vorbei, bis er den
Stein berühren konnte. Da wandte sich einer der Würdenträger an Hischām: »Wer ist dieser Mann, daß die Leute
ihn mit solcher Furcht verehren?« Hischām antwortete:
»Ich kenne ihn nicht«, da er fürchtete, die Leute aus Syri-
en könnten ebenfalls auf den Gedanken kommen, ihn zu
verehren. Farazdak, der ebenfalls anwesend war, rief aus:
»Ich kenne ihn!« Dann begann er zu deklamieren:

> »Ihn den die Fliesen erkennen und die Leute in der
> Menge
> Erkennt auch der Tempel wie die heilige Stätte selbst
> Er wurde geboren vom besten der Geschöpfe
> Ihm dem Frommen dem Reinen dem Herrn der
> Heiligkeit
> Er ist ein Enkel Fātimas. Wenn du nicht weißt wer er
> ist
> So wisse sein Ahnherr ist der letzte unter den Propheten
> Auch wenn du sagst wer ist er? wirst du nicht
> Seinen Ruhm mindern können. Den du nicht kennen
> willst
> Erkennen die Araber wie die Fremden
> Gott hat ihn seit jeher geehrt Er hat ihn mit Ruhm
> bedeckt
> So verhält es sich seit das Rohr übers Blatt huscht.
> Wer Gott dankt tut dies zuerst im Gedächtnis dieses
> Meisters
> Aus seinem Haus wurde den Völkern die Religion
> geschenkt

---

61   Also ist er Nachkomme des Propheten über dessen Tochter Fatima und
dessen Cousin 'Alî; dieser wird von den Schiiten als dritter Imam angesehen.

Vor seinem Ahnherrn hat sich die Gnade des
Propheten gebeugt
Und die Gnade seines Stammes hat die anderen
Gebiete erobert
Er gehört zu jenen Menschen die der pflichtbewußte
Gläubige liebt
Wer sie haßt befindet sich im Herzen des Unglaubens
Zuflucht und Asyl gewährt ihre Nähe Meister sind sie
Für alle Leute der Frömmigkeit Und wenn man dich
fragt
Wer sind die Besten auf der bewohnten Erde So
antworte:
Sie sind es niemand wird sie je verdrängen.«[62]

Der Dichter, der diese Verse improvisierte, war nicht
etwa der Feind der Omayyaden, sondern sogar ihr offizi-
eller Schmeichler. Angesichts des leugnenden Hischam
konnte er diesen Schrei des Herzens nicht unterdrücken,
der bezeugt, welches Charisma von den »Leuten des Hauses« ausgeht. Durch diese Szene des emblematischen Gedichts wird bestätigt, daß die Aufspaltung beider Ämter
allen Menschen im Bewußtein ist: Der Leser eines solchen
Dokumentes erkennt, daß die Schar der Pilger (die für das
Volk des Islam steht) den Sohn des Kalifen, der der künftige Kalif höchstpersönlich sein wird, gleichgültig empfängt. Mit Ehrfurcht empfängt sie den Imam, dessen Groß-
vater in Kufa ermordet wurde (am 10. Oktober 680), eine
Tragödie, der er als einer der wenigen Überlebenden ent-
kam. Der Bericht ist für sich ein Beweis, daß im Denken
der Leute der Unterschied zwischen weltlicher Macht und
geistlichen Charisma deutlich vorhanden war. Diese Anekdote wird wohl nicht die einzige ihrer Art gewesen sein;
ihre Wiederholung hätte zu einer Tatsache führen kön-

---

62 Farazdak, *Diwān*, Band II, S. 178-181, Dār Sader, Beirut, o.J. (Übersetzung
nach dem französischen Zitat HT).

nen, die ihrerseits durch das Gesetz festgeschrieben und formalisiert worden wäre. Aber die Wahrheit dieser Tatsache wurde weder theoretisch gefaßt noch von einem Juristen berücksichtigt.

17

Als die Abbasiden im Jahr 750 die Omayyaden ablösten, unternahmen sie den Versuch, das Kalifenamt mit einer Heiligung auszustatten, durch jene spirituelle Legitimität, welche die Zugehörigkeit zu den »Leuten des Hauses« verschafft. Diese hatte man durch eine Linie hergestellt, derzufolge die neuen Machthaber direkt den Lenden von 'Abbās, dem Onkel des Propheten, entsprossen waren, daher ihr Name. Nach weniger als zwei glorreichen Jahrhunderten hatte das Kalifat seit Mitte des 10. Jahrhunderts immer mehr Substanz verloren. Es war die Epoche, in der diese Institution im Niedergang begriffen war, da das Kalifenamt auf drei Personen ausgeweitet wurde: Neben dem Kalifen von Bagdad hatte sich der fatimidische Mahdi, Gründer von Kairo, zum Kalifen ernannt, und nach ihm der omayyadische Emir von Cordoba. Ausgehöhlt durch die Konkurrenz, hatte das Kalifenamt mit der Zeit nur noch symbolischen Wert. Beinahe wäre ihm der Gnadenstoß versetzt worden, als der Einfall der Mongolen, der Brand von Bagdad und die Ermordung des letzten Kalifen, der seinen Sitz in der mesopotamischen Hauptstadt hatte (1258), zusammenkamen.

Baybars (1223-1277), dem fünften mamluckischen Sultan von Ägypten (türkischer Herkunft), »Retter des Islam«, weil er die Kreuzfahrer vertrieb und dem Mongolensturm Einhalt gebot, gelang der Geniestreich, einen Abkömmling der Abbasiden-Familie nach der Zerstörung Bagdads

(1258) zu sich zu nehmen. Er siedelte diesen Abbasiden in Kairo an und gab ihm den Kalifentitel zurück. Diese Geste war Baybars dabei behilflich, sein Herrschaftsgebiet auf die heiligen Städte des Hijāz (Mekka und Medina) auszudehnen, somit erhielt die Idee eines islamischen Imperiums ihre Ausstrahlung von Kairo. Bis 1517 spielte der Kalif bei den Mamlucken die Rolle des Pontifex, von dem die religiöse Legitimität für ihre weltliche und militärische Macht ausging, überdies in ihrer theologisch-juristischen Seite von einer dritten Instanz geregelt, welche gebildet wurde von der Vereinigung der *ulemas*.

Eine Epoche außergewöhnlicher Größe (noch das heutige Kairo zeugt vom Glanz und der monumentalen Pracht der Mamlucken-Architektur)[63] gründete sich auf eine Macht, in der das heilige Amt, der politisch-militärische und der theologisch-juristische Komplex faktisch getrennt waren, allesamt der Herrschaft des Fürsten unterstellt. Indem dieser über die Souveränität verfügte, lenkte er den Strom des Heiligen auf seine Person um, die damit auf doppelte Weise gesalbt wurde. Jedes menschliche Wesen, das zum höchsten Amt gelangt war, trug das Zeichen göttlicher Erwähltheit. Außerdem stellte der Fürst, der über die Wahrung der Gerechtigkeit wachte, den Schatten Gottes auf Erden dar.

Der letzte Glanz islamischer Zivilisation auf arabisch erobertem Boden ging aus von der mamluckischen Dynastie, in der einerseits die Trennung von Geistlichem und Weltlichem vorherrschend war, und andererseits das Heilige den Arm weltlicher Macht auszeichnete. Dies war die Epoche, in der Kairo zur letzten Weltkapitale des Islam geworden war. Ibn Khaldūn (1332-1406), der gegen Ende

---

63 Vergl. etwa: Michael Meinecke, *Die mamlukische Architektur in Ägypten und Syrien,* Glückstadt (Augustin) o. J., bes. die Bildtafeln im Anhang des 1. Bandes. Außerdem zahlreiche Reiseführer, z. B.: Hans-Günter Semsek, *Ägypten und Sinai,* Köln (Dumont) 1997, S. 235. ff. (Anm. HT).

des Jahres 1382 hier eintraf,[64] konnte seine Begeisterung nicht verbergen. Kairo entlockt dem großen Historiker Lobeshymnen. Er, den der Leser bisher als zurückhaltenden, nüchtern formulierenden Autor kennengelernt hat, wird von einer lyrischen Hochstimmung ergriffen, wenn er die Weltkapitale beschreibt.

>»Kairo: Metropole der Welt, Garten des Universums, Ort der Versammlung der Nationen, menschlicher Ameisenhaufen, Hochburg des Islam, Sitz der Macht. Zahllose Paläste erheben sich hier; überall erblühen Medersen und *khanaqāt*; wie leuchtende Sterne erstrahlen hier die Gelehrten. Die Stadt erstreckt sich an den Ufern des Nil – Fluß des Paradieses, Auffangbecken für die Himmelswasser, deren Flut den Durst der Menschen löscht und ihnen Überfluß und Reichtum bringt. Ich bin durch ihre Straßen gegangen: hier drängt sich die Menge und die Märkte quellen von Waren aller Sorten über. Schon oft hat man mir gegenüber diese Hauptstadt gelobt, die den höchsten Grad an Kultur und Wohlstand erreicht. Ich habe schon häufig von ihr gehört, manches von meinen Lehrern, manches von dem einen oder anderen Freund, manches von Pilgern oder Händlern. Hier zuerst der Eindruck meines Freundes al-Maqarri, der Großkadi von Fez ist, oberster Gelehrter des Maghreb, er hat mir bei seiner Rückkehr von der Pilgerreise im Jahr 740 (1339) folgendes erzählt: Wer Kairo nicht gesehen hat, kann niemals die Größe der Macht und des Ruhms des Islam ermessen.«[65]

---

64 Unter der Herrschaft von al-Zāghir Barqūq, dem ersten Mamluken-Sultan tscherkassischer Herkunft. Dieser zweiten Mamluken-Dynastie entsprangen 24 Sultane (1382-1517).
65 Ibn Khaldun, *Le Voyage d´Occident et d´Orient,* aus dem Arab. übers. von Abdessalam Cheddadi Paris (Sindbad) 1980, S. 148-149. Seine große Bewunderung für Kairo läßt die Annahme wahrcheinlich werden, daß diese Stadt wesentlich bedeutender gewesen sein muß als die westlichen Städte, in denen Ibn Khaldūn verkehrte (Tunis, Bejaya, Tlemcen, Fez, Granada, Sevilla). (Übersetzung nach dem französischen Zitat, HT).

Das Amt des Kalifen wird 1517 zugunsten des osmanischen Sultans wieder eingerichtet, aber ausschließlich in symbolischer Weise, gerade um zu zeigen, daß das religiöse Amt sich als nachgeordnete Institution um die Gestalt des Sultan anlegt, dessen vorrangige Funktion imperial ist. Daran erinnert Philip Mansel, lehnt jedoch Braudels Formulierung ab, der den Osmanischen Staat als einen Gegen-Okzident bezeichnet hat. Das imperiale Konzept, das die Politik der Sultane erklärt, war dasselbe, wie es in der Geschichte des Westens wirksam gewesen war:

>»Seit 1453 betrachtete sich Mehmed II., wie seine Nachfolger auch, als Erbe des Römischen Reiches und als den einzigen wahren Herrscher in Europa ... Es gab eine türkische Metapher für das Wort ›Weltherrschaft‹: der ›rote Apfel‹. Vor 1453 leitete sie sich von der Kugel ab, welche die Riesenstatue des Kaisers Justinian vor der Hagia Sophia in der ausgestreckten Hand hielt. Als die Skulptur im Jahr 1453 niedergerissen wurde, rückte der ›Apfel‹ nach Westen und symbolisierte das neue Ziel der Osmanen: die Stadt Rom ...
>
>Die Osmanen hatten noch einen anderen sehnlichen Wunsch: den Ruhm Alexanders des Großen zu übertreffen ... Eines der bevorzugten Attribute sowohl für die Sultane wie auch für ihre Stadt wurde alsbald *alem penah*, ›Zuflucht des Universums‹: Es erschien nur gerecht, ein Imperium mit einer multinationalen Hauptstadt auszustatten, das zweiundsiebzig einhalb Nationalitäten umfaßte (die Zigeuner wurden als halbe Nationalität angesehen).«[66]

---

66 Philip Mansel, *Constantinople, la ville que désirait le monde (1453-1924)*, aus dem Engl. übers. von Paul Chemla Paris (Le Seuil) 1997, S. 21-22. Vergl. *Constantinople: city of the world's desire (1453-1924)* London (Murray) 1996 (Übersetzung nach dem französischen Zitat, HT).

Die Untertanen dieses Reiches waren sich bewußt, daß die politische Struktur ihnen die Möglichkeit bot, eine doppelte Identität zu leben. Ein Merkmal imperialer Größe, eine erstaunliche Vorform zu den Gepflogenheiten, wie sie in den heutigen Vereinigten Staaten gang und gebe sind, deren Wirken ich weiter oben bereits beschrieben habe.

Zur imperialen Bedeutung des Sultans gesellte sich noch die Kalifenwürde hinzu. Als schöner Nebeneffekt mehrt sie den Ruhm der Majestät. Ihre Vereinnahmung bereichert das symbolische Feld des Reichs, das sowohl durch die westliche Reminiszenz wie durch das östliche Erbe Bestärkung findet. Die imperiale Idee wird so mit größerer Universalität ausgestattet. Wenn von 1517 an das Amt des Kalifen die Person des Sultans noch zusätzlich heiligte, bildeten die Reliquien des Propheten, die im selben Jahr aus Kairo und Mekka nach Istanbul kamen, die sichtbaren Anteile dieser Aufwertung. Diese Reliquien

»bestanden aus Mantel, Siegel und Schwert von Mohammed, einem Zahn und Barthaaren. Seine Standarte aus schwarzer Wolle traf aus Damaskus im Jahr 1593 ein. Diese Reliquien wurden nicht in einer Moschee zur öffentlichen Verehrung ausgestellt, sondern blieben wie das Heilige Schweißtuch in Turin im Palast des Monarchen verschlossen, als privater Schatz der Dynastie [...] Der Pavillon des Heiligen Mantels, geschmückt mit Marmortafeln aus Kairo, wurde speziell für sie im dritten Hof des Kaiserpalasts erbaut, nahe dem Schlafzimmer des Sultans.«[67]

Wie weiter oben bereits beschrieben, blieb das Kalifat eines der Attribute des osmanischen Sultan bis zur Abschaffung der Institution durch die türkische Republik 1924. Halten wir allerdings fest, wie dieser Begriff nach allen Seiten ausufert, wenn man sich ihm in der Wirklich-

---

67 Mansel S. 57.

keit seiner historischen Ausprägung nähert, und nicht als einem Mythos, den jene als Werkzeug zur Schaffung ihrer Identität benutzen, die der Wahn einer Kultur des Selbst, des Besonderen verfolgt. Es sind dieselben, die eine imaginäre Reinheit predigen. Das ist die Utopie, der Osama bin Laden und seine Ausgeburten nachweinen, ein Chor der Einmütigkeit, wenn es darum geht, die Geburt des islamischen Unglücks in der Abschaffung des Kalifats dingfest zu machen. Wie wir dagegen gesehen haben, bestand das Kalifat bei den Osmanen nur als eine zusätzliche Verbindung mit der Vergangenheit, durch die eine religiöse Überdeterminierung der universellen und ohnehin geheiligten Gestalt des Kaisers erreicht werden sollte.

18

Bei unserer Reise in die vergangene Zeit des 13. Jahrhunderts könnte es von Nutzen sein, Friedrich II. (1194-1250) nach seinen Eindrücken zu befragen, denn er ist als Fremder mit der Machtstruktur des Islam in Kontakt gekommen. Er hat mit Muslimen auf Arabisch verhandelt, nachdem er seinen Fuß auf das Heilige Land gesetzt hatte, anläßlich des sechsten Kreuzzugs, der friedlich verlief, er selbst hatte zu ihm aufgerufen (1229). Bevor der Kaiser den italienischen Boden verließ, hatte ihn ständig eine Angelegenheit in Anspruch genommen, die er gleich zu Beginn seiner Herrschaft auf den Weg gebracht hatte, denn es galt, die Strukturen des Kaiserreiches zu erneuern und zu stärken. Hierüber kam es zum offenen Konflikt mit dem Papsttum. Die Positionen beider Parteien blieben unversöhnlich, ob der Gegner nun Innozenz III. oder Gregor IX. hieß. Übrigens war Friedrich II. aus eigenem Willen nach Palästina gekommen, er hatte nicht einmal den Papst konsultiert. Dies wäre auch nicht möglich gewesen, schließlich war er exkommuniziert worden. So stand der Kaiser einem Problem gegenüber, mit dem auch die muslimischen Fürsten konfrontiert waren: Wie verhält es sich mit der Beziehung zwischen der weltlichen und der geistlichen Macht, welchen Status soll die Religion erhalten, die die Strukturen der Macht wie die Gestalten, die sie verkörpern, mit einer heiligen Symbolik versieht?[68]

Al-Kāmil (gestorben 1238), der ayyubidische Sultan von Ägypten,[69] Sohn des berühmten Saladin, ermutigte Friedrich II., in den Orient zu kommen, weil er bereits ahnte, daß sein Bruder al-Ashraf, der in Damaskus residierte, ein Komplott gegen ihn plante. Friedrich dagegen hoffte, von diesem innerislamischen Streit zu profitieren. Als Friedrich in See stach, hatte al-Kāmil mit einer beeindruckenden Armee in Nablus seine Zelte aufgeschlagen. Kaum war dieser auf hoher See, sandte der Sultan ihm den Emir Fakhr ed-Dīn eilig nach. Beide Persönlichkeiten freundeten sich an, sie führten lange Gespräche über Philosophie und die Kunst des Regierens. Man darf nicht vergessen, daß Friedrich II., ein überaus kultivierter Mann, in der arabischen Tradition erzogen worden war; so verfügte er über dieselben Begriffe und Quellen wie sein Gesprächspartner. Es muß eine fruchtbare Diskussion gewesen sein und der Emir dürfte seinem Monarchen davon berichtet haben, denn al-Kāmil war selbst Gelehrter, Dichter und diskutierte gern mit den Gebildeten seiner Stadt.

> »Jedem der Großen hat der Orient etwas anderes bedeutet: bei dem Stauferkaiser aber stand eine uneingeschränkte Bewunderung des arabischen Geistes im Vordergrund. Denn Friedrich II. befand sich ja in dem Land, das damals Europa Quell allen Wissens war, und was etwa dem Nordländer Italien und die römische Form, was einst den Römern selbst Hellas, die hellenische Kunst und Philosophie bedeutete, das war dem im Formalen der mittelalterlichen Kirche gebundenen Geist des damaligen Abendländers die Lockerung durch orientalisch-hellenistisches Wissen: ein Wissen vornehmlich um die Gesetze der Natur. Mehr als irgend-

---

68 Meine Darstellung dieser Begegnung stützt sich auf die schöne Monographie von Ernst Kantorowicz, *Kaiser Friedrich der Zweite*, Berlin (Bondi) 1927, besonders das 4. Kapitel, »Der Kreuzzug«, S. 154-194.
69 Die Dynastie der Ayyubiden wurde begründet von Saladin und herrschte von 1171 bis 1249 über Ägypten und (später) Syrien.

ein anderer war Friedrich II. bestrebt, dem Abendland
diese Quellen zu erschließen.«[70]

Nach vielen Irrungen und Verzögerungen schloß Friedrich II., äußerst geschätzt von seinen muslimischen Ver-
handlungspartnern, am 18. Februar 1229 einen vorteil-
haften Vertrag. In ihm ist festgelegt, daß Jerusalem unter
die Souveränität des Kaisers fiel, ausgenommen den heiligen Bezirk, der den Felsendom umfaßt und sich bis vor
die al-Aqsa Moschee erstreckt. Auch Betlehem wurde ihm
überlassen, unter der Bedingung, daß islamische Gläubige
Zutritt erhalten, um hier ihre Gebete verrichten zu können. Dieser Rückzug erregte bei den Muslimen großen
Zorn. Viele erinnerten daran, wie Saladin einst zu Löwenherz gesagt hatte, daß Jerusalem für die Muslime ebenso
heilig sei wie für die Christen, »sogar heiliger, denn hier
stieg der Prophet eines Nachts in den Himmel auf und
hier versammeln sich die Engel.«

> »Auch nicht den Schein des Glaubenskrieges hielt Fried-
> rich also aufrecht: sein Kreuzzug war eine ausschließ-
> lich staatliche Angelegenheit, eine Sache des Imperi-
> ums, nicht der Kirche, und deutlicher hätte das kaum
> gezeigt werden können als durch seine eigene
> muslimische Begleitung. Es war nur natürlich, daß
> Friedrich II. eben von diesem Staatlichen aus gesehen,
> sich hier in Syrien selbst als Orientale gab.«[71]

In seinen Gesprächen mit Fakhr ed-Dîn warf Friedrich
zahlreiche Fragen auf, die den Staat zum Thema hatten.
Sie befaßten sich mit der Gestalt des Kalifen und mit der
Wirkungslosigkeit seiner politischen Gewalt. Friedrich
hatte mit Politikern und Soldaten verhandelt. Er war König über Jerusalem; obwohl der Kalif seine Stimme den
Protestierenden geliehen hatte, war seine Mißbilligung

---

70 Kantorowicz S. 176-177.
71 Kantorowicz S. 176.

wirkungslos geblieben. Friedrich faszinierte es, daß es den Muslimen gelungen war, ihren Papst zu neutralisieren. Er mußte dagegen mit der Konkurrenz seines eigenen Papstes rechnen, der sich zum verus imperator aufschwang. Mehr noch: die muslimischen Herrscher mußten eine Exkommunizierung nicht fürchten, wie es bei ihm der Fall war. Als er überdies erfuhr, daß der Kalif Nachfolger des Propheten über dessen Onkel 'Abbās war, und daß das Amt in der Familie verblieben war, wird folgendes berichtet:

> »Das ist gut – sagte der Kaiser – und der Einrichtung jener Toren, ich meine der Christen, weit überlegen. Denn diese nehmen als geistliches Haupt einen beliebigen Menschen ohne die geringste Verwandtschaft mit dem Messias und machen ihn zu dessen Stellvertreter. Der da, der Papst, hat keine Berechtigung solch einen Rang einzunehmen, wohl aber euer Kalif als Nachkomme von Mohammeds Oheim ...«[72]

Als wäre es Friedrich zu Bewußtsein gekommen, daß es dem Islam faktisch gelungen war, die problematische Beziehung zwischen den beiden Gewalten, der weltlichen und der geistlichen, zu lösen. Indem er daraus folgert, daß die Rolle des Kalifen als Nachkomme des Propheten aufs Geistliche beschränkt bleibt, befindet er sich im Einklang mit der Lehre, die wir aus der Begegnung zwischen dem Imam Zayn al-'Abidīn und dem Omayyaden Hischām in Mekka gezogen haben. Als wäre die Möglichkeit, die wir in dem Bericht vom Anfang des 8. Jahrhunderts ausgemacht haben, im 13. Jahrhundert zur Realität geworden. So hatte Friedrich hier seine Sicht der Dinge als lebendige Wirklichkeit vor Augen, das heißt, die Unterordnung der geistlichen Angelegenheiten unter die weltlichen. Daß

---

72 Kantorowicz S. 177.

Baybars dreißig Jahre später die Gestalt des Kalifen sich
zunutze machen kann, um die Heiligung des eigenen weltlichen Ruhms zu erreichen, entspringt derselben Wirklichkeit.

Friedrich, der exkommunizierte Kaiser, wird schließlich eine Selbstkrönung am Heiligen Grab vornehmen und
sich die heilige Krone von Jerusalem aufsetzen. Dieses Ereignis wurde von einem exkommunizierten Fürsten insze-
niert, als Bühne diente der heiligste Ort der Christenheit,
es fand statt ohne die Mittlerrolle der Kirche, ohne Bischof, ohne Krönungsmesse. Die Zeremonie ereignete sich
am Sonntag, dem 18. März 1229, das war der Tag, an
dem Friedrich das Prinzip eines Königtums erneuerte, das
ohne Vermittlung der Kirche direkt von Gott herrührte.

So hat Friedrich II. aus dem Orient die westliche »Monarchie« mitgebracht. Der Abkömmling der Staufer wird
unschlüssig zwischen dem Modell des alten christlichen
Reichs (in dem der Kaiser den doppelten Glanz von Majestät und Heiligkeit verkörpert) und dieser Neuheit schwan-
ken, welche durch die weltliche Monarchie eingeführt wird.
Mit dieser Ambivalenz spaltete der Kaiser das Reich des
Immateriellen in zwei Teile: Die Seelen überließ er der Kirche und schlug dem Staat den Geist zu. Der kirchlichen
Gnadenhierarchie stand nun die weltliche und intellektuelle Hierarchie des Rechts gegenüber. In diesem Punkt wird
er wohl von seinen Gesprächen mit Fakhr ed-Dîn profi-
tiert haben: Tatsächlich versuchte er, die theologisch-juristische Vereinigung der *ulemas* in seine Kultur einzubrin-
gen, gründete die Universität von Neapel, um juristische
Kanzleibeamte anzulocken, Zwillinge der *ulemas*.

Es versteht sich von selbst, daß Friedrichs Bezüge nicht
nur orientalisch geprägt waren. Als Vorbild wurde
Justinian erwähnt, der Kaiser des Rechts, ebenso Augu-
stus, der Kaiser des Friedens. Ich möchte hier nur die erstaunliche Nähe zu den islamischen Strukturen einer Macht

in Erinnerung rufen, die auf einer Dreiteilung basiert, und zwischen drei Vorstellungen unterscheidet: Natur, Geist, Seele. Durch erstere wird dem Monarchen die Souveränität zuerkannt. Zweitere verleiht innerhalb der Autorität des Staates die intellektuelle Macht den *ulemas* oder den Kanzleibeamten. Letztere wird dem Kalifen-Imam (oder dem Papst) zugesprochen. Was Baybars zu Beginn des Jahres 1260 in Kairo verwirklichen wird, liegt nicht mehr fern.

Aber das kaiserliche Experiment Friedrichs wird seine Autonomie und Besonderheit als christliches Projekt in der Spannung bewahren, die zwischen den beiden legitimen Verehrungen des Göttlichen besteht: dem Gesetz und dem Geheimnis der Sakramente. Mit einer solchen Staats- und Rechtsphilosophie kommt Gewalt ins Spiel, welche den Beziehungen zwischen Staat und Kirche eine blutige Dimension verleiht, da beide im direkten Verhältnis zu Gott stehen. Dante wird der wortmächtige Denker dieser Beziehung sein, in der *Monarchia* wie in der Gesamtheit seines Werks. Folgt man dem florentinischen Dichter, so gibt es Rettung für das kontemplative Leben ausschließlich durch die Kirche, während das aktive Leben nur unter der Herrschaft des Gesetzes und eines geheiligten Staates Verwirklichung findet.

Dritter Teil
Fundamentalismus kontra Okzident

19

Dem Islam fehlte ein Dante, der mit dem Wagemut seines wachen Denkens in seinem literarischen Werk die politischen Entwicklungen begleitet hätte, wie sie sich in der historischen Realität darstellten. Ich stelle mir ein solches Genie, das dem Islam nicht gegeben war, als Gegenpol zu Ibn Taymiyya vor. Akkurat ein Zeitgenosse Dantes, hatte dieser seine *Siyāsa* genau zur gleichen Zeit geschrieben wie Dante *De Monarchia*.

Ebenso fehlt uns bis zum heutigen Tag eine Persönlichkeit, die Friedrich II. entsprochen hätte, der sich nicht daran störte, daß eine andere Kultur die vorherrschende war und seine Zeit erleuchtet; er hatte von fremdem Boden Formen des Denkens und politischen Handelns aufgenommen, weil er sie für natürlicher hielt. Und es gelang ihm auch, sie seiner Staatsform einzugliedern. Wir hätten es begrüßt, wenn in unserer Zeit eine ähnliche Figur erschienen wäre, um die Demokratie an die Gegebenheiten der islamischen Länder anzupassen und sie in ihrem gesamten Bereich zu verbreiten. Friedrich II. gelang dies, als er im ausgehenden Mittelalter dem Westen die säkulare Monarchie brachte (auch wenn sie göttlichen Rechts war). Kemal Atatürk und Bourguiba, die beiden am meisten »verwestlichten« Führer islamischer Herkunft, konnten hingegen die Tradition des Despotismus nicht ablegen, die sie geerbt hatten. Mit dessen Fortbestehen kehrte sich ihre Anleihe bei den Europäern ins Gegenteil. Die Bezugnahme auf den Westen wurde verfälscht oder sie erschien zumindest nicht attraktiv. Vielmehr führte das vergebliche Warten auf die bürgerlichen Freiheiten wie auf den materiellen Wohlstand zu tiefer Enttäuschung. Sie kam zu den negativen Erfahrungen hinzu, die vom politischen Gedächtnis wie von der gesamten Kultur bereits angehäuft worden waren. Da die Anleihe beim westlichen Modell nicht zu Ende geführt wurde, geriet sie zu einer weiteren Niederlage, die all die anderen Niederlagen während der vorangegangenen Entwicklungen nur noch verschlimmerte.

Solche Niederlagen bereiten dem politischen Extremismus den Weg. Fremdenfeindlichen Hetzern wird es damit leicht gemacht, das ausländische Modell an sich schlecht zu machen, ohne die Verfälschung zu beachten, die es bei seiner Anwendung erfahren hatte. Indem sie zur Rückbesinnung auf das eigene Modell aufrufen, vergessen diese halbgebildeten Agitatoren, daß das Scheitern der Demokratie im Rückfall in den Despotismus begründet ist, auf dem auch das von ihnen vertretene Modell basiert. Solchen Schwierigkeiten schenken sie keine Beachtung, sondern idealisieren stattdessen die Rückkehr zum Vorbild von Medina. Wie wir gezeigt haben, wurde die Utopie von Medina in der Geschichte vielfach wiederbelebt. In der modernen Zeit stand sie am Ursprung des Wahhabismus; sie war das Credo der »fundamentalistischen« Salafisten im 19. Jahrhundert, die wir bereits behandelt haben; die Utopie bildete auch das Zentrum des Systems, das sich die Fundamentalisten in den 1920er Jahren zurechtgezimmert haben, als die Bewegung der Moslembrüder aufkam. All diese Strömungen haben trotz ihrer Unterschiede eine sichtbare Gemeinsamkeit in der einhelligen Bezugnahme auf Ibn Taymiyya, auch wenn sie sich verschieden stark auf seine hanbalistischen Lehren beziehen.

Aber es gibt einen unübersehbaren Unterschied zwischen ihnen, nämlich in ihrem Verhältnis zum Westen. Bei der Entstehung des Wahhabismus spielte der Westen noch keine Rolle, die Bewegung wurde im 18. Jahrhundert geboren, vor dessen Erfolgen bei der Eroberung der Welt durch den bürgerlichen Imperialismus. Außerdem hatte das Ursprungsland des Wahhabismus nicht unter kolonialer Aggression zu leiden, lediglich unter innerer militärischer Gewalt von seiten des ägyptischen Vizekönigs und des Osmanischen Reichs. Was seine Lehren betrifft, so blieb der Wahhabismus mit seiner gewalttätigen Polemik und dem Zwang seiner Vorschriften innerhalb des Begriffsfelds des Islam. Sein Ausschließlichkeitsdenken drückte sich in einer extremen Strenge gegen die vom Koran eigentlich geschützten Glaubensrichtungen der Juden und Christen aus. Aber die Feindseligkeit gegenüber dem Christentum hatte nicht die politischen Voraussetzungen, um zu einer Gegnerschaft gegen den Westen zu werden. Außerdem sorgte das Wohlwollen der Engländer bei der Herausbildung des wahhabitischen Staates und die frühe Ankunft der Amerikaner, wegen des Erdöls, bald für ein Bündnis mit dem Westen. Dieses verfestigte sich noch in einer Zeit, als der arabische Nationalismus in Opposition zu Europa und vor allem zu Amerika (in den 50er Jahren bis zur Niederlage gegen Israel 1967) triumphierte. In diesem feindlichen Umfeld stützten sich die Amerikaner wie stets auf die Saudis und förderten den Panislamismus als Gegenspieler des Panarabismus. Somit haben die Amerikaner in den 80er Jahren nur diese Politik weiterverfolgt, als sie den Aufbau des islamistischen Widerstands in Afghanistan unterstützten. Sie wußten nicht, daß sie damit eine Schlange an ihrer Brust nährten, die sich einmal gegen sie wenden, und die Symbole angreifen und zerstören sollten, die ihre finanzielle und militärische Macht verkörpern.

Aber wir wollen nicht vorgreifen, sondern zu unserem Thema der »Fundamentalisten« des 19. Jahrhunderts zurückkehren, insbesondere zu den Lehrmeistern dieser Denkrichtung, zu Afghāni und seinem Schüler 'Abduh. Politisch waren sie Gegner der Vorherrschaft Europas (wie sie sich im Kolonialismus ausdrückte). Aber vom geistigen Leben der europäischen Kultur waren sie völlig fasziniert: Sie beriefen sich in ihrem Kampf gegen den lokalen Despotismus auf das politische Erbe der Aufklärung (Parlamentarismus, Meinungsfreiheit). Ihr zivilisatorisches Ziel war, wieder zu alter Größe zu gelangen, indem sie die Neuerung des Westens übernahmen und zugleich ihre Tradition wahrten. In ihrer Theologie suchten sie den Koran nach Elementen einer rationalen Religion ab, wie sie Auguste Comte in seiner positivistischen Theorie darstellt. Auf diese Voraussetzung stützt sich meine weitere Argumentation.

Die ausgeprägte Gegnerschaft zum Westen entstand erst in den 20er Jahren. Eine Entwicklung in zwei Schritten weist auf einen allmählichen Übergang von der Faszination zur Abneigung hin. Der Schüler und geistige Erbe Mohammed 'Abduhs, der Syrer Rashid Ridha (1865-1935) änderte gegen Ende seines Lebens seine Meinung über die Wahhabiten, die er in seiner Jugend in einem Artikel als Häretiker angegriffen hatte; er zeigte den Mut zum Widerruf, indem er sie noch vor ihrem Sieg in Arabien (1932)[1] mit Lobreden bedachte. Obwohl er in den Schülern von Ibn 'Abd Al-Wahhāb zuvor Anhänger einer abtrünnigen Lehre gesehen hatte, bescheinigte Rashid Ridha ihnen nun, wahre Repräsentanten der Tradition (*sunna*) zu sein. Dieser Gesinnungswandel deutet darauf hin, daß Ridha konservativer geworden war und sich von seinem Meister 'Abduh entfernte, vor allem was dessen Anleihe beim Westen betraf. Fortan bestand er darauf, das islamische Sub-

---

1 Rashid Ridha, *Al-Wahhābiyyun wa'l-Hijāz*, Kairo, Jahr 1344 h (1926), vergl. Anm.1, S. 61.

jekt müsse den Einfluß westlicher Sitten bekämpfen und ihnen eine Ethik entgegensetzen, die von den eigenen Ursprüngen ausging. Dieser Vorstoß wurde dann in einem zweiten Schritt von Hassan al-Banna' (1906-1949), dem Begründer der Muslimbruderschaft, erweitert, der in seiner Jugend einer Gruppe um Rashid anhing. Al-Banna' versuchte, nach dem Tod des Meisters dessen Zeitschrift (*al-Manār*) weiterzuführen. Rashid Ridha hätte das politische Programm der Muslimbrüder (das seine Lehre nur weiterentwickelte) zweifellos gutgeheißen; aber er hätte sich mit Sicherheit von den gewalttätigen und gesetzlosen Methoden distanziert, welche die Bruderschaft anwandte, als sie zum Geheimbund mutierte und zum politischen Mord überging.[2]

Zur Verwirklichung der neuen moralischen Ordnung forderte das von al-Banna' ausgearbeitete Programm, jede Form der Verwestlichung aus dem Bildungssystem zu tilgen. Die Grundschulen sollten den Moscheen angeschlossen werden. Al-Banna' lehnte in der Politik die Aufnahme von Institutionen nach europäischem Vorbild ab, verbot die Bildung von politischen Parteien und forderte eine religiöse Ausbildung für die Beamten. Am Ende des Zweiten Weltkriegs verstieg er sich zu der Behauptung, der Westen sei zum Untergang verdammt, liege in den letzten Zuckungen und das Ende seiner Vorherrschaft stehe vor der Tür:

»Hier seht den Westen: Nachdem er Ungerechtigkeit, Knechtschaft und Tyrannei gesät hat, liegt er nun dar-

---

2 Unter ihren Opfern sind zwei Premierminister, Ahmad Maher (1945) und Nuqrashy Pasha (1948). Hassan al-Banna' selbst wurde 1949 ermordet. Zu ihren Gewalttaten zählt auch das fehlgeschlagene Attentat auf Nasser (Oktober 1954). Nach der Auflösung der Bewegung (Januar 1954) veranlaßte dieses Attentat den von den »Freien Offizieren« geleiteten Staat dazu, die Muslimbrüder zu verfolgen, eine ganze Anzahl von ihnen zu exekutieren und den Rest einzukerkern oder zu verbannen.

nieder und zappelt in seinen Widersprüchen; es würde
genügen, daß eine mächtige Hand aus dem Orient ein-
greift, unter dem Banner Gottes mit dem Zeichen des
Koran, einer Standarte, die der mächtigen Armee des
Glaubens vorangetragen wird; unter der Führung des
Islam wird die Welt dann wieder zu Gerechtigkeit und
Frieden finden.«[3]

Dieser 1946 geschriebene Text könnte als Stellungnah-
me zu dem moralischen Bankrott Europas in der Naziherrschaft gedacht sein. Eine solche Interpretation erweist
sich jedoch als falsch, da die Geschichte uns lehrt, daß die
Muslimbruderschaft zu den Achsenmächten Deutschland
und Italien Verbindung aufgenommen hatte. Dieses Zitat
ist also nur ein Beispiel für antiwestliche Schmähreden,
die im schlimmsten Fall einem Wahn, im besten Fall einem frommen Wunsch entsprechen, der tausendjährige ma-
gische Formeln benutzt und dabei das reale Kräfteverhältnis völlig außer Acht läßt. Es hätte des Eingreifens einer
überirdischen Macht, einer Umwälzung apokalyptischen
Ausmaßes bedurft, um den Wunsch von al-Banna' zu verwirklichen. Unserem Prediger entging, daß der Westen
nicht aus einem Guß sondern gespalten ist und gerade von
antagonistischen Kräften heimgesucht worden war, deren
Zusammenprall Millionen Tote hinterlassen hat: Im Kampf
gegen eine absolute, nie dagewesene Barbarei aus der Mitte
eines hochzivilisierten Volkes. Im Kampf gegen die Verantwortlichen für dieses Desaster waren jedoch andere
Energien geweckt worden, die sich dieser Barbarei wider-
setzt und über sie triumphiert hatten.

---

3 Hassan al-Banna', *Nahwa an-Nūr* (»Dem Licht entgegen«), diese Rede wurde vom Verfasser 1946 an verschiedene politische Führer islamischer Staaten
gesandt, unter anderem an König Faruk. Vergl. Majmū'at al-Rasā'il, Alexan-
dria 1990, S. 72.

Ich hätte solche Aussagen gern in ihrer Unsinnigkeit, Leere und logischen Armut beiseite gelassen, wenn sie nicht zu einer gefährlichen Triebkraft für die Verbreitung des Hasses geworden wären, der, wie der 11. September beweist, fähig ist, extreme Verbrechen zu begehen. In al-Bannas Text ist die Matrix der Gegnerschaft gegen den Westen zu finden, in einem einfach gestrickten Diskurs, der seine Überzeugungen frech als Beweise hinstellt. Wir haben bereits erwähnt, wie armselig der Diskurs von Ibn 'Abd al-Wahhāb aus dem 18. Jahrhundert im Vergleich zu den Lehrmeistern des Mittelalters ist. Bei diesem Text aus dem Jahr 1946 sehen wir uns noch größerer Armut gegenüber. Die Angleichung auf unterster Ebene scheint das Unglücksmal zu sein, das als Symptom für die Krankheit des Islam gelten kann. Das Zitat kann dem Leser als Musterbeispiel für die primitiven Reden dienen, die viele vom Ressentiment zerfressene Halbgebildete begierig in sich aufnehmen.

20

Andere, weniger schlichte Gemüter, die zur gleichen Bewegung gehören, entwickeln logische Spitzfindigkeiten in ihrer Beweisführung, und manipulieren, ja vergewaltigen zu diesem Zweck die Begrifflichkeiten. Dies gilt zum Beispiel für den Pakistaner Abū al-A'lā Mawdūdi (1903-1979) und, in geringerem Maße, für seinen ägyptischen Schüler Sayyid Qutb (1929-1966). Beide Stimmen finden beim heutigen Milieu der Fundamentalisten, die auch zum Mittel des Terrors greifen, großen Anklang, sind in ihrer Bedeutung jedoch unterschiedlich: Mawdūdi ruft nicht zum Krieg auf, auch wenn seine Schriften letztlich dazu hinführen. Qutb hingegen befürwortet die Belebung des *jihād* und die Anwendung von Gewalt.

Mawdūdi errichtet ein in sich geschlossenes politisches System, das auf einer einzigen Manipulation basiert. »Der *hukm* gehört nur Gott allein«, steht im Koran. Das Substantiv *hukm* (die Übersetzung sei zunächst dahingestellt) stammt aus der Wurzel h-k-m, was bedeutet: »als Regierender Macht ausüben, ein Urteil fällen, zwischen zwei Seiten entscheiden, weise sein (in der Medizin, der Philosophie), klug, vorsichtig sein, erfahren urteilen ...«. Das Substantiv *hukm* heißt also Macht, Herrschaft, Autorität, Urteil, Befehl, Gebot, Weisheit, Wissen, Klugheit, Kraft, Strenge, Gesetz, Regel. Die meisten Übersetzer des Koran

---

4 *Koran* XII, 40.

ins Französische wie ins Englische übertragen *hukm* mit
Urteil oder Macht;[5] andere wählen die Bedeutung Gebot
oder Entscheidung. Die Tradition der Koranexegese hält
sich bei diesem Satz nicht auf, da er in eine Sure eingebet-
tet ist, die im Kontext einer Rede gegen die Götzenanbeter
steht:

> »Ihr dient außer Ihm nur Namen, die ihr genannt habt,
> ihr und eure Väter, für die aber Gott keine Ermächti-
> gung herabgesandt hat. Das Urteil gehört Gott allein.
> Er hat befohlen, daß ihr nur Ihm dienen sollt. Das ist
> die richtige Religion. Aber die meisten Menschen wis-
> sen nicht Bescheid.«[6]

All älteren Kommentatoren weisen darauf hin, daß es
in dieser Sure allein um die Ohnmacht der Götzen geht,
die von den Götzenanbetern neben Gott errichtet werden.
Die Idole der Heiden werden mit Namen verglichen, die
sich auf keinerlei Realität beziehen. Im Grunde handelt es
sich hierbei also um eine antinominalistische Kritik. In einem solchen Kontext (der eine theologische Frage mit ihren linguistischen und ästhetischen Weiterungen erörtert)
steht das Wort *hukm* neben anderen Wörtern, die von der
göttlichen Ordnung (*amr*) handeln und der Macht, die ihre
Einsetzung (*taklīf*) beinhaltet.[7] Mawdudi ist also der einzige, der *hukm* mit Souveränität in Verbindung bringt:
»*Sovereignty belongs to none but Allah*«.[8] Mit diesem
interpretatorischen Brachialakt spricht er Gott die Souveränität zu,[9] und ordnet den gesamten politischen Bereich

---

5 Jacques Berque übersetzt die Stelle: »Die Macht gehört nur Gott«, s. *Le Coran*, Paris, Sindbad, 1990,S. 249 Si Hamza Boubakeur übersetzt: »In Wahrheit steht es Gott allein zu, zu urteilen.« s. *Le Coran*, Paris, (Maisonneuve &
Larose) 1995, S.767.
6 *Koran* XII, 40.
7 Diese beiden Synonyme werden von Fakr ad-Dîn Rāzi (1149-1209) in seinem
Großen Kommentar *Mahfātīh al-Ghayb* (»Die Schlüssel zum Geheimnis«) eingeführt. S. 114, Bd XVIII, hg von M. Muhyi ad-Dīn, Kairo 1933.
8 Mawdūdi, *The meaning of the Qurān*, Lahore 1967-1988.

dem göttlichen Raum unter. Auf der Grundlage dieser Rechtfertigung aus der Schrift erklärt Mawdūdi allen politischen Systemen den Krieg. Legitimität gibt es nur noch bei Gott. Sie kann folglich weder von einer demokratisch gewählten Mehrheit ausgehen, noch von der nationalen Tradition der Volksversammlung, nicht von einem einstimmigen Beschluß in einem Parlament, noch der Vorherrschaft einer Klasse oder Partei, noch viel weniger kann die Legitimität von einer Aristokratie oder einer Laienrepublik kommen, einer säkularen oder von Gott eingesetzten Monarchie, oder gar von einer durch Willkür bestimmten Diktatur ausgeübt werden (eine Staatsform, die Mawdūdis Vorstellung noch am ehesten entspricht).[10] Legitimität beruht ausschließlich auf Gott, jener transzendentalen Instanz, die alle menschlichen Ambitionen und Begehrlichkeiten der Parteien überschreitet. Und die Menschenrechte, auf der diese Gesellschaft beruht, werden nur wirksam, wenn sie dem Gesetz Gottes untergeordnet sind. Ausgehend von *hukm* fand Mawdūdis ägyptischer Schüler Sayyid Qutb eine Wortneuschöpfung nach der Morphologie abstrakter Begriffe, um sie der Würde der Idee anzupassen: die *hakamiyya*, die »Souveränität«, wurde den übrigen göttlichen Attributen hinzugefügt.

Die Religion muß außerdem wieder ins Zentrum gerückt werden. Unter dem Einfluß der Verweltlichung des Westens hatte der Islam selbst das religiöse Prinzip zur Seite gedrängt und tendenziell das Praktizieren der Religi-

---

9 Möglicherweise wurde Mawdūdis Interpretation durch das Wort *sult'ān* vor dem Wort *hukm* begünstigt. *Sultan* stammt von der Wurzel s-l-t', was bedeutet »den absoluten Befehl führen, absolute Macht ausüben.« Sult'ān heißt »Macht, Reich, Kraft, Gewalt.«, es heißt auch »Fürst«, woraus sich das französische und deutsche Wort »Sultan« herleitet. Im Kontext der betreffenden Sure habe ich es mit »Autorität« übersetzt. Wie gesagt, kein traditioneller Kommentator greift an dieser Stelle die politische Bedeutung von *hukm* und *sult'ān* auf.
10 Ich kann mich einer solchen Bemerkung nicht enthalten, obwohl ich weiß, daß die letztlich von Mawdūdi vorgeschlagene Form eine paradoxe (und unrealisierbare) theokratische Demokratie ist.

on zur Privatsache erklärt, indem er es einer individuellen Frömmigkeit gleichsetzte. Um das religiöse Absolute in der menschlichen Gesellschaft wiederherzustellen, konstruierte Mawdūdi eine Dynamik aus zwei Kräften: Die weltliche Ordnung werde zur Vollkommenheit gelangen, indem sie die unentbehrliche Verbindung zwischen der *rububiyya*, der Gottesherrschaft, und der *ʿubudiyya*, der Dienerschaft des Menschen, die keinem anderen gewidmet ist als Gott, wiederherstellt. Die Herrschaft (oder Souveränität) gehört nur Gott allein; wieder zum Gottesdiener geworden, wird der Mensch von dem komplexen Begriff des Subjekts nur die Unterwerfung, die Unterordnung, die Dienerschaft behalten.

> »Gottes Gesetz ist für die Welt und das Universum der einzige Rahmen, in dem der Mensch leben kann: er muß sich also ihm unterwerfen ... Es liegt im Interesse des Menschen, sich dem göttlichen Projekt anzupassen. Gott ist also die einzige legitime Autorität und die einzige Quelle des Gesetzes. Er ist Gesetzgeber. Nur ihm schuldet der Mensch Gehorsam. Da er mit freiem Willen und mit Verantwortung erschaffen wurde, ist er Gott gegenüber Rechenschaft schuldig. Wenn der Mensch Realist sein will, muß er die Unterwerfung unter die einzige Autorität wählen, die echte Souveränität ausübt: Gott. Die politischen Führer, Monarchen, Heiligen, Engel oder Geister, die Rabbiner oder Priester können niemals von sich aus eine legitime Autorität ausüben.«[11]

So entsteht die totale Herrschaft der Religion über die Gesellschaft und die Menschen, die sie bilden. Die Demo-

---

11 Emilio Platti paraphrasiert hier in seinem Buch *Islam ... étrange? Au-delà des apparences, au coeur de l'acte d'islam, l'acte de foi.* (Le Cerf) Paris 2000, S.277-279 die Lehre Mawdudis. Ich stütze mich in den Passagen über die Lehre Mawdudis stark auf dieses Werk; s. darin Kap XII: *L'islamisme, une forme à la dérive,* S.270-299. (Übersetzung nach dem französischen Zitat BT).

kratie, die Verweltlichung, die Trennung von Staat und Kirche, die Nationalstaaten, alle modernen westlichen Errungenschaften verlieren ihre Legitimation. Dies ist das Programm. Bedarf es da noch des Hinweises, daß nach Mawdūdis Forderungen die Revolution mit friedlichen Mitteln verfolgt werden soll, mit Überzeugungsarbeit, im respektvollen Dialog mit den Gläubigen der beiden anderen monotheistischen Religionen? Angesichts der Gewalt, die die Anhänger seiner Ideologie anwenden, ist dieser Hinweis sicher überflüssig. Überdies wird in dem angeblich von Mawdudi gewollten Dialog jenen Religionen kein Platz eingeräumt, die nicht auf Monotheismus gründen. Nicht einmal den Buddhisten, die in seiner direkten Umgebung lebten, gestand er den Status von Gesprächspartnern zu, obwohl die Verehrer Buddhas für einen Pakistani eigentlich zur Andersheit innerhalb des eigenen Kulturkreises gehören müßten.

Doch ist überhaupt Platz für den Anderen in einem totalen System? Kann man die Wahrheit der Welt wiederfinden, kann man der Verschiedenartigkeit und Vielfalt begegnen, die ihr farbloses Relief bunt färben, wenn man eine Religion auf eine so exklusive und ganzheitliche Lebensweise beschränkt? Bewahrt man sich dann noch die Fasern von Emotion und Gefühl, um zur Liebe fähig und für die Schönheiten empfänglich zu sein, die durch den unterschiedlichen historischen Beitrag der vielen islamischen Völker eingebracht werden? Wie kann man sich an Vergangenheit und Gegenwart erfreuen, wenn man zu dem Schluß gelangt, daß die einzige Form des Islam, die der Souveränität Gottes angemessen ist, jene von Medina zur Zeit der ersten Kalifen war? In diesem zwanghaften, absoluten Theozen-trismus, der in der Tradition niemals so radikal gedacht wurde, verwandelt sich die Welt in einen Friedhof. Wenn Mawdudi dem Westen den Tod Gottes vorwirft, kann man ihm vorwerfen, den Tod des Menschen verfügt zu haben. Sein überspanntes System erfindet einen irrealen Totalitarismus, der seine Jünger erregt und sie dazu verführt, auf allen Kontinenten Tod und Zerstörung zu verbreiten. Zu so einer Negation des Lebens, zu solchem Nihilismus verleitet die theoretische Vernunft, wenn sie nicht der Kontrolle durch die praktische Vernunft unterworfen ist. Im übrigen entspricht meine Bewertung dieser Theorie der Kritik, die seine engste Schülerin (acht Jahre nach seinem Tod) an ihm geübt hat, und zwar Mariam Jameelah, eine amerikanische Jüdin, die er bekehrt hatte.[12]

Diese erschreckend radikale Vision schafft eine tabula rasa und verwandelt die Welt in eine Ödnis wie nach einem Atomschlag, mit wüsten Landschaften, wohin das Auge auf den schwarzen Seiten der Bücher von Sayyid Qutb reicht: In der Geschichte der Menschheit wie in ihrer Gegenwart ist alles hinfällig, jeder Gedanke, jede Darstellung ist so unzulänglich, daß sie verdienen, allesamt hinweggefegt zu werden. Alles soll verschwinden, außer dem Gotteswort, wie es im Koran überliefert ist. Durch das im Buch niedergekommene Wort wird die Welt »die Befreiung des Menschen« erfahren, oder vielmehr »seine wahre Geburt«. Nachdem er sich in die Dienstfertigkeit begeben hat, die Gottes Souveränität verlangt, nachdem er sich in den Dienst seiner Herrschaft gestellt hat, wird der Mensch von allen anderen Formen der Versklavung unserer Zeit, etwa durch die Maschine oder durch den Menschen, befreit sein. Dies ist die Zusammenfassung eines Schlußkapitels aus einem der Bücher Sayyid Qutbs. Sein gesamtes Werk wird von Tausenden faszinierten Augen gelesen und

---

12 Diese Kritik ist der Inhalt eines Artikels, den Mariam Jameelah 1987 in *The Islamic Quarterly*, hrsg. vom Islamischen Kulturzentrum London, veröffentlicht hat.

läßt sie von einer Befreiung träumen, die den Menschen doch nur zu einem lebenden Toten auf einer verbrannten Erde machen würde.[13]

In der Verbindung dieser Theorie mit dem Wahhabismus ist die düsterste Form des Fundamentalismus entstanden, dessen Anhänger sich in vielen Winkeln der Erde ausbreiten. Diese Verbindung hat zwei wichtige Folgen gezeitigt. Wir haben bereits festgestellt, daß der Fundamentalismus auf den Trümmern gescheiterter Experimente blüht. Auf der Liste der Niederlagen ist hier noch der Zusammenbruch des arabischen Nationalismus in Form des Nasserismus zu verzeichnen, als eine Konsequenz der Niederlage gegen Israel von 1967. Ab diesem Punkt haben sich die Tore Arabiens für die halbgebildeten Abgänger der al-Azhar-Universität geöffnet, die auf der Suche nach materiellem Gewinn in großer Zahl auswanderten. Bei dem Austausch zwischen beiden Ufern des Roten Meers wurde in den 70er Jahren die erste operative Verbindung zwischen dem Wahhabismus und dem Fundamentalismus geknüpft. Aber erst Anfang der 80er Jahre gelang die zweite, weit gefährlichere Verknüpfung in Pakistan und Afghanistan, also in den Gebieten, wo Mawdūdi seine Ideologie unter seinen Landsleuten in ihrer Sprache verbreitet hatte. Aus dieser zweifachen Verknüpfung sollte das Afghanistan der Taliban hervorgehen und die al-Qaida des Wahhabiten Osama bin Laden sowie seines Stellvertreters, des Ägypters Ayamar al-Zawahri.

---

13 Sayyid Qutb, *Khaçā'iç at-Taçawwur al-Islāmī wa Muqawwimātihi* (»Besonderheiten und Grundlagen des islamischen Denkens«), Kairo-Beirut 1978, S.236.

21

Zunächst zur ersten Verknüpfung, zwischen dem Fundamentalismus und dem Wahhabismus, und ihren Auswirkungen auf Ägypten.

Zu Beginn der 70er Jahre förderte Sadat im Kampf gegen die Linke die Rückkehr der Fundamentalisten in die Legalität, nachdem Nasser sie vorher politisch, wenn auch nicht physisch, kaltgestellt hatte. Die Legalisierung der fundamentalistischen Bewegung ergab zusammen mit dem rasanten Bevölkerungswachstum eine explosive Situation. Außerdem fiel mit der galoppierenden Bevölkerungsentwicklung die Demokratisierung des Bildungssystems zusammen; die Zahl der Universitätsabgänger wuchs, allerdings war ihre Ausbildung schlechter geworden. Die Masse der Halbgebildeten stieg ebenfalls. Das schlechte Lohnniveau veranlaßte die Pseudo-Akademiker, auf die Arabische Halbinsel auszuwandern. In diesem politischen und sozialen Kontext wird Ägypten aktiv einer Re-Islamisierung unterzogen, begleitet von einer Strategie der *infitāh*, einer Öffnung zum Westen – der besten Methode, um die von Nasser hinterlassene Planwirtschaft zu überwinden.

Die Integration in den kapitalistischen Markt wird durch ein Bündnis mit den USA ergänzt. Es entsteht ein regionaler Verbund, in dem die ägyptische und die arabische Perspektive zusammentreffen. Das geopolitische Bündnis benötigt eine entsprechende Ideologie. Ägypten wird sich dem wahhabitischen Modell annähern, mit dem Risiko, seine Tradition der Bindung an den Westen, die noch in der Literatur spürbar ist, zu verlieren. Diese wird an die Seite gedrängt: der Anteil der Leser geht in dem Maß zurück, wie das Fernsehpublikum zunimmt. Darin zeigt sich die Amerikanisierung der Welt. Der Triumph der Flimmerkiste, des neuen Wunderkastens, verdrängt das filmische und literarische Schaffen, das zuvor die Triebkraft der Europäisierung war. Es galt sich anzupassen oder unterzugehen. Dem vor allem literarischen Widerstand gegen diese Entwicklung gelang es, sich Überlebensmöglichkeiten am Rande zu schaffen, wo auch Experimentelles gedieh. Aber der Großteil der Bevölkerung starrte gebannt auf das Flimmerbild, wie überall auf unserem Planeten. In der islamischen Welt, deren Lebensstil so stark in Kontrast zu dem steht, was dort gezeigt wird, wirkt dieser Wandel allerdings auffälliger, er liegt deutlich sichtbar an der Oberfläche. Unnötig, tiefer zu graben oder auch nur zu kratzen, um ihn aufzuzeigen.

Ich will mich nicht bei der Entstehung und Einbettung des Fundamentalismus in die Gesellschaft aufhalten, dies wurde seinerzeit von Gilles Kepel beschrieben.[14] Ich muß nicht an die flammenden Predigten hysterischer Imame erinnern, die jubelnd ihre anti-westlichen Reden mit den rhetorischen Blüten aus dem Schatz ihrer Sprache schmückten. Diese Feindschaft gegen den Westen schallte in den Mauern der Stadt mit den tausend Moscheen wider, im gleichen Moment, als die politische Führung auf die Allianz mit dem Westen setzte, die aus Ägypten (und vor allem seiner Armee) ein Beispiel für die neue Form des Protektorats machen sollte, welche Amerika so schätzt. Die Re-Islamisierung der Gesellschaft geht mit dem Bündnis

---

14 Gilles Kepel, *Der Prophet und der Pharao*, Üb. G. Deja, München/Zürich (Piper) 1995.

zu Amerika einher, ein weiteres Paradox, das ich das ägyptische nennen will. In dem Maß, wie sich die Gesellschaft amerikanisierte (durch den Anreiz zum Konsum und zur Kommunikation über die Medien), verstärkte sich die Suche nach der eigenen Besonderheit.

Diese Erscheinung zeigt sich etwa im Betrug der islamischen Banken. Sie vereinbaren Finanzinvestitionen mit dem islamischen Recht, das Zinsen als Wucher verbietet. Ich brauche nicht auf die Pleiten dieser Banken einzugehen, noch die technischen Tricks anzuführen, die Bankzinsen scheinbar in erlaubten Gewinn verwandeln. Diese Institute sollten vor allem einem ideologischen Bedürfnis genügen: Sie sollten einen eigenen, islamischen Weg der Beteiligung am kapitalistischen Markt sichtbar machen. Doch sind solche Machenschaften illusorisch, wenn der unterrichtete Bürger weiß, daß die riesigen Vermögen der Wahhabiten an den Plätzen der Hochfinanz gediehen waren, nach den Regeln einer Börse, die nicht von der Sorge um islamische Vorschriften getragen ist. Die Mode der islamischen Banken zielte darauf ab, die Verbindung zwischen Ägypten und Saudi-Arabien zu symbolisieren, zwischen dem Fundamentalismus am Nil (Erbe einer Bewegung aus den 20er Jahren, s.o.) und dem arabischen Wahhabismus. Es war der Versuch, dem Geld, das die ägyptischen Einwanderer in Arabien verdienten, eine islamische Farbe zu geben.

Die Fundamentalisten schritten bekanntlich vom Wort zur Tat, als sie Anfang der 80er Jahre mit dem Terrorismus begannen. Ausgerechnet Anwar el Sadat wurde sein spektakulärstes Opfer, der doch für die Rückkehr dieser Radikalen auf die politische Bühne von Kairo verantwortlich war. Es sei daran erinnert, daß sich hinter diesem politischen Mord[15] bereits das Gespenst des Arztes Ayman al-Zawahri abzeichnete, der dem Leser als die rechte Hand Osama bin Ladens wiederbegegnen wird. Dies geschieht

bei der zweiten Verknüpfung zwischen dem Fundamentalismus und dem Wahhabismus, die, als Vorspiel zu den
Attentaten des 11. September 2001, später auf der afghanischen Bühne stattfinden sollte.

Ich muß nicht daran erinnern, daß der von den »Freien
Offizieren« geführte ägyptische Staat einen erbarmungs-
losen Krieg gegen den fundamentalistischen Terror führte, nachdem dieser unzählige Opfer gefordert hatte. Man
hat sie hingerichtet oder exkommuniziert, unter ihnen
waren Politiker und Persönlichkeiten aus dem intellektuellen Milieu oder nur Angehörige einer Zivilgesellschaft,
die dafür bestraft wurden, daß sie den Werten der westlichen Moderne treu geblieben waren. In diesem Krieg wäre
der ägyptische Präsident Hosni Mubarak bei einem Attentat in Addis Abbeba (im Juli 1995) seinem Vorgänger
beinahe in den Tod gefolgt.

Aber ich möchte hier hauptsächlich die Folgen eines
solchen politischen Prozesses der Gewalt für die politische
Kultur beleuchten: unter seinem Druck verändert die Gesellschaft ihr Gesicht. Obwohl die Fundamentalisten nicht
gewannen, hat ihre Ideologie den gesamten Gesellschafts-
apparat geprägt. Ein Teil ihrer Vorschriften wurde vom
offiziellen Islam übernommen; in der Schlacht mit Worten
meinte der Staat, den Fundamentalisten das Argument
entziehen zu müssen, daß die Gesellschaft nicht den islamischen Normen entspräche. Um diese Kritik zu entkräf-
ten, beschloß der Staat, der al-Azhar-Bewegung die Seelsorge zu überlassen, unter der Bedingung, daß sie den politischen Einfluß des Islam zurückdrängen sollte. Nach
diesem stillen Kompromiß veränderte sich die Gesellschaft

---

15 Es ist festzustellen, daß die Fundamentalisten, als Kinder der Amerikanisierung, bereits für eine fernsehgerechte Inszenierung ihrer Taten sorgten; sie waren schon vom Narzißmus der Medien geprägt, über den Werbeeffekt hinaus,
den ihnen das Bild für die Verbreitung ihrer Ideologie und die Einschüchterung
der Welt durch den Terror verschaffte.

grundlegend. Die Zeichen der europäischen Moderne wurden zugunsten der Wiedererrichtung islamischer Wahrzeichen (die der amerikanisierten Stadtlandschaft angepaßt wurden) zerstört; das offenkundigste und polemischste dieser Zeichen ist die Verschleierung der Frauen. Mit ganz wenigen Ausnahmen haben sich selbst die am meisten verwestlichten Frauen dieser Norm gebeugt. Elegante Damen tragen nun Kopftücher, die ihre Frisur eng umhüllen, aber die Haare verbergen. Die Erinnerung an die Feministin Hoda Sha'rāwi ist ebenso ausgelöscht wie das schöne neo-mamluckische Haus, das sie einst bewohnte: seit seinem Abriß dient das Grundstück nun als Parkplatz für die Besucherbusse der Pharaonischen Museen.

Im besten Falle erleben wir hier die Entstehung einer frommen Gesellschaft, die diesseitige Verwirklichung einer Gemeinschaft, die dem gehorcht, was dem Savoyarden Franz von Sales (in einer völlig anderen Epoche!) vorschwebte:

>»Die Übung der Frömmigkeit muß auch noch der Kraft, der Beschäftigung und den Pflichten eines jeden angepaßt sein.[...] Die Bienen, sagt Aristoteles, entnehmen den Blumen Honig, ohne ihnen zu schaden; sie bleiben frisch und unversehrt. Die echte Frömmigkeit schadet keinem Beruf und keiner Arbeit; im Gegenteil, sie gibt ihnen Glanz und Schönheit.«[16]

So kann der Einzelne mit seiner Frömmigkeit zur Gründung einer den islamischen Tugenden unterworfenen Gesellschaft beitragen, ohne dabei den Beruf und wirtschaftliche Tätigkeiten aufgeben zu müssen, die fromme

---

16 Franz von Sales, *Anleitung zum frommen Leben – Philothea.* »Deutsche Ausgabe der Werke des hl. Franz v. Sales«, Bd 1, (F. Sales-Verlag) Eichstätt und Wien 1959, S.3f.

Praxis hindert ihn auch nicht an der Bedürfnisbefriedigung im Konsum oder am Erfolg in der kapitalistischen Wirtschaft.

Die Umerziehung zu einer solchen Gesellschaft geschieht mit Hilfe von Predigten und Unterweisungen im Fernsehen, die ihre eigenen Stars hervorgebracht haben. Unter ihnen ist Shaykh Sha'rāwi hervorzuheben. Seine Zuhörer waren Leute aus dem Volk, er beeinflußte aber sogar moderne, aufgeklärte Geister. Sie meinten, Feinheiten der traditionellen Theologie in den Lektionen dieses Shaykh zu entdecken, die doch reiner Obskurantismus waren. Ein weiteres Beispiel dafür, wie die verhärteten Halbgebildeten in ihrem Ressentiment triumphieren. Die Verwirrung ist vollkommen und der Verlust der Orientierung verfälscht jedes Urteil. Das Publikum verwechselt Schmierentheater mit Lebhaftigkeit; es ist erschüttert bei den Analogien der vielfachen Entsprechungen, die der Shaykh in seiner prustenden Sprechweise ausstößt, begleitet von ausholenden Gesten, ein Lehrmeister der Armen, der seine Rolle mit einer Theatralik darbietet, die trotz (oder wegen) ihrer primitiven Ausdruckskraft gut ankommt. Die neuen von ihm gefeierten Entsprechungen entdecken in den Buchstaben des Koran die Erfindungen des technischen Fortschritts, von der Elektrizität bis zum Atom. Als fänden die Massen des Islam in dieser Machenschaft einen weiteren Grund, an die Wahrheit ihres Buchs zu glauben (das angeblich Gottes eigenes Wort enthält). Einen Beweis von Allwissenheit, wenn es angeblich Erfindungen vorwegnimmt, welche das Leben der Menschen auf Erden völlig verändert haben. Als empfingen sie aus dieser Deutung den Trost darüber, daß sie von den Erfindungen ausgeschlossen waren, während diese von den vermaledeiten Westlern hervorgebracht wurden. Als würde die in ihrer Sprache ausgedrückte göttliche Vorahnung sie entlasten, als schöbe sie das Ressentiment beiseite, damit sie die materiellen

Güter der postindustriellen Gesellschaft ungehindert genießen und sich gleichzeitig der Illusion hingeben können,
ihre ersten Boten gewesen zu sein, wenn auch nicht ihre
wahren Erfinder.

Dieser Zauberfaden bindet die Anhängerschaft einer
Religion, deren Beweihräucherer gerade die rationale Dimension loben, die sie angeblich von Mythos und Legende ab- und in die Geschichte einsetzt. Diese Behauptung –
die übrigens von den hochmütigen Epigonen aller drei
Monotheismen geteilt wird – hat bei Fundamentalisten wie
Sayyid Qutb zum Gipfel der Übertreibung geführt.[17] Keiner von ihnen scheint zu wissen, daß er mit solchen hastig
zusammengezimmerten Ideen seinerseits Mythen schafft.

---

17 In dem Buch, das wir bereits zitiert haben, zeigt Sayyid Qutb, wie unzurei-
chend der Übergang vom Mythos zur vernunftbegründeten Realität sowohl bei
den Juden als auch bei den Christen war. Ihre Schriften seien noch voller Legenden (*asāt'ir*) und noch wenig vom allgegenwärtigen Heidentum (*wathamiyya*)
befreit. Vergl. dazu S. Qutb, S. 29-44. Wenn er in der Bibel Legenden findet, so
bleibt er blind für die Anklänge an die selben Legenden im Koran, ebenso wie
für die Legenden im Buch des Islam selbst oder für solche, die in ihm aus nach-
biblischer Literatur entlehnt sind.

22

Eine oberflächliche Fremdenfeindlichkeit beleuchtet bei den Predigern, ja sogar bei »Laien« wie Leitartikelschreibern die Katastrophen, die ihr Volk erleiden mußte: Sie erfinden ein vermeintliches Komplott des Anderen, der die Rolle der Feinde einnimmt. Das Versagen der eigenen Gruppe und die Ausschreitungen der Einzelpersonen sind auf den böswilligen und unheilstiftenden Fremden zurückzuführen. Gibt es eine bessere Methode, als das Subjekt von seiner Verantwortung zu befreien, indem man es von der Schuld freispricht? Das Unheil, welches das islamische Subjekt befällt, hat seinen Ursprung im Westen ... und in Israel, das mit seinem Erfolg irritiert: Der klare Gegenpol zum eigenen uneingestandenen Scheitern. Auf diese Weise wandelt sich die traditionelle Gegnerschaft zu den Juden in modernen Antisemitismus. Eine Welt liegt zwischen diesen beiden Formen. Die traditionelle Gegnerschaft entsprach der theologischen Kontroverse, an der sich die Juden selbst beteiligten, wie etwa Yehuda Halevi, der in arabischer Sprache ein Lob der »verachteten Religion« sang, nachdem er die beiden anderen Monotheismen widerlegt hatte.[18] Die Feindseligkeit bewegte sich damals auf der Ebene konkurrierender Legitimationen. Es ging darum, die

---

18 Yehuda Halevi: *Le Kuzari. Apologie de la religion méprisée.* Aus d. Arab. übers. v. Charles Touati, (Peeters) Leuven-Paris 1994. *Der Kusari.* Übers. u. Einleitung v. David Cassel, hebr./dt, Zürich (Morascha) 1990.

Originalität der eigenen Gründung zu beweisen. Dies war umso dringlicher, als der Islam sich in der Lage dessen befand, der sich gegen die mögliche Beeinflussung durch das Vorherige abgrenzen muß. Denn das eigene Gebäude war auf dem Boden und mit dem Material derer errichtet, die vorher da waren.

Im Gegensatz dazu rührt der Antisemitismus von einer unbewußten Verwestlichung; dies wird noch gefördert, indem einige von westlichen Antisemiten produzierte Fälschungen übernommen werden. Etwa die Übersetzung und Verbreitung der »Protokolle der Weisen von Zion«.[19] Oder ein antisemitisches Dokument, das in den 20er Jahren von der extremen Rechten in den USA fabriziert und Benjamin Franklin (1706-1790) untergeschoben wurde, dem Urheber der amerikanischen Verfassung. In diesem Dokument schreibt er angeblich, man müsse sich vor der Einwanderung der Juden hüten, denn sie könnten sich auf amerikanischem Boden vermehren, den Staat usurpieren und für ihre eigenen Zwecke mißbrauchen. Dieser Text kommt wie gerufen für jene, die sich in ihrem antizionistischen Kampf nicht vor dem Abdriften in den Antisemitismus hüten. Ohne Vorbehalt gegen diese Fälschung führen sie das amerikanische Bündnis mit Israel auf die Unterwanderung des mächtigsten Staats der Welt durch die Juden zurück. Sie verstehen nicht, wie tief verwurzelt die Legitimität des Staates Israel im angelsächsischen Protestantismus mit seiner messianischen Interpretation des Alten Testaments ist. Sie wissen nicht, daß die zionistische Idee bereits zu Beginn des 19. Jahrhunderts aus der Feder von Puritanern entstand, die es unerträglich fanden, daß das Heilige Land nicht in den Händen der rechtmäßigen Besitzer lag. Der zionistische Gedanke wurde im Prote-

---

19 Alfred Rosenberg, *Protokolle der Weisen von Zion und die jüdische Weltpolitik*. München (Deutscher Verlag) 1923.

stantismus geboren, bevor er in erweiterter Form als Wunsch der Juden formuliert wurde.[20] Zu dieser historischen Tatsache kommt noch die Bedeutung des Holocaust für die Symbolik des Staates Israel wie auch für die Pädagogik der amerikanischen Zivilgesellschaft hinzu. Außerdem würde niemand leugnen, daß der Holocaust den Prozeß der Gründung eines hebräischen Staates beschleunigt hat.[21]

Diese Tatsachen müssen unbedingt einbezogen werden, will man sich in fundierter Weise mit der Palästina-Frage befassen. Dann sollte man auch den Irrtum des Groß-Imam der Al-Azhar-Universität, Shaykh Tantāwi, vermeiden, der unvorsichtigerweise die Franklin untergeschobene Fälschung benutzte und sie einer Schrift als Motto voranstellte, die sich mit dem theologischen Thema schlechthin befaßte: »Die Söhne Israels im Koran und der Sunna.«[22] Das Motto wird zum Erkennungszeichen, daß hier ein traditionelles theologisches Thema zu einer ideologischen Streitschrift benutzt wurde, die an einigen verborgenen Stellen abwegige Aktualisierungen aufweist: etwa werden die Juden von Medina (Zeitgenossen des Propheten Mohammed) gleichgestellt mit den Juden in Israel, die Krieg mit den Palästinensern und anderen Arabern führen. Die Feindschaft gegen die Juden vermischt sich mit dem Antizionismus und wird zu Antisemitismus, der sich nicht einmal bewußt ist, daß er vom Westen stammt. In der allge-

---

20 Vergl. Henry Laurens, *La Question de Palestine*, Bd. I, »L'Invention de la terre sainte«, Paris (Fayard) 1999, S.18. In seiner Beweisführung stützt sich Laurens auf die Untersuchung von Mayir Vreté, »The Restoration of the Jews in English Protestant Thought 1790-1840«. *Middle Eastern Studies* Vol. VIII, 1972, S. 3-50. Vergl. dazu auch George Robinson, »Jérusalem, 23 Août 1830«, S.136-200 in *Dédale/Multiple Jérusalem*, 3&4, Maisonneuve & Larose, Paris, Frühjahr 1996.

21 Der Staat Israel wurde gegründet drei Jahre nachdem die Welt von dem Desaster der »Endlösung« erfahren hatte.

22 Shayk Ahmad Tantawi, *Beni Isrā'ī l fī -l'Qur'ān wa's-Sunna*. Kairo 1987, S. 9.

meinen Verwirrung wird eine theologische Kontroverse mit einer politischen Frage gleichgesetzt, die ihrerseits blinden Rassismus enthält. Die Wunde, die Israel den Arabern zufügt, zeitigt schlimmste Auswüchse. Keiner bleibt davon verschont, nicht einmal die weniger verbohrten und fanatischen Geister wie shaykh Tantāwi, eine der fähigsten und vernünftigsten Stimmen des offiziellen Islam. Er stellt eine Art Großmeister dar, eine Autorität zur Eindämmung der Schäden, die mit dem wilden Zugang zur Schrift verbunden sind. Er verurteilte die Anmaßung Bin Ladens und sprach ihm jede Legitimation ab, sich zum Imam aufzuschwingen. Er erinnerte den saudischen Milliardär daran, daß er weder die moralische Autorität noch die Kompetenz in der Lehre besaß, um zum Heiligen Krieg aufzurufen, da dies nach kanonischem Recht nur unter bestimmten Bedingungen geschehen kann – zu der Zeit, als diese Auffassung noch Geltung hatte. Danach muß ich bei Tantāwi allerdings auch feststellen, daß nicht einmal das Heilmittel gegen das fundamentalistische Gift frei ist von der Krankheit des Islam, deren Symptome unter anderen Fremdenhaß und Antisemitismus sind.

So nehmen wir den theoretischen und abstrakten Fremden gern als Sündenbock für alles Unheil, das uns befällt. Fast einmütig hatte die ägyptische Öffentlichkeit das Attentat von Luxor (November 1997) als einen gemeinsam von CIA und Mossad angezettelten Anschlag eingestuft. Vergeblich versuche ich meinen Gesprächspartnern darzulegen, daß, abgesehen von den Beweisen für die Beteiligung der Fundamentalisten, ein solches Massaker an unschuldigen Touristen nur den Diskurs in die Tat umsetzt, der im Namen des offiziellen Islam von den staatlich kontrollierten Organen verbreitet wird.[23] Das Problem liegt

---

23 Abdelwahab Meddeb, »Comme un ange déchu au Caire«, in: *Dédale/La Venue de l'étranger*, No 9/10, Paris, Maisonneuve & Larose, Herbst 1999, S.402-426.

im Islam der Azhari, denen der Staat die Seelsorge überlassen hat. Da sie die Anhängerschaft der Fundamentalisten
schwächen sollte, hat diese Form des Islam die Gunst der
Stunde genutzt, um den Diskurs der Islamisten selbst zu
übernehmen, ohne jedoch die letzten Konsequenzen zu
ziehen, nämlich Akte des Aufruhrs und der Gewalt zu predigen. Kann man mit einem solchen Diskurs eine Gesellschaft zu Frömmigkeit und Gottergebenheit führen, ohne
sie zur Gründung des islamistischen Staates anzustiften?
Er würde sie doch endlich in Übereinstimmung mit ihrer
Moral bringen und vielleicht nicht die Ewigkeit, aber wenigstens Dauer und Beständigkeit versprechen? Befinden
wir uns wirklich noch in einer Situation, in der das Religiöse und das Politische faktisch getrennt sind? In Ägypten ist das sicher heute der Fall; aber die Kluft zwischen
den Werten, die von den beiden Instanzen ausgehen, ist so
groß, daß der Einzelne schizophren zu werden droht. Er
ist daher empfänglich dafür, die innere Gespaltenheit zu
überwinden, indem er sich in der Einheit zusammen-
schweißt, die ihm der Fundamentalismus mit seinem Geheimbund und den Gewaltakten bietet. Diese Situation hat
einen der Anführer der Attentate des 11. September hervorgebracht, über den die Presse am meisten geschrieben
hat: Mohammed 'Atta. Er ist nicht vom Himmel gefallen,
er ist ein Produkt der ägyptischen Realität, die auch noch
viele andere derartige Persönlichkeiten erzeugt.

   In den Kommentaren zu dem Attentat in New York
finden wir die gleiche Methode, sich der Verantwortung
zu entziehen. Der Anschlag wird erneut dem Mossad angelastet, angeblich seien nämlich in dem Moment, als die
Maschinen ins Ziel einschlugen, 4 000 Juden nicht an ihrem Arbeitsplatz in den Twin Towers gewesen. Unterstützt
von einem großen Teil der Öffentlichkeit bis an den Rand
des intellektuellen Milieus, hat die Presse dem Vater Mohammed 'Attas breiten Raum für seine Äußerungen ge-

währt. Er erklärte, sein Sohn sei vom Mossad entführt worden, um seinen Namen zu beschmutzen und ihn zu einer vom israelischen Geheimdienst geführten Operation zu mißbrauchen, mit dem Ziel, Ägypten und dem Islam Schaden zuzufügen. Auf diese Art entledigt sich ein Vater der Schuld, einen Kriminellen und ein Monster hervorgebracht zu haben! Im übrigen sind solche Neigungen nicht auf Ägypten beschränkt. In der letzten Septemberwoche 2001 besuchte ich Damaskus und mußte feststellen, daß die Beschuldigung des Mossad im Zusammenhang mit der Zerstörung des World Trade Center von Manhattan von der offiziellen Presse Syriens weitergetragen wurde.

Der antiwestliche Fremdenhaß im Verbund mit dem Antisemitismus benötigt Gerüchte, um regelmäßig genährt und belebt zu werden. Im Mai 2001 bestätigten mir in Abu Dabi zahlreiche Gesprächspartner aus verschiedenen arabischen Staaten (Libanesen, Syrer, Sudanesen etc.) die von der örtlichen Presse verbreitete Warnung an die Länder des Nahen Ostens, sich nicht die preiswerten Gürtel mit der Aufschrift »Made in Thailand« zu kaufen. Es handele sich bei ihnen in Wahrheit um israelische Ware mit einer Wanze, die eine unheilbare Krankheit verbreite: Eine zusätzliche List der Zionisten, um die Araber zu schwächen, wenn sie sie schon nicht umbringen können. Meine ansonsten vernünftigen und sympathischen Gesprächspartner glaubten diese hanebüchene Information.

Dies sind die Phantasmen, in denen die Symptome der Krankheit des Islam aufscheinen, sie bilden einen Nährboden, auf dem das Verbrechen vom 11. September dann mit Freude aufgenommen wird. Die Presse berichtete davon: Nachdem in einem Kairoer Bus das Radio erste Schätzungen über die Zahl der Opfer der Explosion in New York gemeldet hatte, applaudierten die Insassen spontan und gratulierten sich gegenseitig wie bei einer höchst erfreulichen Nachricht. Wenn das Verbrechen die Menschen so erfreut, warum wird es dann dem Mossad zugeschrieben? Tatsächlich sind die von Blindheit Geschlagenen nicht für ihre Widersprüche verantwortlich zu machen.

23

Die zweite Auswirkung der Re-Islamisierung wird an der veränderten Einstellung der gesamten Gesellschaft zu Vergnügen und Lust deutlich. Die islamische Gesellschaft ist von einer lebensfrohen, hedonistischen Tradition zu einer schamhaften Lebensweise voller Haß auf die Sinnlichkeit übergegangen. Prüderie wurde zum Kennzeichen der Respektabilität. In den Städten wimmelt es von Tartüffs und anderen Heuchlern oder Frömmlern. Die Polis verändert ihr Gesicht, nimmt dem Körper sein Recht, die ist eine weitere Folge des Ressentiments und der Tatsache, daß zahllose Halbgebildete es übernommen haben. Die Straßen wirken abweisend, mit ihren neuen, lieblosen Bauten, die eine glänzende Architekturtradition nicht achten. Sie werden noch häßlicher, wenn sie von unförmigen Menschen belebt sind, die sich um ihr Äußeres nicht mehr kümmern. Die Ästhetik schwand, sobald die Verführung zwischen den Geschlechtern verboten wurde. Mit der Pflege der Schönheit wurde auch die Achtung vor ihr eingebüßt.

Was wird in dieser Religion alles ausgeblendet, die doch wegen des in ihr angelegten Körperkults und der Sinnenlust früher die Fremden faszinierte! Welche Künste der Verdrängung hat der Islam aufgewandt, um zu vergessen, daß bei seinen mittelalterlichen Lehrmeistern das Liebesspiel im Namen Gottes geschah, und zwar nicht nur, um sich fortzupflanzen, sondern auch um der Lust willen.[24] Welche Störung hat die Gesamtheit der Menschen befal-

len, für die das religiöse Wort der Vermählung auch gleichzeitig den Koitus bezeichnet (*nikah*), was einen Juristen
zu dem Kommentar veranlaßte, man müsse nur die vielfachen untergründigen Bedeutungen des Wortes zur Kenntnis nehmen, um zu dem Schluß zu kommen, daß der Koitus kanonisch der Grund für die Ehe ist? Wie konnte eine
Gesellschaft verschwinden, die einen großen Teil dem Recht
des Körpers zubilligte? Welche Mutation hat eine Religion erlitten, deren Heilsversprechen fleischlich ist, ein Glaube, der das Begehren in dieser Welt wie auch für die Er-
wählten im Jenseits preist? Was ist mit einer Gemeinschaft
geschehen, die von den Christen des Mittelalters (deren
Glaubensbekenntnis die Verneinung des Körpers beinhaltet) als eine Ansammlung von Unzüchtigen angesehen
wurde (wegen des fleischlichen Heilsversprechens, wie auch
wegen rechtlicher Bestimmungen, die Polygamie, Konku-
binat und Scheidung erlaubten)?[25] Warum wurden Ohren
mit Taubheit geschlagen, damit sie nicht mehr die Rede
aus »Tausendundeiner Nacht« hörten, Märchen, die alle
von der Befriedigung der Sinne durch irdische Freuden sprechen, von Lüsten, die als Gabe Gottes dargestellt werden?
Ihre Worte sind weit gereist, ihre Verbreitung in Europa
durch die Übersetzung von Antoine Galland (1702-1714)
hat zu einer Befreiung des Körpers im Westen wie auch
zum Phantasma des Harems beigetragen, der das Jahrhundert der Aufklärung bewegte. Nicht zu reden von der Liebe zur Türkei und der Mode orientalischen Kunsthand-
werks. Ja, wäre die Fabel von Diderot »Die geschwätzi-
gen Kleinode« denkbar, in der die Wahrheit und das Geheimnis des Sexus aufgezeigt werden, ohne daß er und
sein Publikum stark von den Märchen aus »Tausendundeiner Nacht« beeinflußt gewesen wären?

---

24 Abdelwahab Boudiba, *La Sexualité en Islam*, Paris (PUF) 2001.
25 Norman Daniel, *Islam and the West*, Oxford (One World) 1993.

Welchem Wandel wurden die Länder unterzogen, die die Reisenden und Schriftsteller des 19. Jahrhunderts so faszinierten, aus den gleichen Gründen, weshalb sie die europäischen Gelehrten des Mittelalters so schockiert hatten? Welcher Mantel der Scham ist über Länder gefallen, in denen Flaubert einst vor Lust verging? Um sich die Szene zu vergegenwärtigen, muß man nur an die glühenden Stunden erinnern, die der Autor aus dem Norden Frankreichs mit der Geliebten Kuchuk-Hanem an den Ufern des Nil in Oberägypten verlebte.[26] Oder man denke an Guy de Maupassant, der sich für das mittelalterliche arabische Handbuch der Erotik begeisterte und es neu übersetzen wollte. Das Handbuch wurde im 15. Jahrhundert von meinem tunesischen Landsmann Nefzawi verfaßt, einem Theologen, der in seinem »Duftenden Garten«[27] im Namen Gottes den Körper feierte. Da wäre auch Nietzsche zu erwähnen, der der Verneinung des Körpers (den ihm das Christentum in seiner Kindheit eintrichterte) den Kult der Lust und der Körperpflege gegenüberstellte, wie sie für jeden im Islam üblich war. Der deutsche Philosoph unterstreicht diese Differenz mit einer Anekdote über die erste Handlung der Christen nach der Rückeroberung von Cordoba:

> »Hier wird der Leib verachtet, die Hygiene als Sinnlichkeit abgelehnt; die Kirche wehrt sich selbst gegen die Reinlichkeit (– die erste christliche Maßregel nach der Vertreibung der Mauren war die Schließung der öffentlichen Bäder, von denen Cordoba allein 270 besaß)«[28]

26 Gustave Flaubert, *Briefe*, hg. u. übers. v. H. Scheffel, Zürich (Diogenes) 1977, S. 131-140, Brief an Louis Bouilhet vom 13. 3. 1850.
27 Scheich Nefzaui, *Der duftende Garten des Scheich Nefzaui, die arabische Liebeskunst verbunden mit zugehörigen Texten aus der erotischen Dichtung der Araber.* Übers. hrsg. u. bearb. v. Jan-Pieter Hooft, München (Heyne) 1966.
28 Friedrich Nietzsche, *Der Antichrist* in: »Werke« Bd II, Hrsg. von Karl Schlechta, München (Hanser) 1969, S. 1181.

Die Tradition des Körperkults scheint jedoch in einigen islamischen Ländern zu verschwinden, zerstört von einer moralischen Ordnung, die von Halbgebildeten aufgezwungen wird. Kairo, ganz Ägypten, hat sich von einem Paradies in eine Hölle verwandelt. Zum Beispiel braucht man nur die rot angelaufenen Körper der Frauen betrachten, die an der Hitze unter ihren schwarzen Kopftüchern oder Schleiern leiden (die Kontrastfarbe fängt die Glut der Sonne ein, die in diesem Land den ganzen Tag erbarmungslos brennt). Mißhandelte Körper in einer Metropole, in der 16 Millionen Menschen ihren Geschäften nachgehen, dabei die schmutzigste Luft einatmen, verpestet von alten, abgasreichen Autos und von den Dampfwolken, die umliegende Zementwerke ausspucken, hinzu kommt manchmal auch noch der schwere beißende Rauch der Reisabfälle, die von den Bauern in der Umgebung nach dem Einholen der Ernte verbrannt werden. Wenn man in Kairo lebt, werden die Lungen ebenso grau wie bei einem notorischen Raucher, selbst wenn die Lippen nie eine Zigarette oder das Mundstück einer Wasserpfeife berührt haben.

Hinzu kommt die Umweltbelastung durch Lärm, nicht nur vom Dauergeräusch des Hupens und dem Dröhnen der Motoren (von Autos oder Klimaanlagen), sondern auch von den lauten Aufrufen zum Gebet, sie klingen geradezu polemisch aus allenthalben aufgestellten Lautsprechern, die selbst Tote aus dem Schlaf erwecken würden. Der wilde Zugang zur Technik verfälscht eine der schönen Seiten des Islam, das Erheben der Stimme zum Lobpreis der Welt. Neben den Angriffen auf den Körper in dieser verseuchten Großstadtatmosphäre, erkennen wir in diesen Stimmübungen zur Unzeit eines der Symptome, welche die Krankheit des Islam noch verschlimmern. In welchem Kontrast stehen sie zum natürlichen Chor der Muezzin, einem Wohlklang aus der Brust, der Kehle, der Zunge, dem Gaumen, den Lippen tatsächlich anwesender Männer, der von der Spitze der Minarette herabschallt. Hier empfindet der Zuhörer Erhebung, dort abgrundtiefe Aggression.

Der Verlust der Ästhetik ist in der Art und Weise begründet wie der Körper malträtiert wird. Er wird nicht mehr mit der Pflege bedacht, die der Kult der Schönheit verlangt, eines der Kennzeichen des alten Islam: Damit der Körper sich entfalten kann, muß er sich in einem architektonischen Raum bewegen können, der die geometrische und musikalische Harmonie versinnbildlicht, und zwar im Ein- wie im Mißklang. Der Körper muß auch mit Gegenständen in Kontakt treten, die selbst das Prinzip der Schönheit ehren. Aus diesem Grund zählt der Islam unter die hohen Kulturen mit sogenannten minderen Künsten wegen der Vielzahl von Gegenständen aus kunstvoll gearbeitetem Holz, Kupfer, Stein, Keramik, Gewebe, Baumwolle, Wolle, Leinen, Seide, wegen all dieser schönen Dinge, die dazu dienten, den Körper in Bewegung zu feiern. Durch welchen Schiffbruch sind sie außer Sicht geraten? In welche Meerestiefen sind sie hinabgestürzt? Wenn mir das Amt eines Zensors zufiele, würde ich die Botschaft umkehren: Ich würde diesen ressentimentgeladenen Halbgebildeten, die stets zur Anklage und zum Ausschluß bereit sind, mitteilen, daß sie mit diesem Schiffbruch die ästhetische Dimension, die zur Ethik des Islam gehört, abschaffen und damit das berühmte *hadīth* entehren, das besagt: »Gott ist schön und liebt die Schönheit.«

Kairo ist die größte Stadt des Islam, wie auch eine der ausgedehntesten und bevölkerungsreichsten auf der Welt. Sie besitzt alle Nachteile der Megalopolis: aber ihr fehlt auch eine ihrer größten Tugenden, nämlich die Anonymität. Diese vergrößert den Bereich der Freiheit, indem sie den Einzelnen der sozialen Kontrolle entzieht, welche die Gemeinschaft auf ihn ausübt. Kairo vereinigt die Nachteile der Metropole mit den Zwängen des Dorflebens. Eines scheint die Stadt jedoch zu retten und ihr Gegenwart wie Zukunft zu sichern, nämlich die Energie, die sie belebt: Sie durchströmt allerorten jeden, der sich in ihr bewegt. Dies bewirkt auch die wunderbare Lage zwischen dem Moquattam, dem Nil und der Wüste. Dazu ihr ehrwürdiges Alter, die vielen Epochen, die aufeinanderfolgten. Jede von ihnen hat Wunderwerke hinterlassen: bestimmt für die Ewigkeit, denn die Denkmäler bleiben stehen, auch wenn die Bewohner, ihre unwürdigen Erben, sie unachtsam und gleichgültig behandeln. Schließlich das Potential der Epiphanie,[29] das sie birgt, und das dem Besucher poetisches Material zur Verfügung stellt.

So erleben wir heute eine seltsame Umkehrung in der Betrachtung und im Umgang mit dem Körper. Der Islam bildet ein Zentrum der Schamhaftigkeit, dessen Bewohner unter Nihilismus und Ressentiment leiden. Derweil hat sich der Körper im Westen von den ererbten Zwängen befreit. Diese ins Auge springende Umkehrung ist dem islamischen Subjekt jedoch nicht bewußt, da es stolz ist auf einen Zustand, der seine Gesellschaft der Tugend als Beispiel gegen die westliche setzt, die als Hort des Lasters gilt. Sie setzen ihre schamhafte Gesellschaft der fremden entgegen, die voll Schamlosigkeit ist. Sie singen ein Loblied auf Verborgenheit und Diskretion und schelten den Exhibitionismus des Westens. Sie preisen den verschleierten, wenn nicht gar weggesperrten Frauenkörper und geißeln die Nacktheit und Promiskuität im Westen. Nie kommt ihnen zu Bewußtsein, daß sie ihren Stolz gerade aus den Anzeichen ihrer Krankheit beziehen. Und es stört sie nicht, ihre Differenz in dem zu kultivieren, was ihre

---

29 Ich benutze das Wort »Epiphanie« in dem Sinn, wie es James Joyce gebraucht. Es erweckt in mir einen Anklang an den sufistischen Ausdruck der *tajalli*. Sie beschreibt den Vorgang, der das Unsichtbare in den konkreten Gegenständen enthüllt; es geht hier um die Visionen und Offenbarungen, die die Muße des Wanderers in der Stadt beleben und die Poesie einer Stadt ausmachen.

Gesellschaft der Tugend und des Glaubens von der fremden unterscheidet, die angeblich von Ausschweifung und Atheismus gekennzeichnet ist. In dieser Konfrontation von West und Ost, bei diesen wechselseitigen Beurteilungen zwischen Islam und Europa handelt es sich schlicht um die Umkehrung des mittelalterlichen Stereotyps. Nie war ein Mißverständnis so zählebig. Zwischen Amnesie (welche die Erinnerung an die Tradition verschüttet) und Schematisierung (die glaubt, daß das moralische Subjekt sich mit der Freiheit des Individuums auflöst), sind die heute vom Islam geprägten Menschen bestenfalls Naive, die der List des Unbewußten freien Lauf lassen, im schlimmsten Fall Heuchler, die ihre Wünsche nach Ausschweifung im Verborgenen, in ihren Alkoven, ausleben.

24

Das Ziel des diffusen Wahhabismus ist, den Körper, den Gegenstand, den Raum, die Schönheit vergessen zu machen und dieses Ausblenden verbreitet eine allgemeine Amnesie, die eines der Kennzeichen für die Krankheit ist, die das islamische Subjekt befällt. Diese Amnesie ist in vielen Bereichen spürbar und wirkt sich in unterschiedlichen sozialen Schichten aus. Christian Jambet lehrt als einer der wenigen Denker, die westliche und orientalische Philosophie gleichermaßen überblicken, und zwar in ihrer arabischen und persischen Version (er ist Spezialist für die persischen Neuplatoniker), an der HEC, der Pariser Hochschule für Welthandel. Viele seiner Studenten kommen aus französischsprachigen arabischen Ländern wie Marokko oder Libanon. Wenn Jambet seinen Zuhörern das Denken des islamischen Mittelalters vorstellt und vor allem, wenn er die hermeneutische Tradition behandelt, unterbrechen ihn seine muslimischen Studenten, künftige Manager des »Großkapitals« häufig mit der Behauptung, solche Lehren seien nicht mit dem Islam vereinbar. Mit ihrer Reaktion zeigen sie, wie weit der Einfluß des Wahhabismus vorgedrungen ist. Ihre eigene Kultur vergessend glauben sie, die Hüter des wahren Islam zu sein. Diese zukünftigen Führungskräfte der internationalen Finanz sind schon stark von dem simplifizierten Islam gezeichnet, der mit der eigenen Zivilisation gebrochen hat. Die Verbreitung dieses primitiven Islam stammt aus Saudi-Arabien, wird mit Petrodollars gefördert und gedeiht auf der Anhäufung von Niederlagen, deren üble Folgen ich bereits dargestellt habe. Diese Niederlagen fördern den Gedanken, man könne zur Modernität gelangen, indem man den eigenen Kurs verfolgt und die technischen Möglichkeiten seiner Zeit an die eigenen Prinzipien anpaßt. So stark simplifiziert, scheinen diese Prinzipien tatsächlich in den Raum der Moderne zu passen. Hier zielen die wahhabitische Schematisierung und die Mittel der Amerikanisierung in ihren Auswirkungen wieder einmal in die gleiche Richtung: Das Subjekt hält sich nicht beim Widerspruch zwischen der Zugehörigkeit zu einer traditionellen Gesellschaft und dem Gebrauch der modernen Hilfsmittel auf. Dem kritischen Denken wird in diesem Schema keinerlei Platz eingeräumt und die Arbeit der Negation kann die notwendige Brechung nicht vollziehen, um den Übergang von einer traditionellen Struktur zu dem von der Modernität eröffneten Abenteuer zu gewährleisten.

Diese Voraussetzungen trafen in Afghanistan zusammen, als dort die zweite Verknüpfung zwischen Wahhabismus und militantem Fundamentalismus, noch unter der Ägide der Vereinigten Staaten, stattfand, die sich offenbar vom ideologischen Gehalt der islamischen Mobilisierung gegen die sowjetische Invasion nicht abschrecken ließen. Ihr Hauptziel war, die UdSSR auszuschalten. Daß bei diesem Kampf archaische religiöse Gefühle eines Heiligen Kriegs wiedererweckt wurden, schien für die USA kein düsteres Potential zu bergen, das sich einmal gegen sie selbst wenden konnte. Zu den militärischen Operationen wurden auch sichere Verbündete wie Pakistan und Saudi-Arabien herangezogen. Eine archaische Seele und Reichtum wirken zusammen, um die Fundamentalisten an hochmodernen Waffen auszubilden. In diesem Geiste wurde eine Armee von Kombattanten islamischer Herkunft aufgestellt, die unter der Kontrolle des CIA mit saudischem

Geld ausgebildet wurde. Nun tauchte Osama bin Laden auf, kämpfte zunächst selbst mit der Waffe, um dann sein Privatvermögen der Sache zur Verfügung zu stellen und in allen islamischen Landstrichen, vor allem in den arabischen Ländern, Leute für den *jihād* zu rekrutieren. Viele Halbgebildete, die sonst arbeitslos geworden wären, und andere, weniger tumbe Kämpfer, dabei aber vom Ressentiment geleitet und mit Aufruhr im Sinn, folgten seinem Ruf. Etwa zehn Jahre der militärischen Ausbildung und Übung auf dem Schlachtfeld (1980-1990) genügten, um die internationalen fundamentalistischen Brigaden zu bilden. Der Sieg über die Sowjets verfestigte in diesem Milieu die Vorstellung, daß man mit Waffengewalt und unter Anwendung von Terror zum Ziel gelangen konnte.

Nach dem Afghanistankrieg wurden Tausende Kämpfer freigesetzt, die von dieser Ideologie geprägt waren. Einige kehrten in ihre Heimatländer zurück, bewaffnet und erfahren genug, um schwelende Konflikte zu Bränden anzufachen und neuen Widerstand zu wecken. Das Unheil von Algerien wurde vom Zustrom der »Afghanen« noch verschlimmert, Algeriern, die aus dem Hindukusch oder Pamir in den Buschkrieg des Atlasgebirges wechselten. Bei ihrer Ankunft in Algier waren ihre Landsleute überrascht und beeindruckt von ihrem Aufzug, da ihre Kleidung nicht der lokalen Tradition entsprach: weite Gewänder, fremdländische Turbane, volle, unbeschnittene Bärte, wie man sie kaum kannte. Sie waren mit einem neuen »Habitus« in die Heimat zurückgekehrt. Er verkörperte eine unbekannte Gewalt in einem Land, das selbst die Erfahrung der Gewalt gemacht hatte und nicht eben von Chorknaben bevölkert war. Da sie für die Gewaltbereiten selbst die Gewalt symbolisierten, beschlossen die »Afghanen« in der Euphorie des Siegs über die Sowjets 1990 in Peschawar, die unheilbringende GIA zu gründen, um ihrem Land ihr »Know-how« zur Verfügung zu stellen. Sie waren als erste davon überzeugt, daß der bewaffnete Kampf die einzige mögliche Antwort auf den Abbruch der algerischen Wahlen von 1992 war. Als sich 1993 der Kampf der Anführer innerhalb der GIA (zwischen den »Einheimischen« und den »Afghanen«) verschärfte, entschied Osama bin Laden zugunsten der afghanischen Strömung.[30]

Die »afghanischen« Araber wurden nach Ägypten, in den Sudan, den Jemen, nach Arabien, in die Emirate und nach Jordanien verstreut. Auch die europäischen Kriege in der islamischen Bevölkerung von Bosnien und später Tschetschenien übten Anziehung auf sie aus. Diese Kriege wurden beendet oder versandeten. Die vom Terror angegriffenen Staaten hielten stand. Einige der Fundamentalisten wurden dadurch erneut freigesetzt oder verfolgt. Nachdem ihnen der Sudan eine zeitlang gastfreundlich Asyl geboten hatte, zogen sie sich erneut nach Afghanistan und in angrenzendes pakistanisches Gebiet (um Peschawar) zurück. Zur gleichen Zeit, im Mai 1996, ließ auch Osama bin Laden sich dort nieder, der aus dem Sudan ausgewiesen worden war. (Er hatte seit Mai 1992 in Khartum gelebt.) Die Taliban boten ihm Unterschlupf. Sie verkörperten die örtliche Fundamentalistentradition in Reinform (Mawdūdī), noch verstärkt durch den Wahhabis-mus (dessen Verbreitung offiziell von Saudi-Arabien über ein Netzwerk von Religionsschulen finanziert wird, das seine Tentakeln überallhin ausstreckt). Die Bewegung der Taliban erreichte ihren absoluten Höhepunkt auf der Grundlage eines Wahhabismus, der die ägyptische Tradition radika-

---

30 Diese Informationen stammen aus der Untersuchung von Mohammed Mukadam, »*Rihlat al-Afghān al-Jazā'iriyyhīn mina l'Qā'idā ilā 'l-Jamā'a*« (Reise der algerischen Afghanen von der al-Qaida zur GIA) in acht Folgen in der arabischsprachigen Londoner Tageszeitung *Al-Hayat* (23.-30. November 2001). Die Untersuchung muß aber mit Vorsicht gelesen werden, denn sie scheint vom algerischen Geheimdienst beeinflußt zu sein, der dem Schreiber sein Archiv öffnete.

lisierte. Diese Tradition verkörperte sich in Afghanistan in der Person von Aywan al-Zawhari. Mullah Omar ist nichts anderes als der geistige Ziehsohn all dieser »Verbindungen«.

25

Die Indoktrination ließ im Afghanistan der Taliban eine
Karikatur der Utopie von Medina wiederaufleben. Dieses
lächerliche afghanische Mullah-Regime galt Osama bin
Laden als die einzige Verwirklichung des islamischen Ideal-
staates auf Erden, außer dem Medinas unter den ersten
vier Kalifen (die im Mythos die »rechtgeleiteten« genannt
werden). Aber welch großer Unterschied bestand zwischen
dem historischen Medina und seiner dümmlichen, rück-
ständigen Sublimierung in Kabul! Ich hege Sympathie für
das Medina der Anfänge, da dort Ahnungen aufkamen,
vorsichtige Versuche unternommen wurden, die dann fast
aus dem Nichts eine neue Zivilisation entstehen ließen.
Damals mischten sich die Stimmen der Frauen noch unter
die der Männer, in jener Anfangszeit, die große Gewalt in
einem Bürgerkrieg erlebte, währenddessen der Drang nach
Eroberung nicht nachließ. Diese Gründerzeit war nur die
erste Etappe in der Chronik des ersten Jahrhunderts der
hejra. Die Heilige Stadt erlebte eine zweite glanzvolle Zeit,
als das politische Zentrum des entstehenden Reichs nach
Damaskus verlegt wurde und die Reichtümer der Beute
aus den Eroberungen sich in ihren Kellern anhäuften. Es
war eine Zeit, die das Wachsen der Kultur begünstigte,
umso mehr, als es nicht an Geld für Prestigeobjekte fehlte.
Trotz der Bewunderung, welche die ersten Protagonisten
des Beginns verdienen, rührende Menschen, die wissen,
daß sie eine zu Großem bestimmte Idee besitzen, und da-

bei ständig hin und hergerissen sind zwischen ihren heidnischen Impulsen und den Imperativen des neuen Gesetzes: trotz ihres Ruhms ist mir das Medina der zweiten Epoche lieber, als eine berühmte Schule des Gesangs entstand und die Stadt eine galante Dichtung beherbergte. In schönen Anekdoten schildert sie die Beziehung der Geschlechter in ihrer Differenz und läßt sie damit wiederaufleben. Damals wies Medina den Frauen noch nicht den Status von Unterdrückten zu, sondern von Liebenden, von gefeierten Sängerinnen. Es gab auch geistreiche Frauen, die einen literarischen oder musikalischen Salon führten, in dem sie zu Konzerten luden oder zu einem bewundernswerten Wettstreit der Dichter in Neckereien und vergnüglichen Koketterien.[31] Was kann ich bei der Erinnerung an diese ausgeblendete Geschichte anderes empfinden als noch größeren Abscheu gegen die Karikatur von Medina, welche das Afghanistan der Taliban darstellte?

Mit ihnen verhandelten die Vereinigten Staaten bis August 2001 und versprachen, die Auslieferung von Osama bin Laden in Gold aufzuwiegen. Sie waren offenbar so naiv, zu glauben, daß ein Schüler seinen Lehrmeister verkaufen würde, und sei es für einen Schatz. Die sichersten islamischen Verbündeten der USA (Pakistan, die Vereinigten Arabischen Emirate, Saudi-Arabien) unterhielten derweil weiterhin hervorragende Beziehungen zu den Taliban. Wie konnte man die Taliban ungestraft ihr finsteres Gesetz anwenden lassen? Offenbar war niemand über die Lebensverhältnisse und die Zustände in Afghanistan schockiert. Ich verstehe diese Haltung bei den Paki-

---

31 Vergl. dazu Abū Faraj al-Isfahāni (897-967), *Kitāb al-Aghāni*, 25 Bde. Dieses hochberühmte Werk ist eine wunderbare Summa (gespickt mit zahlreichen deftigen Anekdoten) der Geschichte des Gesangs und der Poesie in den ersten drei Jahrhunderten der hejra. Zu Beginn widmet Isfahani viele Seiten der Stadt Medina, in der Dichter und Zuhörer zum Flirten und Tanzen zusammenkamen, aber auch, um in Melodie und Wort zu improvisieren.

stani, sie sind mit den Paschtunen ethnisch verbunden, ihre Sorge gilt der Erringung einer gewissen strategischen Bedeutung, außerdem ist ihnen die islamistische Ideologie vertraut, mit der in ihrem Hinterland die geringste Regung verfolgt wird. Dasselbe gilt für Saudi-Arabien: Eigentlich sind die Taliban seine ideologischen Kinder, gewiß ärmer, auch im Geiste, und maßloser; aber im Grunde wenden sie nur das Dogma an, das die Wahhabiten sie gelehrt haben. Sie übertreiben vielleicht die Lehre mit dem Eifer der Neulinge. Aber warum hatten die Vereinigten Staaten das Afghanistan der Taliban nicht auf die Liste der mißliebigen Staaten gesetzt? Warum sorgten sich ihre Kanzleien zuletzt um die Leiden des afghanischen Volkes?

Seit dem Golfkrieg von 1991 war das Recht auf Einmischung eines der Themen für die demokratische Öffentlichkeit. Aber keiner berief sich auf diesen Grundsatz, als die Taliban ihren Beschluß verkündeten, in ihrem Kampf gegen Götzenbilder die Buddhastatuen von Bamiyan zu zerstören. Dabei wäre es eine willkommene Gelegenheit gewesen, dieses Recht in voller Legitimität auszuüben. Ein Einschreiten zur Rettung der Buddhastatuen hätte einen Präzedenzfall geschaffen und dem Grundsatz zu Wirksamkeit und Legitimität verholfen. Doch es war vielleicht für unsere westlichen Freunde zu viel verlangt, nachdem sie den Irak zerstört hatten, um Kuweit zu Hilfe zu eilen. Auch in diesem Krieg hatte man Grundsätzliches bemüht, aber es waren bekanntlich Ölinteressen im Spiel gewesen. Ohne die weitreichenden ökonomischen Risiken hätte die Aggression des Irak nur verbale Proteste ohne tatsächliche Konsequenzen hervorgerufen. Daß man mich richtig verstehe: ich habe nie die Invasion des Irak in Kuweit verteidigt. Meine Einschätzung zu diesem Ereignis bezog ich aus den Thesen von Kant in seiner Schrift »Zum ewigen Frieden«. Irak hatte Unordnung gestiftet, indem er die Grenzen eines bestehenden Landes mißachtete:

»[Den Staat], der selbst als Stamm seine eigene Wurzel
hatte, als Pfropfreis einem anderen Staate einzuverlei-
ben, heißt seine Existenz, als einer moralischen Person, aufheben, und aus der letzteren eine Sache machen, und widerspricht also der Idee des ursprünglichen Vertrags, ohne die sich kein Recht über ein Volk
denken läßt.«[32]

Da der Irak einen Krieg ausgelöst hatte, verdiente er
Bestrafung. Aber es besteht ein wichtiger Unterschied, ob
man einen Staat oder einen Regierungschef, der Unruhe
stiftet, bestrafen will, oder den Chef stützt, dafür aber das
Volk heftig angreift. Doch soll hier nicht das Kapitel Irak
aufgeschlagen werden. Ich vertrete nur die Ansicht, daß
sich ohne die Ölinteressen keine Koalition gebildet hätte,
um den Irak zu zerstören. Ich erinnere mich vor allem an
die Reden und Überlegungen, die jene traurige Episode
begleiteten. Zahlreiche Intellektuelle bemühten große Prinzipien, die man leicht anführen kann, wenn man sich in
seiner Bequemlichkeit gestört fühlt, und über die man
schweigt, sobald die eigenen Interessen es verlangen. Die
Art und Weise, wie der Bestand des Grundsatzes ans eigene Interesse geknüpft ist, untergräbt den Grundsatz selbst.
In dieser Rücksichtnahme habe ich schon beim Thema des
Kolonialismus ein Symptom für die Krankheit des Okzidents ausgemacht. Hier erwähne ich sie nur nebenbei. Der
Leser soll nicht den Eindruck erhalten, als wollte ich Krankheit gegen Krankheit aufrechnen. Läge dies in meiner Absicht, wäre mein Vorhaben sinnlos geworden. Es liegt mir
wahrlich fern, die Krankheit, über die ich schreibe, durch
die Krankheit des Anderen neutralisieren zu wollen.

---

32 Immanuel Kant. *Zum ewigen Frieden* (Wiss. Buchges.) Darmstadt 1964, S.
197.

26

Ein Eingreifen, um die Zerstörung der Buddhas zu verhindern, hätte den Grundsatz eines Rechts auf Einmischung gerettet, da er in einem Beispiel seine Verwirklichung gefunden hätte. Eine präzise, klar umrissene und wenig kostspielige Aktion zu diesem Zweck hätte einmal nicht nach Öl oder Gas gerochen, wäre nicht von der Gier nach Gold oder Uran geleitet gewesen. Nur die Kunst, die jenen gehört, die sie lieben, überschreitet Grenzen. Ein solcher Akt hätte im übrigen der Berufung der Vereinten Nationen entsprochen, immerhin hatte die UNESCO die Statuen zum Weltkulturerbe erhoben.

Die riesigen, zwischen dem 3. und 4. Jahrhundert direkt in die Felswand gemeißelten Buddhas waren überdies Wahrzeichen einer lebenden Religion. Nach meiner Überzeugung verdienen alle Glaubensrichtungen gleichermaßen Schutz und Achtung: Diese Lehre ziehe ich aus dem Sufismus, vor allem aus der Tradition Akbars, die von Ibn Arabi (1165-1240) im Rahmen des islamischen Glaubens weiterentwickelt wurde. Der Lehrmeister aus Andalusien empfiehlt dem Einzelnen, »*hyle*«[33] zu sein, damit alle Glaubensrichtungen in ihm Form annehmen können.[34] Für den in Murcia geborenen Sufi hat also das islamische Sub-

---

33 Es ist das gleiche griechische Wort, das Ibn Arabi auf Arabisch (*hayuli*) verwendet, um den Stoff zu bezeichnen, der eine Form annimmt.
34 Ibn Arabi, *Die Weisheit der Propheten (Fusus al-Hikam)*, übers. Hans Kofler, (Akad. Verlagsanstalt) Graz 1986.

jekt die Fähigkeit, alle Formen des Glaubens zu verinnerlichen und mit ihrer Wahrheit zu leben, ohne sie kleiner
machen oder verschleiern zu müssen. Er befürwortet sogar Neigungen, die für die gängige Meinung im Islam
höchst schockierend sind: Etwa die Dreifaltigkeit, die im
Islam als eine Form des Polytheismus gilt. Ibn 'Arabi preist
sie in einem seiner Gedichte und zeigt damit seine voll-
kommene Übereinstimmung mit der Logik und dem Geheimnis der Konsubstantialität.[35] Bei dieser Betrachtung
inneren Erlebens ist durchaus vorstellbar, daß ein Muslim
im Geiste an einer buddhistischen Feier teilnimmt. Man
hätte dieser Theorie Arabis neue Gültigkeit verschafft, wenn
man mit einer solidarischen Geste in Afghanistan eingegrif-
fen hätte, um die Buddhas zu retten. Dies wäre in Übereinstimmung mit einer islamischen Tradition geschehen, die
mit Lehren aus der Tiefe des Mittelalters den ungeschliffenen Wahhabiten, die am Beginn des 21. Jahrhunderts
wüten, eine Lektion in Differenziertheit erteilt hätte.

Zunächst ist daran zu erinnern, daß in der muslimischen
Tradition im Problem des Abbilds eher eine Fragestellung
gesehen wird, als ein Verbot, das jede Befragung für nichtig erklären würde. Das Problem wird im Koran nicht
aufgeworfen und der entsprechende *hadīth* behandelt es
nachgerade platonisch, vor allem wenn man zum Verständnis bei Bāb al-Taçwīr nachschlägt (im »Kapitel des Bildes«) oder im »*al-Sahih*« von Muslim (geb. um 820), der
von Nawawi (1233-1277) kommentiert wurde.[36] Anekdoten, die von anthropologischem Interesse wären, bei-

---

38 Ibn Arabi, *Tarjumān al-Ashwāq*, Gedicht XII. Vergl. die Übersetzung, die
ich davon in *Dédale/L'image et l'invisible* vorschlage (Nr 1/ 2, Paris Herbst
1995, S. 69) Siehe auch die Übersetzung des Gedichts und den Kommentar des
Verfassers in: *L'Interprète des désirs*, (Albin Michel) Paris 1996, S.128-133.
39 Muslim ibn al-Hajjāj, *al-Sahih*, mit dem *sharh* (Kommentar) von Nawawi,
18 Bde, Kairo 1349h (1930).

seite lassend, stelle ich fest, daß die philologische Frage
dort in ihrem Bezug auf die Mimesis (*mukāhāt*) erörtert
wird: Ein gewisses *hadîth* weist auf den Teil hin, der dem
Abbild in der Imitation fehlt; der Prophet formuliert eine
Herausforderung an Maler und Bildhauer: Am Tag des
Gerichts würde von ihnen verlangt, sie sollten die Lebe-
wesen wiedererwecken, die sie abgebildet hätten und es
würde ihnen nicht gelingen. Der Prophet rät den Malern
außerdem, Unbeseeltes abzubilden. (Dies entspricht dem
ikonographischen Projekt der Mosaiken im Hof der
omayyadischen Moschee von Damaskus, die 705 auf An-
ordnung des Kalifen Walîd I. erbaut wurde). In der theologischen Debatte um die Frage der Abbilder stellt die
Fatwa des Ibn Taymiyya, des Urvaters der Wahhabiten,
eine der radikalsten dar. Sie verbietet jede Darstellung, auch
von in Ruhe befindlichen Motiven: Er setzt den Gebrauch,
die Produktion oder die Betrachtung des Abbilds mit Götzenanbetung gleich. Dagegen billigt Ibn 'Arabi die Einführung der Ikone auf der Vorstellungsebene. Das Subjekt
islamischen Glaubens muß als Erbe von Judentum und
Christentum bezüglich des Bildes ein Paradox auflösen.
Wie soll es das Verbot der Darstellung in den Zehn Geboten (das im *hadîth* eher bestätigt wird) und die Ikonophilie
der Christen miteinander vereinbaren? Gestützt auf die
Tradition der »Wohltat« (*Hadîth al-Ihsān*)[37] rät der Sufi
aus Murcia dem islamischen Subjekt, Gott anzubeten »als
würde er Ihn sehen«. Das »als ob« öffnet den Vorhang für
die Phantasie, der Betende sieht, was ich eine »geistige
Ikone« genannt habe.[38] Derselbe Ibn 'Arabi mildert die
monotheistische Ablehnung der Götzenanbetung; er nimmt
ihr sogar das Anrüchige. Der Bilderkult wird bei ihm nicht

---

37 Vergl. Lexikon Arabische Welt unter diesem Stichwort (Anm. BT).
38 Abdelwahab Meddeb, »L'Icône mentale«, in: *Dédale/L'Image et l'Invisible*,
Paris 1998, S. 45-66.

als schändlich eingestuft, er kann innerhalb des Glaubens
als eine geringere Stufe der Anbetung gelten. Der Betende
ist in seinen geistigen Übungen einer Hierarchie unterworfen: Die Anbetung anhand des Abbilds bleibt minderwer-
tig, aber sie ist keineswegs nichtig. Wesentlich für alle
Glaubensrichtungen, das Einende über ihre formalen Unterschiede hinaus, das, was ihnen Echtheit verleiht, ist, daß
sie alle auf Leidenschaft (al-h'awā) beruhen. Was auch der
Gegenstand der Anbetung sein mag (Stein, Baum, Tier,
menschliche Darstellung, Stern oder Engel), der Betende
bleibt stets mit einer vorgestellten Form der Gottheit konfrontiert. Aus diesem Grund sagten manche Heiden: »Wir
dienen ihnen nur, (sagen sie) damit sie uns Zutritt in die
Nähe Gottes verschaffen.«[39] Und sogar jene, die ihre Kult-
objekte Gott nannten, riefen über Mohammed aus: »Will
er denn die Götter zu einem einzigen Gott machen? Das
ist eine verwunderliche Sache.«[40] Die Heiden lehnten Ihn
nicht ab, sie waren nur verwundert. Sie hatten sich auf die
Vielfalt der Formen eingelassen, aber jede von ihnen bezog sich auf die Gottheit zurück. Der Prophet forderte sie
auf, einen einzigen Gott zu verehren, den man erkennen
kann, der aber nicht zu sehen ist. Der Übergang von einer
Stufe der Verehrung zur anderen war nicht schwer für sie,
denn als sie sagten: »Wir dienen ihnen nur, damit sie uns
Zutritt in die Nähe Gottes verschaffen«, wußten sie, daß
ihre Götzen nur Stein waren. Der Prophet erreichte es,
daß sie den Gott an der Spitze der Hierarchie anbeteten,
den unergründlichen, nicht darstellbaren Gott, der sich
dem Blick entzieht. Aber gleichzeitig, so rät Ibn 'Arabi,
sollt ihr Experten in der Erfahrung der Epiphanie werden,
denn diese verwirklicht sich in den verschiedenen Formen.
Wenn sich Gott also nicht im Greifbaren manifestiert, heißt

---

39 *Koran* XXXIX, 3.
40 *Koran* XXXVIII, 5.

das nicht, daß man Ihn nicht darstellen darf. In den Epiphanien illustrieren mehrere Bilder seine Manifestation. Wenn ihr nicht mehr das Bedürfnis verspürt, Ihn in den verschiedenen Formen zu erfassen, so habt ihr den Gipfel der göttlichen Erkenntnis erreicht.[41]

In einem beeindruckenden Indien-Buch sagt Biruni (973-ca. 1050) zu den Darstellungen des Buddha in dem Kapitel über »das Prinzip der Anbetung der Statuen und der Art ihrer Aufstellung« nichts anderes.[42] Er lobt die Götzenbilder, indem er ihnen eine erzieherische Funktion für die Massen zuspricht, denen in allen Kulturen und Glaubensrichtungen der Zugang über das Greifbare leichter fällt als über das Erkennbare. Dieses sei auf die Gelehrten beschränkt, die überall eine Elite bilden, die durch ihre kleine Zahl gekennzeichnet ist. In vielen Religionen haben die Gläubigen die Bücher und Tempel mit Figuren geschmückt. Die Anhängerschaft des einfachen Volkes ist über das Bild unmittelbarer. Bîrūni geht so weit, sich einen Muslim aus dem Volk vorzustellen, dem ein Bild des Propheten, aus Mekka und von der Kaaba gezeigt wird. Dieser wäre wohl hocherfreut, die Identifikation würde ihn dazu führen, daß er denkt, er hätte den Propheten in Person gesehen und könnte die Pilgerfahrt aufschieben, da er die Heiligen Stätten vermeintlich schon besucht hätte, als er das Bild erblickte. Mehrere der Figuren, die Bîrūni in Indien sah, sind antik. Seit Ihrer Herstellung waren Jahrhunderte vergangen, es wurde vergessen, warum sie da waren. Die Gläubigen würden sich nur aus Gewohnheit nähern, wenn die Priester ihnen nicht ihre Funktion und vor allem den Sinn erläuterten, wie ihr Bild zu verstehen ist.

---

41 Ibn ʿArabi, *Fuçuç al-hikam*, Kairo (Abū al-ʾAlāʾal-Afiˉfiˉ) 1946 S.194-196
42 Bîrūni, *Tahqiq māˉ liʾl-Hind,* Heiderabad 1958, S.84-85. Vergl. die teilw. Übersetzung in: *In den Gärten der Wissenschaft.* Übers. von Gotthard Strohmaier, Leipzig (Reclam) 1991.

Ich möchte auch erwähnen, wie Buddha und der indische Bilderkult von muslimischen Gelehrten aus dem Mittelalter in den beiden großen Traktaten über Religionen und Sekten beschrieben werden. Der Andalusier Ibn Hazm vermutet bei den Hindus den Glauben an Sterne, die das Universum lenken: »So gehen die Hindus mit ihren Idolen *(bidada)* um. Sie geben ihnen Formen und verehren sie, indem sie die Sterne anrufen.«[43] Shahrastani (1088-1153) widmet einen kleinen Teil seines Traktats den Buddhisten: »›Buddha‹ bezeichnet für sie ein Geschöpf dieser Welt, nicht gezeugt und nicht verheiratet, der nicht trinkt und nicht ißt, nicht altert und nicht stirbt.«[44] Buddha heißt im Arabischen *al-budd* (pl. *bidada,* daher *açhāb al-bidada* = die Buddhisten). Das Wort stammt aus dem Sanskrit »buddha«, der Erleuchtete. Es ist der Beiname des Siddharta Gautama, des Gründers des Buddhismus, der im Alter von achtzig Jahren um 480 v. Chr. starb. Eine Anmerkung der Übersetzer weist darauf hin, daß die »authentisch buddhistische« Beschreibung des Buddha sich nicht auf den historischen Buddha bezieht: »Sie betrifft den ›Körper des Gesetzes‹ (Sanskrit: *dharmakāya*), d.h. die überirdische, unendliche Wirklichkeit des ewigen Buddha.« Dieser Hinweis ist ein Zeichen dafür, daß der Islam seine Neugier für Indien offenhielt. Das potentielle Wissen, das daraus erwachsen konnte, wurde dabei von der gängigen Auffassung beeinträchtigt, daß der Buddhismus die Götzenverehrung schlechthin sei. Das Wort *budd* bekam im Arabischen schlicht den Sinn des Idols. Die Betrachtung des Buddhismus durch den Islam wurde von weiteren, in anderer Weise komplexen Betrachtungen bereichert:

---

43 Ibn Hazm, Bd I, S.35 (Übers. nach dem frz. Zitat BT).
44 Shahrastani, *Religionsparteien und Philosophen-Schulen.* Aus d. Arab. übers. u. mit erklärenden Anm. vers. V. Theodor Haarbrücker, Hildesheim (Olms) 1969.

»Im Musée Guimet in Paris kann jeder den außerge-
wöhnlichen Shiva Nataraja bewundern, den vierarmi-
gen ›Herrn des Tanzes‹. Der obere Kubus der nepalesi-
schen Stupa, wie etwa der von Bodnath, wendet drei
Augen des Buddha in die verschiedenen Himmelsrich-
tungen: über diesen ›normalen‹ Augen der Allwissenheit und des allumfassenden Mitleids liegt das nach
oben gerichtete Auge der Weisheit. In einem Vergleich
könnte man sagen, daß der Islam den Hinduismus mit
vier Augen betrachtet hat: den normalen der Beobachtung und der Wissenschaft, darunter mit dem Auge
der Unterscheidung und darüber mit dem Auge des
Wohlwollens.«[45]

Das Auge der Unterscheidung ist das des polemischen
Theologen; wenn er die Götzenverehrung anprangert,
denkt er hauptsächlich an Indien. Das Auge der Beobachtung liefert Berichte darüber, was die Reisenden bewegte.
Das ist das pittoreske Indien, wie es in zwei großen Werken des 10. Jahrhunderts erscheint: *Al-Fihrist* von Ibn Nadîm (gest. Ende des 10. Jahrhunderts)[46] und das »Buch
der Goldwäschen« von Mas'ūdi (gest. 956)[47] Die Bericht-
erstatter sind vor allem von den Leistungen der Asketen
beeindruckt. Den Blick der Wissenschaft wirft Biruni auf
Indien, in seinem bereits erwähnten Buch, das 1030 beendet wurde und auf einer tiefgehenden Kenntnis des Sanskrit und tiefgründigen Gesprächen mit Pandits fußt, die er

---

45 Guy Monnot, *Islam et religions*. (Maisonneuve & Larose) Paris 1986, S.
115, (Übers. nach d. frz Zitat BT).
46 Ibn Nadîm, *Al-Fihrist*. (R. Tajjadud) Teheran 1971, S. 409-412. In dieser
Passage beschreibt der Autor wahrscheinlich die beiden Buddhas von Bamiyan:
»Sie besitzen zwei Statuen, deren Formen direkt in die Felswand eines tiefen
Tals gehauen sind; jede dieser Statuen ist höher als achtzig Ellen und sie sind
von weitem sichtbar.« S.410 (Übers. n. d. frz. Zitat, BT.)
47 Mas'ūdi, *Murūj ad-Dhahab* (»Das Buch der Goldwäschen«), hg v. Barbier
de Meynard und Pavet de Courteille, überarbeitet und korrigiert von Charles
Pellat, Beirut 1966, Bd 1, S. 84-89 u. S. 245-248; z.T. dt. in: Al-Masudi, *Bis zu
den Grenzen der Erde*. Auszüge aus dem »Buch der Goldwäschen«; a.d.Arab.
üb. u. bearb. V. Gernot Rotter, München (Goldmann) 1988.

bei seinen Wanderungen im Nordwesten des Subkontinents getroffen hatte. Schließlich

> »dauerte es im Islam mehrere Jahrhunderte, bis er sein viertes Auge, das selektive Auge des Wohlwollens, öffnete. Es war selektiv, weil dieses Auge des synkretistischen Sufismus wie ein Prisma wirkte und das Licht aus Indien in muslimische Farben aufspaltete. Ein ruhmreicher Monarch, Akbar, der dritte Mogulkaiser, der 1556 bis 1605 regierte, schloß sich der Bewegung einer Annäherung an den Hinduismus an ... Im 17. Jahrhundert übersetzte der Mogulfürst Dara Shikoh, der Persisch schrieb, fünfzig Upanishaden (...) und verfaßte ein kleines Werk, *Majma' al-Bahrayn*,[48] über das Zusammenfließen der islamischen Mystik mit der indischen Religion.«[49]

Am Beispiel des Buddhismus zeigt sich noch einmal die von den wahhabitischen Fundamentalisten geschaffene Kluft, da sie schematisch und eindimensional denken und sich damit von der Tradition des Islam entfernen, die vielstimmig, fragend, problematisierend war und mehrere Antworten gelten ließ. Es ist die Kluft zwischen dem alten intelligenten und liebenswerten Islam und den politischen Formen des heutigen dummen und hassenswerten Islam. An dieser Elle läßt sich messen, wie groß die Entfernung zwischen dem Mann des Ressentiments ist, der das Andere vernichten will, und dem souveränen Subjekt, das dem Anderen in seiner Differenz zu begegnen wagt, um das Wissen über sich selbst zu vertiefen und die Vielfalt der Welt zu bewahren. Solche Ausblendungen sind typisch für die wahhabitische Lehre, die eine allgemeine Amnesie anstrebt. Wenn ich die unüberwindliche Kluft beschreibe, die

---

48 Daryush Shayegan hat dieses Werk in »Hindouisme et soufisme« übersetzt, mit einer Einleitung und reicher Kommentierung versehen.
49 Guy Monnot, S.117 (Übers. n. d. frz. Zitat BT).

den klassischen Islam von einigen seiner heutigen Ausprägungen trennt, spüre ich das Unglück, das Hölderlin im *Hyperion* schildert, wenn er von dem unwiederbringlichen Verlust spricht, welcher die geistige Auslöschung Griechenlands darstellt: Wie armselig wirkt die Gegenwart verglichen mit dem Genie der Antike:

> »warum so schröcklich Freude und Laid dir wechselt? Darum, weil du alles hast und nichts [...] ein Gott bist unter Göttern in den schönen Träumen, die am Tage Dich beschleichen, und wenn Du aufwachst, auf neu griechischem Boden stehst.«[50]

Aber das Griechenland der Gegenwart ist ein kleines Land ohne Ruhmespläne oder Willen zur Vorherrschaft; das antike Griechenland ist als Zivilisation ausgestorben. Die Sprache ist tot, Hölderlin wollte sie wiederbeleben und als Erbe übernehmen, um seine eigene Erfahrung darin auszudrücken. Hingegen ist die arabische Sprache noch lebendig und der Islam hat den Ehrgeiz, in der Welt zu sein und allein durch die Ausdehnung seines Gebiets und die Zahl seiner Anhänger auch Gewicht zu erlangen. Vielleicht wird es nötig sein, daß die Sprachschöpfer im Arabischen in ihrer Sprache sterben und daß die Erleuchteten unter den Gläubigen des Islam ihre Ursprünge auf den Friedhof der Geschichte tragen. Wie ein Phönix, der die Poeten und Denker im Islam befruchten, ihnen die Rückkehr zu sich selbst gewähren und aus seiner Asche die Gemeinschaft wiedererstehen lassen wird, zu der sie gehören. Der Islam würde dadurch vielleicht eine Entfaltung erfahren, nach der jene, die sich auf ihn berufen, ebenfalls ihre Stimme im Raunen der Welt erheben könnten.

Die Zerstörung der Riesen von Bamiyan am 9. März 2001 kam für die Welt nicht überraschend. Die Taliban

---

50 Friedrich Hölderlin, *Hyperion*. Nachdruck d. Originalausgabe. Frankfurt (Roter Stern) 1979, S. 119.

hatten die Absicht zu ihrer Untat schon Tage vor der Ausführung angekündigt. Sie ließen sich Zeit, um sie zu einem Spektakel werden zu lassen. Als Bilderstürmer, die Archaismus mit moderner Technologie verbinden, fürchten sie das Fernsehbild keineswegs. Sie wissen, was für eine Waffe es sein kann. Als Narzißten des Fernsehens gefallen sie sich darin, die Welt mit der Zurschaustellung ihrer Missetaten herauszufordern. Als Sklaven des Clips, mit seiner Werberhetorik, zu der ein kurzer Ausschnitt (im Amerikanischen *clip*) und die Spezialeffekte der Videotechnik gehören, haben sie eine Serie von spektakulären, marktschreierischen Aufnahmen von ihrem Attentat auf ein altehrwürdiges Zeugnis buddhistischer Ästhetik verbreitet.

Doch sind sie nicht, sogar in ihrem Archaismus, unbewußt Kinder der Amerikanisierung der Welt? Kann ich behaupten, wenn wir die Einmischung gewagt hätten, um die Buddhas zu retten, wären auch in New York die beiden Türme verschont geblieben? Die zwei Filme der Zerstörung stellen doch Szenen dar, die in seltsamer Weise zum gleichen Drama zu gehören scheinen. Sind die Bilder vom 11. September nicht die Steigerung des 9. März? In Asien wie in Amerika, an den Felswänden von Bamyian wie am Ufer des Hudson wurden hoch aufragende Werke, die den Stolz ihrer Errichtung symbolisierten, sekundenschnell in einer Wolke von Staub völlig zerstört. Aufzeichnungen in Form von Videoclips bezeugten in beiden Fällen die Katastrophe. Haben nicht viele, wie ich, nach diesem zweimaligen Verschwinden das gleiche Gefühl der Leere verspürt, das sich vom Ort der Vernichtung auf das übrige Universum ausbreitete? Wie kommt es, daß die politischen Führer unserer Welt nicht vorhersahen, daß die Zerstörung der beiden Buddhas in Bamiyan nur das Vorspiel oder Vorzeichen war für die Implosion, die die beiden Türme zusammenstürzen ließ und Tausende von Menschen, die sich gerade in ihnen befanden, unter Stahl und Glas begrub? Unsere »Entscheidungsträger« sind nur mit technischer Vernunft begabt, sie können den Bezug zwischen dem Symbolischen und dem Wirklichen nicht erkennen, den Ort, an dem die Bedeutung der Verschwundenen gemessen wird, ob es nun zwei tausendjährige Figuren aus Fels sind oder 3000 unserer sterblichen Mitmenschen aus Fleisch und Blut.

27

Wenn ich hier die Frage des Niedergangs aufgreife, dann
um zu einem besseren Verständnis der Kluft zwischen dem
alten und dem heutigen Islam zu gelangen und um zu erfassen, was vom einstigen Glanz zum heutigen Elend geführt hat. Bekanntlich stellt al–Bīrūni die Elite und das
gemeine Volk einander gegenüber, das heißt, eine geringe
Anzahl und die große Masse. Bezüglich der Gottesvereh-
rung sieht er den Unterschied darin, daß die einen nach
größerer Abstraktion streben, während die anderen sich
mit dem sinnlich Wahrnehmbaren begnügen. Es handelt
sich um die Dichotomie zwischen *khāça* und *'āma*, zwischen der Elite und dem Volk, die dem Islam in seiner großen Zeit eine Struktur gab. Diese Kategorien waren in allen Bereichen des gesellschaftlichen und kulturellen Lebens wirksam.

Die Schriftsteller bildeten eine Hierarchie, deren Ab-
stufungen im Lichte dieser Gegenüberstellung bestimmt
wurden. Dies wirkt sich bis zu Averroës aus, in seinen Betrachtungen über die wörtliche Bedeutung des Korantextes:
Der Elite fällt die Aufgabe zu, die Argumente zu entwik-
keln, die nur mit den Methoden des Beweises zugänglich
werden, die Masse hingegen hält sich an den wörtlichen
Sinn.[51]

Diese Unterscheidung ist im Islam auch für den Sufismus
und für die spirituellen Wege der Erfahrung gültig. Sie wird
von Ibn 'Arabi in seiner gesamten Bildtheorie angewandt.

Selbst jene Lehrmeister des Sufismus, die Wissenschaft
ablehnen und ihr Unwissen behaupten, unterscheiden
zwischen Angehörigen der Elite und dem Volk. Dies gilt
auch für al-Bistāmi (778-849), nur wird die Inspiration
bei ihm durch die Abstufung der Erwähltheit bestimmt
und er stellt aus diesem Grund den Erleuchteten (*ārf*) nicht
mit dem Gemeinen auf eine Stufe.[52] Ein anderes Beispiel
ist Shams od-Dîn aus Täbris (13.Jh), ein vagabundieren-
der Fremdling, unaufhaltsam in seiner Irrfahrt, dessen Ankunft und rätselhaftes Verschwinden den Lehrmeister
Jalāloddîn Rūmî (1207-1273) zutiefst erschütterte und
leidenschaftlich inspirierte. Da er den Lehrmeister von
Konya bekehrt hatte, war Shams zum Lehrmeister der
Lehrmeister geworden; er gehörte dem obersten Rang an,
den die Sufis *khāçat-al-khāça* nennen, die Elite der Elite.
Seine Meisterschaft beruhte auf seiner Fähigkeit, den un-
sichtbaren Gott sichtbar zu machen. Diese Macht geht
nicht mit gewöhnlicher Gelehrsamkeit einher. Als Lehrmeister der Lehrmeister erweckt er eine Liebe, die den
Wahnsinn erreicht. Er veranlaßte Rūmî, nachdem dieser
sein Schüler geworden war, auf die Stellung eines Gelehrten zu verzichten und mit ihm in seiner Einsiedlerzelle zu
leben. Nach dem unerklärlichen Verschwinden des Mannes, der ihn initiiert hatte, verfaßt der untröstliche Rūmî
Gedichte brennender Sehnsucht. Shams hat in Rūmî den
Gelehrten unterdrückt, um den Dichter umso lebendiger
werden zu lassen.

---

51 Averroës, a.a.O. S. 20 ff. Für die Angehörigen der Elite wählt er den Ausdruck *khawās* (Plural von *Khās*) und für die Masse *jumhūr* aus der viergliedrigen
Verbform j-m-h-r, das bedeutet vereinigen, versammeln, das Volk, die Öffentlichkeit etc. *Jumhūr* kann im Altarabischen eine pejorative Konnotation haben,
im Plural (*jamāhīr*) bezeichnet es die Volksmasse, die Menge. Im modernen
Arabisch ist die Wortneubildung für Republik (*jumhūriya*) von der gleichen
Wurzel abgeleitet.
52 *Les dits de Bistāmi*, übers. aus dem Arabischen v. A. Meddeb, Paris (Fayard)
1989. Hier seien als Beispiele die Fragmente 91, 99 u. 456 angeführt.

»Als Lehrmeister der Lehrmeister ist er der mächtigste
Mann und der schwächste in einem, da seine Meisterschaft zugleich unendliche Unsicherheit birgt, gezeichnet durch Abwesenheit, wo sich im Rätsel das göttliche Verströmen durch sein Gegenteil offenbart.«[53]

Diese verschiedenen Fälle zeigen, daß die Unterscheidung
zwischen Elite und Volk eher technisch war als sozial oder
ökonomisch. Was dies bedeutet, wird offenkundig, wenn
Erleuchtete die Strukturen der Macht und des Wissens zu
erschüttern vermögen und damit subversiv werden. Das
gilt für al-Bistāmi wie für den Unbekannten von Täbris,
dessen Auftreten Rūmīs Leben völlig veränderte: Der Lehrmeister des Wissens geriet vor dem Lehrmeister der wis-
senden Ignoranz ins Wanken.

Die Angehörigen der spirituellen Elite sind bis in unsere Tage vorhanden. Als Reisender kann man sie in den
islamischen Gesellschaften antreffen, die sich noch große
Teile der Tradition bewahrt haben, wie etwa Marokko.
Einen von ihnen habe ich eines Abends im Gewand eines
Bettlers in Tamesloht entdeckt, auf halbem Weg zwischen
Marrakesch und dem Atlas, einem kleinen Ort, der für
seine Heiligkeit berühmt ist, unter der Arkade des Torbo-
gens vor der Kasbah der Chorfas. Die Luft war von dem
strengen Geruch des Öls aus den Ölmühlen geschwängert.
Es war Pflückzeit, ein ganzer Wald von Olivenbäumen,
der die Ansiedlung umschließt, gab reiche Ernte. Mit seinem schönen Bart und dem hohen Wuchs schien der Bettler, der auf mich zukam, Caravaggios *Tod der Jungfrau*
entsprungen. Er war ebenso demütig und ebenso kräftig
wie eine der Figuren, die den Leichnam der verstorbenen
Heiligen umstehen, ich habe das Bild kürzlich im Louvre

---

53 Christian Jambet im Vorwort zu seiner Übersetzung der Schrift von Jalāloddin
Rūmî »*Soleil du réel*« aus dem Persischen. (Imprimerie nationale), Paris, 1999,
S. 45-46 (Übers. n. d. frz. Zitat BT).

wiedergesehen. Als er mir gegenüberstand, suchte er im Halbdunkel meinen Blick und ließ dann auf einfache und zugleich feierliche Weise zwei Gesten folgen, die seine Haltung, seine Bestimmung, seinen Lebensweg zusammenfaßten. Mit der Linken zeigte er mir die Erde und die Verachtung, die er für sie empfand. Dann erhob er die Rechte zum Himmel in einer Gebärde, die seine Zustimmung ausdrückte: Mit geballter Energie reckte sich plötzlich sein ganzer Körper und schien bereit zum Aufstieg in den Himmel. Mit seinem Gebärdenspiel wollte er mir offenbar sagen: Hier unten ist das Nichts, dort oben ist das Sein. Solcherart ist die stumme Beredsamkeit des aristokratischen Bettlers, den die Unkenntnis auszeichnet und der zur Elite der Elite gehört, die vom Nichtwissen erleuchtet ist, ein Bruder und Nacheiferer des Lehrmeisters von Bistām wie auch des Mannes aus Täbris. Einige von ihnen haben noch in den Ländern überlebt, die von den Petrodollars und dem Wahhabitismus verschont geblieben sind.

Diese Unterscheidung zwischen Elite und Volk wurde unter dem Druck der Demokratisierung ohne Demokratie aufgerieben, die mit ihrem Populismus Bildung verbreitete, ohne an die Qualität zu denken und ohne das hierarchische Prinzip auf die Schaffung einer republikanischen oder demokratischen Elite zu übertragen. So kam es zum Triumph des breiten Volkes, das, wenn es sich eine Technik aneignet, gleich vom Analphabetismus zum Spezialistentum übergeht, ohne sich an der althergebrachten Disziplin zu üben, die man zu anderen Zeiten Geisteswissenschaften nannte und die man heute als unnütz betrachtet. In der Art und Weise, mit der man einer amnestischen oder noch unberührten Seele ein Spezialistentum eintrichtert, sehe ich übrigens ein weiteres Anzeichen für die Amerikanisierung der Welt. Auch mit der Beherrschung einer spezialisierten Technik wurde der aus dem Volk Stammende nicht zu einer aristokratischen Figur, aus dem einfachen

Grund, weil seine Ausbildung ohne Kultur stattgefunden hatte. Gerade die kulturlosen Gebildeten beschädigen das Humane am allermeisten.

Ohne Zögern ziehe ich ihnen die hochkultivierten Analphabeten vor wie den Bettler von Tamesloht.[54] Ein Versagen der Demokratie hat die Osmose zwischen der Elite und der Masse verschoben, doch eben sie bewahrt den aristokratischen Geist. Dieser hat sich zurückgezogen und seinen Platz dem Menschen überlassen, der vom Ressentiment verzehrt und so zum Anwärter für den terroristischen und aufrührerischen Fundamentalismus wird. Auf diese Weise hat eine große Kultur, die während eines langen Niedergangs noch ihre stattliche Erscheinung gewahrt hatte, die letzten Schranken verloren. Unter diesen Bedingungen konnte die Propaganda der Fundamentalisten attraktiv werden.

Die Anwärter drängten sich regelrecht vor den Toren der al-Qaida, die das Afghanistan der Taliban schon seit 1996 zu ihrer Operationsbasis ausbaute. Die aufrührerische Bewegung, die 1989 von Bin Laden gegründet worden war, wurde radikaler, als sich bei ihrem Anführer während des Golfkriegs (1991) eine starke anti-westliche Haltung verfestigte. Dies geschah, nachdem fremde Truppen auf arabischem Boden angegriffen hatten, weil sonst alle Regimes der Halbinsel weggefegt worden wären. Nach der wahhabitischen Logik jedoch war diese Präsenz auf Heiligem arabischem Boden eine Schande. Also mußten die Schuldigen bekämpft werden, zunächst die westlichen Mächte (allen voran die Amerikaner) und danach die muslimischen

---

54 Bei seiner Reise in Mexiko (Mai – August 1936) hat Antonin Artaud eben diese Unterscheidung zwischen Ausbildung und Kultur festgehalten und den Schaden, den die Verbreitung der einen auf Kosten der anderen anrichtet. A. Artaud, *Mexiko,* München (Matthes und Seitz) 1992.

Staaten, die der Utopie von Medina untreu geworden waren.

In Wahrheit reicht diese sehr verbreitete Argumentation nicht in die tieferen Schichten der Motivation. Ohne sie als Alibi abstempeln zu wollen, halte ich sie eher für die rationale Einschätzung und die bewußte Analyse Bin Ladens. Aber das Motiv, das wirklich an die ständig schmerzende Wunde der Erniedrigung des islamischen Subjekts rührt, ist kaum bekannt: Trotz des Reichtums, trotz der großen Zahl (1,2 Milliarden Menschen) bleibt das islamische Subjekt von den Entscheidungen ausgeschlossen, welche das Begehren, eine Perspektive für die Welt festzulegen, zufriedenstellen. Ich begreife die irrsinnigen Beweggründe Bin Ladens und seiner Adepten ausgehend von diesem Schmerz, der dem Ausgeschlossenen sein Dasein vergällt: Es ist der Wunsch nach Anerkennung (seine Enttäuschung schafft den Menschen des Ressentiments), der sie handeln läßt.

Mir ist im Grunde unverständlich, was das Subjekt dazu verleitet, die Erniedrigung in sein tiefstes Inneres einzugraben. Wenn man es nicht erträgt, ausgeschlossen zu sein, wenn man unter dem Mangel an Anerkennung leidet, wäre es nicht besser, zu handeln statt sich zu beklagen, etwas zu schaffen, geduldig am eigenen Fortkommen zu arbeiten, um sich unentbehrlich zu machen und objektiv Anerkennung zu verdienen? Als Antwort auf all jene, die als Erniedrigte reagieren, möchte ich eine Frau aus dem 9. Jahrhundert anführen. Es ist die ehrenwerte Sufi Umm 'Ali, eine sehr reiche Dame, die ihren Gatten Ahmad Ibn Khudhrawayh, einen der geistlichen Führer von Khurasān, unterstützte. Sie war übrigens die Partnerin im Geiste von Abū Yazīd Bistāmi.[55] Von ihr überliefert as-Sulami (937-1021) den wunderbaren Spruch:

---

55 *Les Dits de Bistami*, a.a.O., Fragment Nr 372.

»Es ist besser, eine Sache aufzugeben, als sich ihret-
wegen erniedrigen zu müssen.«[56]

Diese Aussage einer Frau ist ein glänzendes Motto,
Denkanstoß für alle jene, die sich wegen einer Zurückweisung erniedrigt fühlen, damit sie nicht aus dem Ressentiment heraus reagieren, das sie zu mörderischem Haß
verleitet. Um ihren Rachedurst zu stillen, schließen sie sich
dann einer aufrührerischen Bewegung an, gegründet von
einem wahhabitischen Milliardär, der inzwischen nichts
weiter ist als Schatten in einer Höhle.

Ich möchte bei dem Wort al-qā'ida verweilen, das Bin Laden als Bezeichnung für seine Bewegung und ihr Netzwerk von Aktiven und Schläfern gewählt hat. Da so viel
in diesem Wort steckt, wurde es so etwas wie ein Marken-
zeichen.

Es enthält ein Bedeutungsspektrum, das mindestens an
sein deutsches Äquivalent, das Wort Basis, heranreicht.
Dieses stammt aus dem Griechischen (»Stufe, Stützpunkt«
und metonymisch »Fundament«), die (gleich lautende) lateinische Ableitung fließt in viele Sprachen ein, unter anderen auch die englische. In diesem Wort begegnen sich
archaische Bedeutungen und hochmoderne, sehr gebräuch-
liche Begriffe. Aber ich möchte zunächst den Wortstamm
betrachten, von dem der Name ausgeht, und damit die
Etymologie der Beziehungen ausbreiten, zu der die semiti-
schen Sprachen einladen (Worte mit der gleichen Wurzel –
der gleichen Basis, wie der Linguist sagen würde – gehören alle zu einer Rubrik). Die Bedeutungen, die von der
Kombination der drei Konsonanten q-'a-d ausstrahlen, ver-
teilen sich auf zwei Wortfelder. Das erste spielt mit For-

---

56 Abdarrahman Sulami, *Dhikr an-Nisā wl-Muta 'abbidāt aç-Çufiyāt* (»Von
Sufi-Frauen und Beterinnen«), Kairo 1993, S.77

men der Passivität: »sitzen, warten, dasein, um jemand zu bedienen, vorbereiten, jemanden auf etwas vorbereiten«. Das zweite bildet den Übergang zu einer aktiven Intensität: »entschlossen sein, fest bleiben, im Hinterhalt sitzen und jemandem auflauern, von gleicher Kraft sein, jemandem standhalten können«.

Um diesen semantischen Kontrast zwischen Warten und Handeln zu illustrieren, interpretiert der mittelalterliche Lexikograph, mein Landsmann Ibn Man'zūr[57] (13. Jahrhundert), das arabische Sprichwort, in dem das Verb q-'a-d auftaucht, auf zwei völlig unterschiedliche Arten. *Idhā qāma bika ash-sharru fa-'uq'ud.* In der ersten Bedeutung wird das Sprichwort so übersetzt: »Wenn das Böse dich angreift, warte ab und laß dich nicht beirren.« In der zweiten kommt es folgendem Satz nahe: »Wenn das Böse dich herausfordert, sei entschlossen und bekämpfe es.« Der Imperativ von q-'a-d. (*uq'u'd*) ruft also gegenüber dem Bösen zwei gegensätzliche Strategien hervor: Die erste rät zu passivem Widerstand, der mit Aufschub wenn nicht gar Untätigkeit verbunden ist; die zweite Strategie fordert das Subjekt auf, im Kampf ein Held zu werden. Dagegen bezeichnet das Substantiv al-qā'ida das, worauf ein Gebäude ruht, das Fundament oder die Grundmauer, wie auch alles, was als Grundlage, Untergrund, Sockel dienen kann. Derselbe Ibn Man'zūr zitiert auch zwei Koranverse, um diese Bedeutung zu stützen: »Und als Abraham dabei war, vom Haus die Fundamente (*qawā'id*, Pl. von *al-qā'ida*) hochzuziehen, (er) und Ismael.«[58] Aber auch: »Da erfaßte Gott ihren Bau an den Grundmauern.«[59] Das Wort hat auch eine abstrakte Bedeutung als Gesetz, allgemeine Regel, Grundprinzip; in der Geometrie bezeichnet es die Ba-

---

57 Ibn Man'zūr, *Lisān al-'Arab* III, Kairo 1300h (1882), S.361.
58 *Koran* II, 127.
59 *Koran* XVI, 26.

sis des Dreiecks, in der Linguistik steht die Mehrzahl für Grammatik (*qawā'id al-lūgha*, »die Regeln der Sprache«). Metaphorisch gebraucht und mit den passenden Beiwörtern kann es die Hauptstadt des Reichs (*qā'idat al-mulk*) bezeichnen. Und wie in vielen europäischen Sprachen wird das Wort mit zahlreichen militärischen Einrichtungen verbunden: Operations-, Marine-, Luft- Raketenbasis etc. Zwei andere Bedeutungen verdienen besondere Beachtung als Erklärung, warum das Wort zum Namen für eine revolutionäre und terroristische Bewegung gewählt wurde: Sie gibt vor, Anhängerschaft oder zumindest Sympathie einer »Volksbasis« herzustellen (*qā'ida sha'biyya*) und verwendet bei ihrem subversiven Vorgehen die Informatik (die Spitzentechnologie) als *data base*, und diese Datenbasis heißt auf arabisch »*qā'idat al-bajānāt*«.

Man sieht also, wie viel sich in der Wahl dieses Wortes ausdrückt. Der technische und ästhetische Erfolg der Attentate vom 11. September boten dazu die perfekte Illustration.[10]

---

60 Vielleicht ist es anmaßend, die Terroristen vom 11. September ganz »natürlich« mit al Qaida in Verbindung zu bringen, obwohl es keinen Beweis für ihre Zugehörigkeit gibt. Aber beweist der Akt selbst nicht ihre Urheberschaft? Er paßt perfekt zum Diskurs und Programm von Bin Laden. Das Echo, das dieser Akt auslöst, klingt im Inneren seiner ideologischen Sphäre nach. Wenn Bin Laden ihn nicht selbst organisiert hat, so hat er ihn zweifellos inspiriert. Es mag sein, daß jene, die in New York und Washington zur Tat geschritten sind, nur zum diffusen Umkreis gehört haben, der die von Bin Laden selbst unterhaltene Basis umgibt. Aber die Einschätzung ist berechtigt, daß die feste Struktur und die sie umgebende Grauzone eine einzige Organisation mit dem Namen al Qaida bilden. (Diese Anmerkung wurde vor der Ausstrahlung der beiden Videokassetten vom 13. und 31. Dezember geschrieben, die eine direktere Beteiligung Bin Ladens an den Attentaten ergeben haben).

Vierter Teil
Der Ausschluß des Islam
durch den Westen

28

Häufig wurden die Begriffe Selbstopfer und Geheimbund
verwendet, um die Handlungsweise der Terroristen vom
11. September zu erklären. Man sollte bei der Untersuchung dieser beiden Merkmale vorsichtig sein und nicht
allein Aspekte aus der islamischen Geschichte und Kultur
berücksichtigen. Diese Terroristen sind sowohl das Ergebnis einer Entwicklung innerhalb des Islam als auch Kinder
ihrer Zeit und einer durch die Amerikanisierung gewan-
delten Welt. Dennoch zeigt das Buch von Bernard Lewis
über die Assassinen erschreckende Parallelen, die sich leicht
auf das Vorgehen der zur al-Qaida gehörenden Terroristen projizieren lassen.[1]

Aber die Agenten, die am 11. September andere in den
Tod mitrissen, lassen sich ebenso mit Dostojewskijs Nihilismus erklären. Ich stelle mir ihr Erleben sehr nahe an
dem der Figuren vor, die in den »Dämonen« beschrieben
werden, vielleicht weniger hysterisch und dafür effizienter
im Handeln. Tatsächlich erscheinen diese jüngsten Attentate die verschiedenen Formen revolutionärer Aktion sämtlich in sich konzentriert zu haben. Zwar kann der ideologische Inhalt aufrührerischer Bewegungen von einem System zum anderen bis in das absolute Gegenteil schwan-

---

1 Bernard Lewis, *Die Assassinen. Zur Tradition des religiösen Mordes im radikalen Islam.* Übers. v. Kurt Jürgen Huch, Frankfurt/M. (Eichborn) 1989.

ken, aber in der Methode verbinden sie ausnahmslos Konspiration mit Selbstmord, um schließlich, trotz der schrecklichen Schläge, die sie den etablierten Staaten zufügen, zu
scheitern.

Der häufige Hinweis auf die Ismailiten entspricht eher
westlichem als muslimischem Denken. Seit der Zeit der
Kreuzzüge waren es die europäischen Historiker und Chro-
nisten vom Ende des 12. Jahrhundert bis ins 13. Jahrhundert, die zur Mythenbildung um die Assassinen beigetragen haben. (Gerhard, der Gesandte des Kaisers Friedrich
Barbarossa in Ägypten und Syrien, Wilhelm, der Erzbi-
schof von Tyros, der Chronist Arnold von Lübeck, der
englische Geschichtsschreiber Matthäus Parisiensis, der
Mönch Yves le Breton, der Historiker Ludwigs des Heiligen, Joinville, Jacques de Vitry, Bischof von Akkon, die
Reisenden Wilhelm von Rubruck, Marco Polo, und, ein
halbes Jahrhundert später, Odoric von Ordenone).

Durch ihre Berichte, Erzählungen und Chroniken fand
die Figur des Assassinen Verbreitung, der seinem Meister
völlig ergeben und allzeit bereit ist, den Dolch zu ergrei-
fen, den dieser ihm hinhält, und ihn dem Opfer in die Brust
zu stoßen, das er ihm bezeichnet. Der Einfluß, den der
Herr von Alamut auf seine Gefolgschaft hatte, ist über die
Maßen romantisiert worden. Zusätzlich zu der Magie, die
diesem Wundermann zugesprochen wird, haben sich die
mittelalterlichen Zeugen aus Europa das muslimische Paradies ausgemalt, als einen schattigen Garten, in dem sich
Jungfrauen und Edelknaben tummeln, um die Adepten zu
empfangen und in die Vergnügungen einzuführen, die in
diesem irdischen Garten der Lüste auf sie warten. Ewiger
Aufenthalt im Paradies ist jenem verheißen, der sich selbst
für den Meister opfert. Diese Vorstellung wurde als die
materielle Begründung präsentiert, um die Beherrschung
der in ihrem unfehlbaren Gehorsam gebannten Seelen zu
erklären.

Auch in moderner Zeit hat zuerst der Okzident das Phänomen der Ismailiten ideologisch ausgeschlachtet. Der Terror der Französischen Revolution war noch frisch im Gedächtnis, als zu Beginn des 19. Jahrhunderts, geleitet von der Panik vor politischen Verbrechen, die Erinnerung an die Assassinen wieder auf die Tagesordnung gesetzt wurde. Der österreichische Orientalist Joseph von Hammer-Purgstall machte in seiner *Geschichte der Assassinen aus morgenländischen Quellen* diese zum universellen Vorbild des Verschwörers: Mitglieder von Geheimgesellschaften, die ihre Religion »untergruben«, um den eigenen Ehrgeiz zu befriedigen. Er verknüpfte mit den Assassinen auch all jene, die er als Unruhestifter der vergangenen Jahrhunderte oder unter seinen Zeitgenossen ausmachte: Ihnen wurden die Templer, Jesuiten, Freimaurer, Illuminaten und die Königsmörder aus dem französischen Nationalkonvent zur Seite gestellt:

> »Wie sich im Westen aus dem Schooße der Freimaurer revolutionäre Gesellschaften erhoben, so im Osten aus dem Schooße der Ismailiten und Assassinen ... der politische Wahnsinn der Aufklärer, welche die Völker mündig, dem Schirmbunde der Fürsten und dem Gängelbande positiver Religion entwachsen glaubten, hat sich wie unter der Regierung des Großmeisters Hassan des II. in Asien so in Europa durch die Wirkungen der französischen Revolution auf das verderblichste kund gegeben.«[2]

Die Assassinen wurden auch dazu benutzt, um den Extremismus der italienischen oder mazedonischen Nationalisten anzuprangern, geheim und terroristisch operierende Gewalttäter, die den europäischen Boden im späteren Verlauf des 19. Jahrhunderts mit Blut bedeckten.[3]

---

2 J. von Hammer, *Geschichte der Assassinen aus morgenländischen Quellen*. Stuttgart u. Tübingen 1818, S. 340 zit. in Lewis S.30.
3 Lewis S. 185.

Wenn die Ismailiten als Schlüssel zur Interpretation der al-Qaida–Attentate angeführt werden, so bezieht sich dies eher auf den terroristischen Akt als auf die islamische Geschichte. Bei der Katastrophe von New York wird der Mythos der Assassinen erneut dazu herangezogen, um ein Massaker zu erklären, das politisch motiviert ist und dessen Erfolg in der Kombination eines Geheimbunds mit dem Selbstopfer gründet.

Das Haupt der Assassinen, Hassan i-Sabbāh, wurde selbst zu einem literarischen Mythos im Westen. Auslöser war Edward Fitzgerald, der im Vorwort zu seiner Übersetzung der Vierzeiler von 'Umar Khayyām eine Erzählung wiedergab, die in der persischen literarischen Tradition herumgeisterte. Hassan i-Sabbāh, 'Umar Khayyām und Nizām al-Mulk waren Schüler desselben Lehrmeisters. Sie leisteten einander den Schwur, daß der erste, der von ihnen Erfolg hätte, den beiden anderen helfen würde. Als Nizām al-Mulk Wesir des seldschukischen Sultans wurde, erinnerten seine ehemaligen Mitschüler an die zwischen ihnen getroffene Absprache. Er bot ihnen Gouverneursposten an, doch beide lehnten ab. 'Umar Khayyām war mit einer Pension zufrieden, die ihm die Freiheit und die Leidenschaft für Poesie und Mathematik ließ, Hassan i-Sabbāh verlangte eine wichtige Stellung am Hof, die er auch erhielt. Aber bald hatte er den Ehrgeiz, mit Nizām al-Mulk um das Wesirat zu konkurrieren. Nizām intrigierte gegen ihn und diskreditierte ihn beim Sultan. Da schwor Hassan i-Sabbāh Rache und so entstand sein hinterhältiger Plan. Hierfür begab er sich bis nach Kairo, der Hauptstadt des fatimidischen Kalifen, um sein Engagement für die Ismailiten zu bekräftigen.

Nizām al-Mulk wurde wahrscheinlich vor 1020 geboren und 1092 getötet. 'Umar Khayyām wurde 1048 geboren und starb 1131. Hassan i-Sabbāhs Geburtsdatum ist unbekannt; er starb 1124. Aufgrund dieser Daten erscheint

es sehr unwahrscheinlich, daß die drei Männer Studien-
kollegen waren. Die meisten modernen Gelehrten haben
jene pittoreske Erzählung denn auch in den Bereich der
Fabel verwiesen.[4]

Aber der Mythos war in Umlauf gebracht. Mehrere Schriftsteller griffen ihn auf und schilderten ihn in Werken, die
enttäuschen müssen, wenn sie in der Form des historischen
Romans daherkommen. Von ihnen möchte ich einen der
jüngeren herausgreifen, in dem ebenfalls die Figur des Be-
gründers der Festung von Alamut im Elbrus-Gebirge nahe
dem Kaspischen Meer auftaucht: William S. Burroughs'
Cities of the Red Night. Burroughs stellt sich darin ein
Amerika vor, das in die Hände anarchistischer Piraten geraten ist. Seiner Fiktion ist eine »Anrufung« vorangestellt,
die so beginnt: »Dieses Buch ist den Alten gewidmet« und
die Liste der Widmungen schließt mit »den namenlosen
Gottheiten der Zerstörung und der Leere«, sowie mit
»Hasan Ibn Sabbah, Herr der Assassinen.«[5] Die Erwähnung dieser Figur in einem libertären literarischen Text
erscheint mir viel besser in Einklang mit der esoterischen
Theorie zu stehen, die dem Plan Hassan i-Sabbāhs zu-
grundeliegt.

Er versuchte tatsächlich, die sunnitische Ordnung zu
destabilisieren, indem er für seine eschatologische Missi-
on zu den Mitteln des politischen Terrorismus griff. Sie
hatte zum Ziel, die Rückkehr des verborgenen Imam her-
beizuführen und die *qiyāma* auszurufen, die Auferstehung,
bei der das Gesetz außer Kraft und an dessen Stelle eine
alle Grenzen überschreitende Lebensführung tritt. Eine
Zeit, in der das göttliche Gesetz abgeschafft war, wurde
von den Nachfolgern Hasan Ibn Sabbahs sowohl in Alamut

---

4 Lewis S. 65.
5 William S. Burroughs, *Cities of the Red Night,* London (Pan books) 1982
(Übers. n. d. frz Zitat BT).

als auch in den Bergfestungen Syriens tatsächlich ausgerufen und in dem Freudentaumel durchlebt, den die Aufhebung von Verboten auslöst. Der ideologische Horizont des politischen Terrors, der von den Ismailiten eingebracht wurde, weist nicht die geringste Ähnlichkeit auf mit dem, der die Aktionen der Fundamentalisten und der Wahhabiten im Netzwerk der al-Qaida leitet. Letztere träumen davon, der ganzen Welt die Scharia aufzuzwingen, die von den Assassinen ja gerade abgeschafft wurde. Die Helden des mittelalterlichen Aufstands erweisen sich also eher als Vorboten der modernen anarchistischen Bewegungen. Dagegen suhlen sich die zeitgenössischen Terroristen in einem furchtbar rückschrittlichen Archaismus, in dem sie unbedingt das Gesetz nach dem Buchstaben des Koran anwenden wollen, ohne vorher mit Hilfe der wissenschaftlichen Auslegung seinen verborgenen Sinn zu suchen. Gemäß dem hermeneutischen System dieser Wissenschaft bleibt der Korantext, der dem Propheten offenbart wurde, toter Buchstabe, wenn der Imam ihn nicht zum Leben erweckt, indem er das in ihm verborgene Geheimnis erläutert, das nur er zutage bringen kann. Der Zugang zum Text des Korans ist bei den wahhabitischen Fundamentalisten und den esoterischen Ismailiten vollkommen gegensätzlich: Die einen sind Fanatiker der wörtlichen Bedeutung, die anderen widmen dem verborgenen Sinn einen ganzen Kult. Daraus ergibt sich, daß in der Landschaft des Islam die Positionen des Wahhabismus und der Ismailiten unvereinbar sind.

Diese Unvereinbarkeit liegt nicht nur in der Lehre, sie betrifft auch die Handlungsweise. Die Assassinen sind nie zu blindwütigen Massakern gegen unschuldige Opfer geschritten, auch griffen sie keine ausländischen Ziele an, mit Ausnahme des Markgrafen Konrad von Montferrat, König von Jerusalem (28. April 1192). Dies geschah auf Befehl des gefürchteten Sinān (er starb 1193), des wahren

»Alten vom Berge«, der von Hassan i-Sabbāh als Führer
des syrischen Zweigs eingesetzt worden war (er bewohnte
die Burg Masjaf und koordinierte die Aktivitäten der um-
liegenden Festungen). Aber auch dieses Attentat war nicht
ziellos: Es sollte unter den Franken Zwietracht säen, was
auch gelang, denn Richard Löwenherz wurde verdächtigt,
das Verbrechen in Auftrag gegeben zu haben. Sonst waren
die Opfer der Ismailiten sämtlich Politiker, Militärs, religiöse und staatliche Würdenträger oder Intellektuelle, die
dem sunnitischen Staatsapparat angehörten (vom Kalif
zum Sultan, vom Wesir zum Präfekten, vom Mufti zum
Kadi, vom Gouverneur zum Lehrstuhlinhaber). Auch hier
liegen Welten zwischen den Ismailiten, die gezielt Morde
begingen, und dem heutigen Terrorismus, der verblendet
ist von der Macht des Symbols und der Suche nach schok-
kierenden und dadurch umso nachhaltigeren Bildern auf
der Bühne einer schnellebigen Welt, für ein Publikum, das
nur spektakulären Ereignissen seine Aufmerksamkeit
schenkt.

Der andere Unterschied besteht in der Qualität. Die
Wahhabiten und Ismailiten trennen Welten. Die einen verfolgen den Schematismus der fundamentalistischen Ideologie, die anderen anspruchsvolle, fein herausgearbeitete
Theorien von Intellektuellen, die ihre Kosmologien gemäß
einer zyklischen Auffassung von Geschichte konstruiert
hatten. Dabei wurde jede Ära einem Propheten und seinem Interpreten zugeordnet, der dem Buchstaben der Offenbarung einen tieferen Sinn gibt. Anschließend entwik-
kelte sich das ismailitische Denken in Richtung des Neu-
platonismus und eines Verstandeskults. Einen Eindruck
davon vermitteln die Episteln, die in der Enzyklopädie der
sogenannten »Brüder der Reinheit« (10. Jahrhundert) zusammengefaßt sind. Dieser Text, der im Islam überall Verbreitung fand, hat eine Frische bewahrt, die noch der heutige Leser genießt. Daher verträgt das geistige Vermächt-

nis der Ismailiten nicht den Vergleich mit der hausgemach-
ten Produktion der Fundamentalisten und Wahhabiten,
die durch ihre Armut und ihren Fanatismus abstößt. Der
gedankliche Horizont, der von den Ismailiten umrissen
wurde, hat die größten Geister ihrer Zeit angezogen, etwa
einen Nāsîr ad-Dîn Tūsî (1201-1274), Arzt, Physiker, Philosoph, Mathematiker und vor allem Astronom, der Gründer des berühmten Observatoriums von Maragha in der
Provinz Aserbeidschan. Oder Nāsîr-e Khusraw (1004–ca.
1078), den Autor eines Reiseberichts,[6] der topographische
Beschreibungen mit der Darstellungskunst eines Erzählers
verbindet. Sein Buch stellt ein wertvolles historisches Dokument dar, das bei der Rekonstruktion der topographi-
schen Verhältnisse von Jerusalem und Kairo im 11. Jahrhundert behilflich sein kann. Khusraw ist auch Dichter, in
seinen Oden bekennt er, in welche Zweifel und Verwirrung ihn seine inneren Debatten stürzen. Er praktiziert
außerdem das *ta'wîl*, eine Hermeneutik, die aus den Praktiken und Dogmen des Islam einen tieferen Sinn heraus-
liest. In seinem philosopischen Werk *Jāmi' al-Hikmatayn*
versucht er, die Sprache des Koran mit dem logischen Diskurs der spekulativen Wissenschaften zu vereinen:

> »Wenn wir mit der Verbreitung des Wissens und dem
> Dienst an Gott darauf warten wollen, bis die Tyrannei
> und Unwissenheit unter den Lebewesen ausgerottet ist,
> so werden diese die Welt in Unwissenheit und Auflehn-
> ung verlassen. Nein, die Weisen sind wie Bäume, die
> sich mit ihren Früchten in die Höhe recken; die nach
> Weisheit suchen sind wie hungrige, bewegliche, listen-
> reiche und gescheite Kinder; die Unwissenden sind wie
> das Vieh, das sich mit gesenktem Kopf schwerfällig
> dem Boden zuwendet, ohne zum Baum aufsehen zu

---

6 Nasiri Khosrau (sic), *Sefer Nameh, Relation de voyage,* aus dem Persischen
übers. von Charles Schefer, Paris 1881.

können oder zu erkennen, daß etwas an dem Baume
hängt: Die Kinder pflücken die saftigen, frischen, sü-
ßen Früchte vom Baum und essen sie, während das
Vieh nicht einmal ahnt, womit sie sich beschäftigen.«[7]

Wenn der Geist von Nāsir-e Khosraw zu uns käme und
von den Handlungen und Schriften unserer Fundamentalisten erführe, würde er sie ganz zweifellos den Unwis-
senden zugesellen, die wie die Tiere sind und weder den
Baum der Weisheit sehen noch die Früchte erkennen können, die seine Zweige schmücken.

7 Nāsir-e Khosraw: *Le Livre réunissant les deux sagesses*, a.d. Persischen übers.
von Isabelle de Gastines, Paris, Fayard, 1900, S. 321-322 (Übers. n. d. frz. Zitat
BT).

29

An zwei Stellen fordert Bernard Lewis in seinem Buch den
Leser dazu auf, das Phänomen der Ismailiten mit dem heutigen Terrorismus zu verbinden. Der neue, von Hassan i-
Sabbāh erfundene Weg des politischen Kampfs bestand
angeblich darin:

> »...wie eine kleine Truppe disziplinierter und ergebe-
> ner Männer wirksame Schläge gegen einen haushoch
> überlegenen Feind führen konnte. ›Terrorismus‹, sagt
> ein moderner Experte, ›wird mit Hilfe einer eng be-
> grenzten Organisation betrieben und durch ein konse-
> quent durchgehaltenes Programm langfristiger Ziele in-
> spiriert, in deren Namen der Terror verübt wird.‹«[8]

Und der letzte Abschnitt der *Assassinen* enthält einen
ausdrücklichen Appell, in unseren Tagen ein Echo aus dem
Mittelalter zu sehen:

> »... der unterirdische Strom der messianischen Hoff-
> nung und der revolutionären Leidenschaft, der die
> Assassinen vorwärtstrieb, [ist] niemals versiegt. Ihre
> Ideale und ihre Methoden haben viele Nachahmer ge-
> funden – bis zum heutigen Tag. Die gewaltigen Um-
> wälzungen unserer Zeit bieten solchen Nachahmern
> neue Anlässe für ihre Wut, für messianische Träume
> und für den bewaffneten Angriff.«[9]

---

8 Lewis S. 176.
9 Lewis S. 189.

Dieses Argument wird stärker, sobald der Terrorismus von irgendeinem islamischen Ort ausgeht: Sofort sieht man den Bezug auf diese Kultur, hält ihn für absolut berechtigt, als liege er nachgerade auf der Hand. Doch dies erweist sich als Erklärung des Phänomens durch sich selbst, wenn die Begründung lautet, daß die palästinensischen Kämpfer sich den gleichen Namen geben wie die ismailitischen Agenten des politischen Mords. Beide nennen sich *fidā'i*, das Wort stammt von der Wurzel f-d-y, es bedeutet, jemanden loskaufen, um ihm das Leben zu retten oder ihn zu befreien. Das Verb erscheint in dem feststehenden Ausdruck *fadaytuka* (»ich kaufe dich zum Preis meines Lebens los«), der bedingungslose Ergebenheit bezeugt: der *fidā'i* ist einer, der sich für die Sache zu opfern bereit ist. In den Augen der Differentialisten, welche die Unterschiede zwischen den Religionen betonen, findet das Opfer des 11. September hierin seine Erklärung. Aber sogar Bernard Lewis gibt zu, daß in Recht, Tradition oder dem Alltag des Islam kein Platz für Menschenopfer oder Ritualmord ist.[10]

Hingegen läßt sich die Frage des Märtyrertums aus der islamischen Geschichte und Theologie erklären. Der Märtyrer fällt auf dem Weg zu Gott, er ist *shahīd*, das heißt »Zeuge«. Das Wort entstammt der Wurzel sh-h-d, das bedeutet, »jemandem helfen, für etwas da sein, etwas bezeugen, es attestieren, feierlich Zeugnis über etwas ablegen; daher: das muslimische Glaubensbekenntnis ablegen« (»Kein Gott außer Gott«) und, im Passiv (*ushida*), »im Krieg für den Glauben fallen oder zum Märtyrer werden, Zeugnis für den wahren Glauben ablegen.« Und *shahīd* verwandelt im Substantiv diese Bedeutung des Verbs: es heißt »echter Zeuge, dessen Aussage die Wahrheit spricht, der alles weiß, allwissend ist, Märtyrer des muslimischen

---

10 Lewis S. 172.

Glaubens (d.h., der im Heiligen Krieg stirbt oder zum Märtyrer wird) und, in Erweiterung dieser Bedeutung, der eines nicht natürlichen Todes stirbt (durch Ertrinken, an der Pest, bei der Verteidigung seines Besitzes)«. In der ersten Bedeutung finden wir den gleichen etymologischen Sinn wie Märtyrer, vom griechischen *martur*, späte Form von »martus, marturos«, »Zeuge« (in der juristischen Sprache).[11]

Wofür steht man als Zeuge, wenn man für die Sache Gottes stirbt? Vielleicht für das Antlitz Gottes als Zeichen der Erwähltheit oder der Glückseligkeit, Unterpfand der Ewigkeit im Paradies? Im Korantext sind sehr viele Worte von der Wurzel sh.h.d abgeleitet. Sie zielen hauptsächlich in zwei Bedeutungsrichtungen: der juristischen Zeugenschaft und der Allwissenheit. Das Wort *shahīd* wird praktisch nur für Gott verwendet, der alles bezeugt, alles attestiert, alle sieht, also im Grunde für den allwissenden Gott. Die *shuhadā'* sind dort nicht die Märtyrer: sie sind eher juristische Zeugen und die Zeugen der Wahrheit bei Gott. Ich würde daher sagen, daß die koranische Bedeutung als Oberbegriff »Zeuge der Wahrheit« auf der juristischen und metaphysischen Achse angesiedelt ist: die Wahrheit einer Tatsache bezeugen (etwa des Ehebruchs) und die Wahrheit Gottes bezeugen, wie sie in den Offenbarungen der Sendboten, der Propheten, erscheint. Es gibt nur eine Sure, in der die Figur des Märtyrers vorweggenommen ist:

> »Halte diejenigen, die auf dem Weg Gottes getötet werden, nicht für tot. Sie sind vielmehr lebendig bei ihrem Herrn, und sie werden versorgt.«[12]

---

11 Alain Rey, *Dictionnaire historique de la langue française*. Paris (Le Robert) 1992, Bd II, S. 1198.
12 *Koran* III, 169.

Fakhr ad-Dīn Rāzī (1149-1209) erinnert gemäß der exegetischen Tradition daran, daß die Sure von den Märtyrern aus den beiden Schlachten spricht (er gebraucht das Wort *shuhadā'*), die zur Zeit des Propheten gegen die Quraisch geführt wurden, und zwar die Schlacht von Badr (März 624) und von Uhud (November 625). Danach stellt er fest, daß die Präposition »bei« (arab. *'inda*) in dem Satz »Sie leben bei ihrem Herrn« dieselbe ist, die die Engel in die Nähe zu Gott rückt; es verleiht jenen, die als Märtyrer des *jihād* sterben, die Glückseligkeit der Engel im himmlischen Aufenthalt bei Gott.[13] Das ist die Grundlage aus der Heiligen Schrift, die den *jihād* legitimiert und die Belohnung für das Martyrium erklärt. Um die Mythologie des Märtyrers zu konstruieren, wurde diese Grundlage vielfach manipuliert. Selbst in unserer Zeit wurde sie häufig verwendet, vor allem während der nationalen Befreiungskriege gegen den Kolonialismus. Der nationalistische algerische Kämpfer wurde »Mudjahid« genannt, das heißt, der sich dem *jihād* widmet, dem Heiligen Krieg, dessen Opfer »lebendig sind bei ihrem Herrn«, eine Nähe zu Gott genießen, eine Glückseligkeit, einen Jubel genau wie die Engel; es erreicht sie die Gnade des Lichts der Engel.

Nun ist zu überprüfen, ob der Übergang vom Krieg zur Guerrilla und zum Terrorismus weiterhin die Begriffe *jihād* und *shahīd* rechtfertigt. Hier verleitet der wilde Zugang zum Buchstaben der Schrift zu allen erdenklichen Manipulationen. Im Spektrum der zeitgenössischen Auslegungen gibt es hierzu verschiedene Meinungen. Wer zu einer engen Interpretation neigt, erwähnt den Heiligen Krieg mit seiner Mythologie im Fall einer Aggression und zur Selbstverteidigung, wie etwa dem nationalen Befreiungskampf. Die Palästinafrage ist in diese Minimalposition miteinbezogen. Die Maximalposition wird beispielsweise in zahl-

---

15 Fakhr ad-Dîn Razî, *Mafāti h al-Ghayb*, IX, S. 72-77.

reichen Büchern von Sayid Qutb formuliert, er greift sogar die Lehrmeister an, die den Geltungsbereich des *jihād*
einschränken. Er ruft dazu auf, diesen zu intensivieren und
auszuweiten, damit der Buchstabe der islamischen Lehre
im gesamten Menschengeschlecht triumphiere, denn dieser Buchstabe wird als der letzte Ausdruck göttlichen Wil-
lens angesehen.[14] Die fundamentalistischen Terroristen berufen sich bei ihren Gewalttaten auf diese Interpretation:
die Attentäter vom 11. September hielten sich wohl für
solche Märtyrer eines universellen *jihād*, die nicht sterben,
sondern bei ihrem Herrn leben. Mit dieser Überzeugung
sind sie zum Selbstopfer bereit und verinnerlichen die
Mythologie des Märtyrers, wenn sie zur Vorbereitung in
einer primitiven Inszenierung ihren Körper für die himm-
lische Vermählung reinigen, die sie erwartet. Diese naive
Regieanweisung führt uns weit weg vom Vergleich mit den
Engeln, den der rationalistische Exeget aus dem 12. Jahrhundert anregt.

Doch bildet dies die alleinige Grundlage aus der Schrift,
von ihr werden jene Darstellungen projiziert, die den
Wunsch nach einem Ausgleich für die auf Erden erlittenen
Frustrationen so schön illustrieren.

Wie mir scheint, erklärt diese Grundlage in der Schrift
und ihre maximalistische Auslegung den Selbstmord der
Terroristen vom 11. September in ausreichendem Maße.
Es ist nicht nötig, sich dazu auf die Ismailiten zu berufen
oder auf den Begriff des Opfers, wie er bei den Schiiten
auftaucht. Diese empfanden sich als die Unterdrückten des
Islam; sie hatten, wie sie meinten, unter Ungerechtigkeit
zu leiden. Der Begriff des Märtyrers prägte sich bei ihnen
durch ihr großes Vorbild stärker aus, den Imam Husayn,
einer von Alis Söhnen, der in Kerbala auf abscheuliche

---

14 Sayid Qutb S. 20.

Weise ermordet wurde (am 10. Oktober 680). Die Schiiten sehen dieses Ereignis als ihre Urszene an, sie wird jedes Jahr von ihnen gefeiert. Sie haben also einen Märtyrerkult im christlichen Sinn des Worts. Er enthält das Schuldgefühl, selbst nicht bereit gewesen zu sein, sich zur Verteidigung des Imam zu opfern, damit er nicht ermordet wurde. Hier ist die Auffassung eines Freikaufs und einer Erlösung eingeschlossen. Der Imam ließ sich ermorden, er opferte sich, damit sein Blut jene freikaufte, die an ihn glaubten. Es handelt sich um eine Zeremonie mit einem Schmerzensritus, der das schlechte Gewissen beruhigen soll. Die Feier dieses Opfers hat keinerlei Bezug zum *jihād* und zum Märtyrer, dem *shahīd*, der seinen Rang in der Nähe Gottes einnimmt, wenn er als Kämpfer auf dem Weg zu Gott sein Leben verliert.

Der Begriff des Martyriums im Zusammenhang mit dem Terrorismus erschien auf der Bühne des Nahen Ostens infolge eines Anschlags, der aus einer anderen Kulturtradition stammte: Die ersten Kamikaze der Region waren die drei Kämpfer der japanischen RAF, die am 30. Mai 1972 ein Selbstmordattentat auf dem Flughafen Lod verübten. Ghaddafi fragte sich bei der Gelegenheit, warum die Palästinenser nicht diese Methode anwenden sollten.[15]

Nach den Anschlägen vom 11. September verglich die von Scharon geführte israelische Regierung sofort das Attentat von New York mit den Anschlägen, die Palästinenser gegen Israel ausführen. Und die mit den USA verbündeten arabischen Staaten drängten darauf, zwischen dem Terrorismus des Widerstands und dem selbstausgerufenen *jihād* zu unterscheiden, den die al-Qaida gegen den Westen führt. Sie weigerten sich, die beiden Arten von Terrorismus nebeneinanderzustellen. Diese arabischen Staaten

---

15 Vergl. dazu den Artikel von Michael Prazan, der an das Ereignis erinnert, in *Libération* vom 14. September 2001.

intervenierten bei den USA, damit Organisationen wie die palästinensische *Hamas* und die libanesische *Hisbollah* nicht auf die Liste der Mißliebigen gesetzt wurden, da sie als Widerstandsgruppen gelten. Presse wie politische Klasse in den arabischen Staaten haben diese Unterscheidung zum Dogma erhoben, indem sie an den Terrorismus des französischen und europäischen Widerstands gegen die Naziherrschaft erinnerten, und daran, daß auch jüdische Organisationen in ihrem Kampf um die Errichtung des Staates Israel zu diesem Mittel gegriffen hatten. Im Fall der Palästinenser gehört der terroristische Akt in seinem ganzen Schrecken zur Waffe des Schwachen, dessen Haß und Verzweiflung noch von der Wut der Ohnmacht gesteigert werden.

Die Frage des Selbstopfers stellt sich also am Terrorismus des Nahen Ostens. Die Hisbollah hat eine regelrechte Mythologie des Märtyrers und des Selbstopfers konstruiert, in dem sie vielleicht aus dem Märtyrerkult schöpfte, wie er im schiitischen Milieu Südlibanons überlebt hat. Es wurde eine Zeremonie und eine der mythischen Erzählung entsprechende Ikonographie entwickelt, um den Selbstmordkandidaten auf die Vermählung vorzubereiten, die ihn im Garten der Lüste mit den schwarzäugigen Jungfrauen erwartet. In dieser Inszenierung sehe ich die letzte vermenschlichende, buchstabenhörige Ausprägung des heutigen Fundamentalismus, er erweist sich damit als ebenso primitiv in seinen Fiktionen wie in seinem Zugang zum Sinn im Buchstaben des Koran.

Ich selbst habe bereits früher den terroristischen Akt gleich aus welchem Motiv grundsätzlich abgelehnt. Ich weiß, wie sehr der Terrorismus für ein edles Anliegen durch den Mythos verfälscht werden und danach in der politischen Kultur wiederauferstehen kann. Ich verweise darauf, was ich im Jerusalem-Heft der Zeitschrift *Dédale* einleitend geschrieben habe:

»Was den islamistischen Terrorismus und Extremismus betrifft, bin ich entschieden. Beide sind für mich nicht hinnehmbar, nichts kann sie rechtfertigen und ich wende mich mit meiner ganzen Person und all meinen Kräften dagegen, auch wenn ich mich ihren Umtrieben ohnmächtig gegenübersehe. Ich bekämpfe sie und werde sie immer bekämpfen mit den Mitteln, die mir zur Verfügung stehen, das heißt mit Wort und Schrift den Skandal anprangern, den sie auf die Bildschirme der Welt projizieren. Ich nehme diese unwiderrufliche Position ein als Gegengewicht zu ihrem Akt blutiger Selbstaufopferung.

In der Einschätzung des Terrorismus sehe ich mich in der Nachfolge von Camus, der als einer der wenigen die Hellsichtigkeit besaß, diese Barbarei abzulehnen, wie auch immer sie begründet wurde. Das war bekanntlich in den 50er Jahren während des Algerienkriegs. Camus isolierte sich damit in der intellektuellen Szene von Paris. Vor zwanzig Jahren zählte ich zu seinen Gegnern. Ich habe meine Position nicht etwa geändert, weil ich untreu bin oder den Widerruf schätze, sondern die Zeit hat es enthüllt, sie gibt denen recht, die sich als einzige und in Einsamkeit ihren klaren Blick bewahren. Warum also die Irrtümer wiederholen, wenn das frühere Beispiel offen zutage liegt? Hinzu kommt, daß die Erfahrung des Terrorismus für ein edles nationales Anliegen im Gedächtnis als Ruhm und nicht als Schrecken bewahrt wird. So wird diese Tradition zu einer kulturellen Gegebenheit, auf die man sich in seiner Haltung bezieht. Die Algerier erfahren heute, daß diese Waffe sich gegen sie selbst gerichtet hat.«[16]

Der Islam kennt kein Menschenopfer. Um ihre terroristischen Aktionen durchführen zu können, haben die heu-

---

16 Abdelwahab Meddeb, »Le partage« in: *Dédale/Multiple Jerusalem*, Paris 1996, S. 18 (Übers. n. d. frz. Zitat BT).

tigen Fundamentalisten dem Begriff des Opfers eine andere Richtung gegeben und mit Hilfe einiger Manipulationen den islamischen Vorstellungen angepaßt. Dabei feiert
das islamische Subjekt jedes Jahr das Opfer des Abraham,
das doch gerade auf dessen Ersatz beruht, denn Gott kauft
den Sohn durch das Tier frei. Im Koran wird über das
Opfer Abrahams folgendes gesagt:

> »Als dieser das Alter erreichte, daß er mit ihm laufen
> konnte, sagte er: ›Mein lieber Sohn, ich sehe im Schlaf,
> daß ich dich schlachte (*adhbahuka*). Schau jetzt, was
> du meinst.‹ Er sagte: ›O mein Vater, tu, was dir befoh-
> len wird. Du wirst finden, so Gott will, daß ich zu den
> Standhaften gehöre.‹ Als sich die beiden ergeben ge-
> zeigt hatten, und er ihn auf die eine Stirnseite nieder-
> geworfen hatte, da riefen Wir ihm zu: ›O Abraham du
> hast das Traumgesicht wahr gemacht.‹ So entlohnen
> Wir die Rechtschaffenen. Das ist die offenkundige Prü-
> fung. Und Wir lösten ihn (*fadaynā-hu*) mit einem gro-
> ßen Schlachtopfer (*dhabh*) aus.«[17]

Im Text des Koran selbst wird also die Verbindung
zwischen dem Freikauf und dem Opfer hergestellt. Hier
begegnet uns wieder die Wurzel dh-b-h, die im Verb »opfern« und in »das zur Weihe bestimmte Opfer« vorhanden ist. Ihr erster Sinn ist »spalten, zerreißen, brechen«,
daher, »die Kehle durchschneiden, Vieh durch Halsum-
drehen töten« und mit der gleichen Vorgehensweise ein
Opfer darbringen oder einen Menschen erbarmungslos
töten.

In den Schriften des Islam wird gesagt, daß das Opfer
Abrahams »eine offenkundige Prüfung« sei. Diese Einschätzung ermöglicht eine tragische Interpretation der Szene. In seinem Kommentar zur *Poetik* des Aristoteles sah
Averroës, der die griechischen Tragödien nicht kannte, im

---

17 *Koran* XXXVII, 102-107.

Opfer Abrahams die beste Illustration für eines der vom Griechen herausgearbeiteten Merkmale des Genres:[18] Die Tragödie solle Furcht und Mitleid erregen, indem sie »schweres Leid innerhalb von Näheverhältnissen«[19] zeigt. Goethe illustriert ebenfalls anhand von Abraham und Agamemnon die mit dem Menschenopfer verbundene Katharsis:

> »In der Tragödie geschieht sie durch eine Art Menschenopfer, es mag nun wirklich vollbracht oder, unter Einwirkung einer günstigen Gottheit, durch ein Surrogat ausgelöst werden, wie im Falle Abrahams und Agamemnons ...«[20]

Dieses tragische Gefühl durchlebte ich von klein auf, wenn ich bei der alljährlichen Schlachtung des Tiers zusah, zum Gedenken an Abrahams Tat und zum Dank an Gott, da er durch die Gabe des Tiers den Sohn erlöst hatte. Wahrscheinlich wird bei diesem Anlaß die Überwindung des Menschenopfers gefeiert. Die reale Feier dieses Symbols macht das islamische Subjekt vertraut mit dem Todesröcheln der durchschnittenen Kehle. Nach der Tat sah ich als Kind, wie das dampfende Blut des Tiers bis zum letzten Tropfen floß und verfolgte das scharlachrote Rinnsal auf dem gefliesten Durchgang zwischen den Blumenbeeten bis zum Abfluß. Ich mußte an diese Feier von Abrahams Opfer denken, als uns aus Algerien die Bilder von ganzen Familien mit durchschnittener Kehle erreichten, begangen von der GIA aus dem afghanischen Schmelz-

---

18 Ibn Rushd, *Talkhīs Kitāb Arist'ūt'ālīs fī-Shi'r*. Beirut, 1973. Im Anhang finden sich Übersetzungen der »Poetik« von Aristoteles in altes und modernes Arabisch von Abderrahman Badawi.
19 Aristoteles, *Poetik*, übers. v. Manfred Fuhrmann,München (Heimeran) 1976, S. 70.
20 Goethe, *Nachlese zu Aristoteles´ Poetik,* In: »Über Kunst und Altertum«, Ästhet. Schriften Bd VI, 1, hrsg. Anne Bohnenkamp, (Deutscher Klassiker Verlag) Frankfurt 1999, S. 336.

tiegel, mit der Mitwisserschaft und dem Segen der al-Qaida-Leute. Die Zeremonie des vom Tier vergossenen Bluts läßt mich an diese andere Art des Opfers denken, das hier nicht im Selbstmord des Terroristen liegt, sondern in der Art, wie der Fundamentalist sich zum Priester einer islamischen Adaptation des Ritualmords erhebt – eine zusätzliche Perversion, die die göttliche Erlösung auslöscht und den Ersatz wieder umkehrt, vom Tier zurück zum Menschen: Die Realität des symbolischen Opfers mitzuerleben, indem man mit eigener Hand ein Tier schlachtet, hütet einen nicht vor dem Wahnsinn, in dem das Subjekt den symbolischen Akt in einer realen Handlung nachvollzieht (dies ist die wörtliche Definition des Wahns). Das Symbolische des in der Realität vergossenen Bluts zu erleben, schafft vielleicht eine Neigung für diese Art des Umkippens in den Wahn.[21]

---

21 Abdelwahab Meddeb, »Cous coupés« in: *Algérie, textes et dessins inédits*, Casablanca (Le Fennec) 1995, S. 65-67.

30

Muß man überhaupt die Ismailiten bemühen, wenn man von der perfekten Konspiration im Vorgehen der Terroristen vom 11. September spricht? Die Verwandlungen und Verkleidungen der ismailitischen *fidā'is* sind tatsächlich ebenso beeindruckend wie das Verhalten der heutigen Terroristen. Die Mörder des Konrad von Montferrat hatten sich als christliche Mönche verkleidet. Die Leute, die Saladin terrorisierten, hatten monatelang geduldig abgewartet, bis sie zu den zwei Mamlucken werden konnten, die dem Sultan am nächsten standen. Die Attentäter des Wesirs Mu'în ad-Dîn hatten sich in Reitknechte verwandelt. Der Mörder von Nizām al-Mulk spielte die Rolle eines Sufis. Und der als Mönch ausgesandt wurde, um mit Fakhr ad-Din Rāzi⁻ abzurechnen, da er in seinen öffentlichen Vorlesungen die Lehre der Ismailiten kritisierte, hatte sich monatelang für einen eifrigen Studenten ausgegeben und das Vertrauen des Meisters gewonnen, bevor er ihn überfiel, als sie allein waren. Doch Razi blieb am Leben, nachdem er versprochen hatte, weder ihre Taten noch ihre Lehre jemals wieder zu kritisieren.[22]

Muß man an die Tradition der Geheimhaltung in der Verbindung mit der *taquiyya* erinnern, die zur schiitischen Logik der Ismailiten gehörte?[23]

---

22 Bernard Lewis. Zu den verschiedenen Anekdoten siehe in dieser Reihenfolge: S. 160, S. 156, S. 158, S. 96, S. 74, S. 108.
23 Zu dieser Auffassung von *taqiyya* s. ebd. S.46, 117, 131, 178.

Das Wort *taquiyya* kommt von der Wurzel w-q-y, sie bedeutet »aufpassen, vorsichtig sein, schützen, bewahren.« Wenn es nicht möglich ist, den Glauben vor aller Augen zu praktizieren oder ihn öffentlich bekannt zu geben, wird empfohlen, die Religion zu verbergen und alles Notwendige zu tun, um die innere Überzeugung zu bewahren, aufrechtzuerhalten und zu schützen. Dieses Verhalten kam in zwei Fällen zur Anwendung: Wenn Muslime als Fremde einer anderen Gesetzgebung unterstanden und bei islamischen Minderheiten, wenn etwa die sunnitischen Machthaber die vermeintlichen Ketzer verfolgten, das heißt, verschiedene schiitische Sekten (darunter die Ismailiten) oder die Kharijiten.[24]

Den Sektenangehörigen wurde empfohlen, in Zeiten der Verfolgung die *taqiyyya* anzuwenden: die Überzeugung zu verbergen schützt dich. Diese Geheimhaltungsstrategie rettete vielen Sekten das Überleben. Die Schiiten haben die Auffassung geprägt und sie theoretisch untermauert, indem sie sagten, wenn der Muslim sich vor dem Feind fürchte, gestatte ihm Gott, mit den Lippen den Glauben zu leugnen, wenn er im Herzen gläubig bleibe. Sie beziehen diese Auffassung aus einer Stelle in der Schrift:

> »Die Gläubigen sollen nicht die Ungläubigen anstelle
> der Gläubigen zu Freunden nehmen. Wer das tut, hat
> keine Gemeinschaft mit Gott, es sei denn, ihr hütet
> euch (*tattaqū*) wirklich vor ihnen.«[25]

---

24 Die sog. »Abtrünnigen« (oder Dissidenten) bilden die älteste Sekte des Islam, ihre Anhänger traten erstmals bei der Schlacht von Siffin (Juli 657) auf. Sie verließen die beiden gegnerischen Armeen, da sie sich weigerten, Schiedsrichter zwischen den beiden Anwärtern auf das Kalifat, Muʾāwiya und ʿAli, zu sein. Die extremistische Sekte mit einem starken Fanatismus zeichnet sich auch dadurch aus, das sie jeden ausschließt, der nicht ihren Standpunkt vertritt. Sie wendet auch politischen Mord und Terrorismus an und verschont dabei nicht einmal die Frauen. Aus diesem Grund wird sie bei Diskussionen über die heutigen Fundamentalisten häufig erwähnt. Vergl. den Artikel von G. Levi Della Vida in *L´Encyclopédie de l´Islam*, Bd IV, S. 1106-1109. S. auch H. Laoust, *Les Schismes dans l´Islam*, Paris (Payot) 1965, S. 36ff.

25 *Koran* III, 28.

Von den Sunniten wird die *taqiyya* nicht gutgeheißen,
doch in allen Sekten wird eingeräumt, daß sie zulässig sei,
man sei jedoch nicht verpflichtet, sich vor der Todesge-
fahr zu schützen. Hierzu wird eine andere Sure angeführt:

> »Und spendet auf dem Weg Gottes und streckt nicht
> eure Hände nach dem Verderben aus, und tut Gutes.
> Gott liebt die, die Gutes tun.«[26]

Von den Sunniten wird die *taqiyya* als gefährlich angesehen, da sie die Auffassung vom Heiligen Krieg und vom
Märtyrertum schwäche. Die Hanafiten etwa halten einen
Gläubigen für ehrenwerter, der als Märtyrer unter der
Folter stirbt, als einen der unter der *taqiyya* den Glauben
mit einem Lippenbekenntnis leugnet, um sein Leben zu
retten.

Die *taqiyya* wird den Muslimen manchmal angeraten,
wenn sie in der Minderheit sind und von einer intoleran-
ten Macht bedroht werden, wie es für die Morisken zu-
traf, die letzten Muslime in Spanien, die zwischen Exil und
Bekehrung wählen mußten. Die Bewegung der Intoleranz
war 1499 von dem frommen aber fanatischen Franziska-
ner Francisco Jiménez de Cisneros angestiftet worden, der
zunächst Beichtvater des Königs und später General-
inquisitor von Kastilien wurde. Er ließ in Granada 4000
Muslime zwangstaufen[27] und brach damit den Pakt von
1492, der den Muslimen, die nach der Kapitulation ihres
Monarchen Boabdil in Granada bleiben wollten, die Ausübung ihrer Religion versprach. Diese Notsituation führte zu der *fatwa* eines Oraner Theologen, der ursprünglich
aus Almagro stammte. Je nach der Kopie ist sie mit Dezember 1503 oder 1504 datiert. Das »Reskript« beginnt

---

26 *Koran* II, 195.
27 Rodrigo de Zayas, *Les Morisques et le racisme d'Etat*. Paris (La Différence)
1992, S. 218-219.

mit einem flammenden Satz an die Adresse der Muslime, die in Granada zur Konversion gezwungen worden waren: »Brüder, die ihr den Glauben nehmt wie einer, der glühende Kohlen in die Hand nimmt.«[28]

Der Mufti von Oran bezeichnet die ins Christentum gezwungenen Muslime mit *ghurabā'*, das heißt Fremde, in Erinnerung an das schöne *hadīth* :«Der Koran ist als Fremdling geboren, er wird enden, wie er begann, als Fremdling; gesegnet seien die Fremdlinge.«[29] Dann rät er ihnen, in der *taqiya*, in der Geheimhaltung, zu leben, und erklärt ihnen, wie sie ihre Lehre und ihren Kult verbergen können, um den Glauben insgeheim im Herzen zu behalten und gleichzeitig scheinbar dem Christentum anzuhängen.

> »Dies wird in der muslimischen Theologie mit ›der Status der durch Gewalt zum Widerruf Gezwungenen‹ bezeichnet. Er geht auf die Anfänge des Islam zurück, als Quraisch[30] die ersten Muslime unerträglichen Martern unterwarf, damit sie ihre Religion leugneten – das ähnelte offenkundig dem Fall der Muslime in Andalusien, die zum Christentum gezwungen wurden.«[31]

Dem Propheten wurde zu diesem Thema eine Sure offenbart, die jedem die schlimmste Strafe androhte, der

> »Gott verleugnet, nachdem er gläubig war – außer dem, der gezwungen wird, während sein Herz im Glauben Ruhe gefunden hat.«[32]

---

28 Leila Sabbagh, »La Religion des Moriscos entre deux fatwas«, in: *Les Morisques et leur temps*. Paris (CNRS) 1983. Ich habe dieser vorzüglichen Analyse viel zu verdanken, vor allem zum Thema der *taqiyya* (Übers. n. d. frz. Zitat BT).

29 Vergl. »Al-Çahīh« von Muslim, Bd II, S. 175-176.

30 Quraisch: Mohammed Quraisch, berühmtester Vertreter des Stamms der Quraisch, der sich anfangs gegen Mohammed stellte. (Anm. BT).

31 Leila Sabbagh, S.53 (Übers. n. d. frz. Zitat BT).

32 *Koran* XVI, 106.

Die *taqiyya* findet also in einer Situation der Gewalt Anwendung, wenn der Muslim in seinem Glauben unterdrückt wird und einen Widerspruch zwischen seinem heimlichen Glauben und seinem Verhalten nach außen auf sich nehmen muß. Ihre Ausübung wird beherrscht vom Begriff der Absicht (*niyya*), der im Islam sehr zentral ist, wie es in einem *hadīth* heißt: »die Taten zählen nur in ihrer Absicht.« Die Absicht ist entscheidend, wenn der Muslim unter Zwang Christ werden muß: Um seinen Glauben zu bewahren, braucht er bei den christlichen Riten nur seine islamische Absicht zu bekunden.

Muß man diese theologischen Auffassungen anführen, um zu verstehen, wie die Terroristen vom 11. September ihre mörderische Aggression in monatelanger, wenn nicht gar jahrelanger Geheimhaltung vorbereiteten? Warum kann man darin nicht einfach eine Untergrundaktion sehen, wie sie für geheime Organisationen üblich ist, wenn sie einen aufrührerischen und revolutionären Plan hegen? Wenn man dem Kult des Besonderen dienen möchte, warum führt man dann nicht die arabischen Untergrundbewegungen im Nahen Osten zu Anfang des 20. Jahrhunderts gegen die Osmanen an, als die aufkommende arabische Bewegung von den Engländern unterstützt wurde, um das Türkische Reich zu schwächen? T. E. Lawrence berichtet über diese Gruppen:

»Wenn sie türkische Zeitungen lasen, ersetzten sie in den nationalen Auslassungen das Wort ›Türkisch‹ durch ›Arabisch‹. Unterdrückung trieb sie zur Gegenwehr. Da ihnen gesetzmäßige Auswege versperrt waren, wurden sie Revolutionäre. Die arabischen Gesellschaften bestanden unterirdisch weiter; aus liberalen Vereinen wurden Verschwörungsherde. Die ›Akhua‹, die arabische Muttergesellschaft, wurde offiziell aufgelöst. Sie wurde in Mesopotamien durch die gefährliche ›Ahad‹ ersetzt, eine streng geheime Bruderschaft, die fast nur aus arabischen Offizieren der türkischen Armee bestand. Die Mitglieder schwuren, sich die militärischen Kenntnisse ihrer Herren anzueignen und sie gegen diese im Dienste des arabischen Volkes zu gebrauchen, wenn der Augenblick des Aufstandes gekommen war.

Es war eine weit verbreitete Gesellschaft; sie besaß eine sichere Basis in den schwer zugänglichen Gegenden des südlichen Irak, wo Sayid Taleb, der junge John Wilkes der arabischen Bewegung, die Macht in seinen gewalttätigen Händen hielt. Siebzig vom Hundert aller aus Mesopotamien stammenden Offiziere gehörten ihr an; ihre Zusammenkünfte wurden so geheimgehalten, daß die Mitglieder bis zuletzt die höchsten Stellen im türkischen Heer bekleideten (...)

Umfangreicher als die 'Ahad' war die 'Fetah', der syrische Freiheitsbund. Die großen Grundbesitzer, Gelehrten, Schriftsteller vereinigten sich in dieser Gesellschaft mit gemeinsamem Eid, mit Losungsworten, Abzeichen, einer Presse und einem Bundesschatz zum Sturz des Türkischen Reichs.«[33]

Wenn einem sehr an einer Erklärung gelegen ist, die die kulturelle Differenz berücksichtigt, um das Prinzip der Geheimhaltung zu würdigen, kann man ebenso gut den Unterschied hervorheben zwischen einer Kultur, die alles sagt, und einer Kultur der Diskretion, des Verschweigens und der Schamhaftigkeit. Diese Eigenschaften würden vielleicht mehr zur Wahrung eines Geheimnisses veranlagen. Obwohl ich von der Wirkung eines solchen Exkurses nicht überzeugt bin, ist es nicht uninteressant, diesen echten kulturellen Unterschied zu beleuchten. Die westliche Zivilisation hat das umfassende Bekenntnis, das »Alles-sagen«, der Autobiographie erfunden, hauptsächlich seit den *Be-*

---

33 T.E. Lawrence, *Die sieben Säulen der Weisheit*, a. d. Engl. übers. v. D. v. Mikusch, Leipzig (List) 1936, S. 22-24.

kenntnissen von Rousseau. Ihn sehe ich weiterhin als wahren Begründer der Gattung, obwohl mir bekannt ist, daß in der westlichen Tradition vor ihm noch »Bekenntnisse« standen, die mein Landsmann Augustinus geschrieben hat, der schon das Kind sprechen läßt (ein Hauptmerkmal des Genres). Doch dieses Werk erwähnt Irrtümer nur im Zusammenhang mit dem Glauben: Das Leben des Augustinus ist in zwei Phasen eingeteilt, vor und nach der Bekehrung. Mir ist außerdem bewußt, daß es vor Rousseau noch Montaigne gab, der Pascals Ablehnung »gegen das hassenswerte Ich« hervorrief.

In der islamischen Tradition gibt es ebenfalls mindestens drei berühmte Autobiographien, die übrigens alle ins Französische übersetzt sind: die Schrift des Syrers Usama ibn al-Munqîdh (1095-1188), ein wichtiges Zeugnis zu den Kreuzzügen,[34] das uns den Charakter und das Wesen einer Person über die lebhafte Anteilnahme an bedeutenden historischen Ereignissen näherbringt. Aber Munqidh läßt die Kindheit im Dunkeln, liefert keine Bekenntnisse, beichtet nichts, geht nicht in sich, spielt nicht die Karte des Schuldgefühls, die unbedingt notwendig ist zur Selbstfindung des Subjekts. Wenn es die Sünde nicht gäbe, man müßte sie erfinden, um das Drama herzustellen, das dem Subjekt zur Einzigartigkeit verhilft. Im Islam haben die Sufis in der Nachfolge Bistāmis[35] die Tragweite dieser Neigung erfaßt. Aber es ist bereits ein Erfolg, daß Ibn al-Munqîdh allein durch die Beschreibung seiner Beteiligung an historischen Geschehnissen zu einem Selbstzeugnis gelangt. Stellt es doch eine beachtliche Leistung dar, in einer Gesellschaft, die in den sozialen und zwischenmenschlichen Beziehungen auf der Zurückhaltung, wenn nicht der Auslöschung des Ich, aufbaut.

---

34 Usāma bin Munqîdh, *Ein Leben im Kampf gegen Kreuzritterheere*. Übers. v. Gernot Rotter. Tübingen u. Basel (Erdmann) 1978.
35 *Les dits de Bistami*, vergl. Fragmente 47, 48, 49, 50.

Da ist noch die Autobiographie meines Landsmanns Ibn Khaldūn zu nennen, er wurde in Tunis geboren und starb in Kairo. Der Autor spricht weder von seiner Kindheit noch von seiner Familie oder seinen Empfindungen. Kurz gesagt, in seiner »Reise« ist das Ich ausgeblendet und sein Werk gibt beredt Auskunft darüber, was es heißt, in einer Kultur des Geheimnisses, der Zurückhaltung, des Rückzugs vom Ich zu leben. Darin unterscheidet sie sich stark von der Kultur, die das Bekenntnis ins Zentrum rückt.[36] Das Buch liefert aber ein wichtiges Zeugnis von der Funktionsweise der Institutionen, in denen die Ausübung von Macht und Wissen in den islamischen Gesellschaften des 14. Jahrhunderts stattfand. Darüber hinaus enthält es einige sehr schöne Beschreibungen (etwa von Kairo, die ich bereits im 2. Teil zitiert habe), sowie hochinteressante Erzählungen, etwa wie der Autor vor den Toren von Damaskus Tamerlan begegnet.[37]

Die letzte berühmte Autobiographie wurde von einem Monarchen verfaßt, dem sagenhaften Baibars (1494-1529), der in den Norden Indiens zog, um die Moguldynastie zu gründen.[38] Kennzeichnend sind wieder die zurückhaltenden Aufzeichnungen des alltäglichen Lebens, der Jugend, der Freuden und Leiden, der Bestrebungen, Niederlagen und Triumphe. Subjektives fließt in die Schilderung der Empfindungen ein, wenn der Autor gewisse Landschaften oder Bilder sieht, ebenso bei Sinneswahrnehmungen wie etwa in Indien, als er den neuen Geschmack der Mango, einer unbekannten Frucht, entdeckt, dem er jedoch die Melonen vorzieht, die Früchte seiner Kindheit und seiner Heimat.

---

36 Ibn Khaldūn, *Le Voyage d'Occident et d'Orient.*
37 Ibn Khaldūn S. 230-239.
38 Baibars al-Mansuri, *History of the early Mamluk period.* hg v. Donald S. Richards, Berlin (Das arabische Buch) 1998. Vergl. Zahiruddin Mohammad Baibar, *Die Baburnamä,* übers. von Wolfgang Stammler, Zürich (Manesse) 1988.

31

In einer Welt, die sich globalisiert und in der Wechselbeziehungen vorherrschen, ist es angebracht, mit den entsprechenden Differenzierungen eine Dialektik zu benutzen, die das Besondere mit dem Universellen, das Spezifische mit dem Allgemeinen, das Unterschiedliche mit dem Einen verbindet. Seit Jahrhunderten sind Grenzen nicht nur dazu da, den Übergang aufzuhalten, sondern auch für den Austausch von Ideen und Menschen. Solche Wanderungen sind nicht die Besonderheit unserer Epoche, auch wenn die Migration der Menschen und Dinge heute stark zugenommen hat. Auch das Phänomen der Assassinen ist als eine solche Einfuhr zu betrachten, es ist eine historische Tatsache aus dem Orient, dem Islam, die seit dem Mittelalter vom christlichen Westen zum Mythos aufgebaut wurde. Der gleiche Westen hat ihn im 17. Jahrhundert reaktiviert, vor allem aber seit dem 19. Jahrhundert wurde jede Form des Terrorismus mit ihm in Verbindung gebracht. Wenn man die Assassinen daher als Analogie heranzieht, um eine andere islamische Erscheinung zu erläutern, sollte man diese westliche Konstruktion im Gedächtnis behalten. Man meint, einen kulturellen Zusammenhang zwischen zwei Tatsachen gefunden zu haben, eine davon alt, »archäologisch«, und diese soll eine andere Tatsache erläutern, die selbst in der Gegenwart liegt, so als ob beide in demselben historischen Raum angesiedelt wären. In Wirklichkeit vergleicht man aber zwei höchst unterschiedliche Dinge. Wenn man meint, es bestehe zwischen dem Terrorismus und dem Ismailismus grundsätzlich eine Verbindung, fällt die Besonderheit von vornherein weg. Dann stellt die Analogie zwischen den Assassinen und den Terroristen der al-Qaida keinen Beweis mehr dafür dar, daß ein Zusammenhang oder eine kulturelle Kontinuität besteht. Die Tatsache, daß beide Phänomene der gleichen Glaubensszene angehören, wäre vom Zufall bestimmt, wenn die Ismailiten ohnehin als Modell für jeden Terrorismus dienen, der Geheimhaltung und Selbstopfer einsetzt.

Die beiden einzigen Ähnlichkeiten, die ich zwischen den Terroristen der al-Qaida und der Sekte der Assassinen entdecke, sind zum einen, daß ihre Anführer sich in unzugängliche Bergregionen flüchteten. Hassan i-Sabbāh hat auf einem Kamm des Elbrusgebirges die Zitadelle von Alamut erbaut, einem Gebiet unweit des Kaspischen Meers, das eigentlich schon zu Mittelasien gehört. Es bedurfte der Hartnäckigkeit der Mongolen, um die Burg zu erobern und ihre Übergabe zu erreichen, fast dreihundert Jahre nach ihrer Gründung. Die Zitadelle war 1090 in der sogenannten Daylam-Region nordöstlich der Stadt Qazvin gegründet worden, in einem für seine Unerreichbarkeit berühmten Landstrich. Seit der Islamisierung war sie schon Zufluchtsort vieler von der Orthodoxie verfolgter Sekten gewesen. So befand sich dort ein Herd schiitischer Agitation. Die als unbezwinglich geltende Bergfeste wurde schließlich im Jahr 1256 von dem Mongolen Hülagü erobert.

In dem Moment, in dem ich diese Zeilen schreibe, frage ich mich, wie lange Bin Laden, seine Getreuen und engsten Bewacher in den Bergen um Qalat durchhalten werden. Diese an Kandahar angrenzenden Provinz von Zabul wird vom Stamm der Hottaks bewohnt, dem auch Mullah Omar angehört. Wenn sie sich nicht in den Höhlen von Qalat verstecken, befinden sie sich vielleicht irgendwo in den Bergen, oder sie haben sich in die unterirdische Basis geflüchtet, deren Gänge unter den Schichtstufen von Tora Bora gegraben wurden. Der Name bedeutet »Schwarzer Staub«, ihre verlassenen Berge mit nackten Felsen erheben sich im Südosten von Jalalabad, weiter im Norden als Qalat, aber immer noch in Gegenrichtung zu Alamut, am anderen Rand von Mittelasien.

Die zweite Ähnlichkeit zwischen den beiden Bewegungen ist das unausweichliche Scheitern des terroristischen Unternehmens: al-Qaida ist genauso zum Scheitern verurteilt wie die Assassinen es waren. Bin Ladens Organisation wird scheitern, wie jede derartige Bewegung in der Geschichte gescheitert ist. Diese Lehre kann aus der menschlichen Erfahrung gezogen werden. Die Chronik der Geschichte hielt für diese Art unerbittlichen Handelns, das vom Wahn der Hybris geleitet ist, immer nur das Scheitern bereit. Denn in der Politik ist Dauer einzig mit Umsicht und der Kunst des Kompromisses erreichbar. Offen bleibt nur, wie hoch der Preis sein wird, den die Welt für dieses Scheitern bezahlen muß.

Wer die Assassinen bemühte, um die Ereignisse des 11. September zu erklären, erweist sich als Verfechter der These von Huntington über den »Kampf der Kulturen«.[39] Mit seiner These wollte er einer wankenden Geschichte neuen Halt geben, ihr nach dem Sturz der UdSSR und dem Ende des Kalten Krieges eine neue Daseinsberechtigung verschaffen. Es ging darum, dem »Ende der Geschichte« etwas entgegenzusetzen und dem Feind wieder Konturen zu verleihen. Unter den acht Kulturen, die als mögliche Konkurrenten des Westens zählen konnten, wurde der Islam als künftiger Feind ausgewählt, da er als erster die Vorherr-

---

39 Samuel P. Huntington, »The Clash of Civilisations«, in: *Foreign Affairs*, Sommer 1993. Dieser Artikel wurde später zu einem Buch aufgeblasen: *Kampf der Kulturen. Die Neugestaltung der Weltpolitik im 21. Jahrhundert.* München (Siedler) 1998.

schaft des Westens in Frage stellte. Manche haben in den Ereignissen vom 11. September eine Bestätigung für diese Vorhersage gesehen. In ihren ersten Reaktionen führten die Amerikaner reflexartig die Kreuzzüge als Antwort auf einen Angriff an, den sie offenbar unwillkürlich dem *jihād* zurechneten. Bald aber nahm der offizielle Diskurs eine Wende zu größerer Vorsicht und bot den islamischen Verbündeten zumindest symbolisch einen Platz bei der Planung des Gegenangriffs gegen den Fundamentalismus an. Die Unterscheidung zwischen Islam und Islamismus hat uns auf diese Weise von der Hypothese eines Zusammenpralls der Kulturen weggeführt.

Huntingtons These wurde von dem iranischstämmigen Philosophen Daryush Shayegan, der auf Französisch schreibt, brillant widerlegt. Er erinnert daran, daß der Islam kein strukturiertes, zusammenhängendes Ganzes darstellt. Unter den Auswirkungen der Moderne, die, bewußt oder nicht, akzeptiert oder erlitten werden, lebt der Islam, wie die übrigen traditionellen Kulturen, in einem Zwischenbereich zwischen dem Vergangenen und dem endlosen Warten auf das Kommende. Diese Situation folgt aus der Verwestlichung der Welt, die unumkehrbar ist und zu einem Bruch im Schicksal der ganzen Menschheit führt. Dieser Bruch hat eine ähnliche Dimension, eine ähnliche Tragweite wie die neolithische Revolution, als die Menschen seßhaft wurden. Die letzten Auswirkungen der industriellen und naturwissenschaftlichen Revolution verändern das Leben des Menschen, wo immer er sich befinden und zu welcher Kultur er gehören mag. Diese Vorbedingung macht die Globalisierung objektiv und errichtet die Bühne für eine gemeinsame Kultur. Alle übrigen Kulturen, die von Huntington als potentiell anti-westlich eingestuft werden (Japan, China, Indien, die Slawen auf dem Balkan, Lateinamerika, sogar Afrika) befinden sich in der gleichen Lage. Unterschiedlich stark und mit ungleichen

Mitteln treten sie gezwungenermaßen auf diese gemeinsame Bühne. Die Mobilität in der Hierarchie und die Verteilung der Vorherrschaft können nur hier stattfinden und eine gemeinsame Weltlehre mit sich bringen.[40]

Edward Saïd hat die These Huntingtons neuerlich kritisiert, als zahlreiche Kommentatoren sie zur Analyse der Ereignisse des 11. September wiederbelebten.[41] Er erinnerte daran, daß Huntington sich in seiner Beweisführung auf einen Artikel von Bernard Lewis aus dem Jahr 1990 stützt, dessen Feindseligkeit bereits im Titel aufscheint: »The Roots of Muslim Rage«. Derselbe Lewis, der den Bezug auf die Ismailiten kritisiert hatte, um dem islamistischen Terrorismus eine eigene Genese zuzuschreiben, bildet auch den Ausgangspunkt dafür, den Islam in einem Szenario des Zusammenpralls der Kulturen als ersten Feind des Westens hinzustellen. Edward Saïd ist bemüht zu zeigen, daß der Islam eine komplexe Erscheinung ist und mit dem Westen nicht nur die Konfrontation gekannt hat. Viele Male haben sich die Bereiche des Islam und des Christentums gekreuzt, sind sich begegnet, sie haben sich gegenseitig befruchtet und dabei auf einer gemeinsamen Bühne bewegt, dem Mittelmeerraum. Edward Saïd spricht damit etwas Offenkundiges an: Der Islam war innerhalb Europas, er ist im Okzident enthalten. Als Beispiel führt er Dante (1265-1321) an, der die zentrale Bedeutung des Islam anerkennen mußte, indem er den Propheten und den Imam, Mohammed und 'Ali, in die Mitte seiner Hölle plazierte.[42]

---

40 Daryush Shayegan, *La lumière vient de l'Occident*, vergl. dazu v. a. das 3. Kap des 1. Buchs, »Le Choc des civilisations«, S.31-41. L'Aube (La Tour d'Aigues), 2001.
41 Edward Saïd, »The Clash of Ignorance«, Artikel in *The Nation* v. 21. Oktober 2001; u. *Le Monde* v. 27. Oktober 2001.
42 Dante Alighieri, *Die Göttliche Komödie*. 28.Gesang, Vers 22-36 Die Hölle, metrisch übertr. v. C. Bertrand, Heidelberg (Gustav Koester) 1887, S. 192-193.

Dabei ist anzumerken, daß die Situierung des Verfassers der Heiligen Schrift des Koran und seines Hermeneuten zwischen all den Schismatikern und Glaubensspaltern im 9. Sumpf des 8. Höllenkreises zunächst das mittelalterliche Stereotyp bestätigt, das den Islam mit einer ketzerischen Sekte gleichsetzt. Desweiteren enthüllt sie, daß der Dichter nicht anerkennt, wie viel er der islamischen Kultur verdankt, aus deren Tiefe er geschöpft hat. Wenn er Saladin, Avicenna und Averroës rettet[43] (alle drei befinden sich zusammen mit den Großen aus Politik und Philosophie der griechisch-römischen Antike in der Vorhölle), so genügt das noch nicht, um die Schuld des toskanischen Dichters zu begleichen. Wie viel er dem Islam verdankt, wird deutlich in der auffälligen poetischen und metaphysischen Nähe des Florentiners zu dem des älteren Autors Ibn ʿArabi aus Murcia.[44] Überdies hat Miguel Asin Palacios bereits 1920 einen beeindruckenden Katalog der Übereinstimmungen zwischen Dantes Werk und verschiedenen islamischen Vorläufern aufgestellt.[45] Seit dieser Inspiration des spanischen Jesuiten und seiner Untersuchung haben Historiker viele Beweise für den islamischen Einfluß auf Dante geliefert, insbesondere bei Berichten über die Legende der nächtlichen Reise (*miʾrāj*) und der anschließenden Himmelfahrt (*isrāʾ*). Der Prophet begibt sich dort in einer Nacht von Mekka nach Jerusalem, um dann in den Himmel aufzusteigen, wo er die ihm vorangegangenen Propheten trifft und in die nächste Nähe Gottes gelangt.[46] Doch

---

43 ebd, sie werden jeweils im Vers 129,144 und 145 des 4. Gesangs der Hölle erwähnt; S. 27-28.

44 Abdelwahab Meddeb: »Le Palimpseste du bilingue: Ibn Arabi et Dante«, in: *Du bilinguisme*, Paris (Denoël)1985, S. 125-140.

45 Miguel Asin Palacios, *Dante y el Islam,* Madrid (Ed Voluntad) 1927. »L'Eschatologie musulmane dans ›La Divine Comedie‹«, übers. v. Bernard Dubant, Mailand (Arché) 1992. Die erste spanische Ausgabe erschien 1920 in Madrid.

gleich bei der Veröffentlichung von Asin Palacios´ Buch
leisteten die Europäer erbitterten Widerstand; es erschien
unerträglich, ja wie ein Attentat, daß einer der grundlegenden Texte der europäischen Literatur unter dem Einfluß des Islam geschrieben sein sollte. Einige große Geister bezeichneten den spanischen Forscher gar als Spaß-
verderber, da er ihnen diese Tatsachen in dem Moment
beibrachte, als ganz Italien sich zu den Feiern zum 600.
Geburtstag des Gründervaters rüstete.[47] Offenbar ist es
selbst für einen aufgeschlossenen Europäer schwierig zu-
zugeben, daß die Figur, die am Anfang der schöpferischen
Entwicklung zur modernen Literatur steht, vom Islam
beeinflußt war. Das Beispiel Dantes beweist jedoch nur,
daß der Mittelmeerraum sich bis zum Beginn des 14. Jahrhunderts unter der Vorherrschaft der islamischen Kultur
befand. Selbst in jüngerer Zeit wird in den Gesprächen
zwischen Benoît Chantre und Philippe Sollers über Dante
die Frage des islamischen Einflusses nicht erörtert, sie bleibt
ausgeklammert: die beiden Gesprächspartner streifte nicht
einmal das Bewußtsein, daß diese Frage politisch von großer Relevanz wäre.[48] Allein durch die Anwesenheit des Islam in Frankreich und anderswo in Europa oder dem
Westen verdiente diese Frage wenigstens der Erwähnung.
Sie hätte eine Herausforderung und ein Argument für unsere an »Wechselbeziehungen« so reiche Epoche darge-

---

46 Enrico Cerulli, ›*Il Libro della Scala*‹ *e la questione delle fonte arabi-spagnole
della Divina Commedia*, Biblioteca Apostolica Vaticana, Città del Vaticano,
1949. Vom gleichen Autor und im gleichen Verlag s. auch *Nuove Ricerche sul
›Libro della Scala‹ e la conoscenza dell'Islam in Occidente*. 1972. Dieses *Libro
della Scala* ist inzwischen auch in zeitgenössischem Französisch erhältlich: *Le
Livre de l'Echelle de Mahomet*, »Lettres gothiques«, Paris (Livre de Poche) 1991.
47 Asin Palacios hat der zweiten Ausgabe seines Buches (1944) einen reichhal-
tigen Anhang hinzugefügt, den er »Geschichte und Kritik einer Polemik« beti-
telte und der in der französischen Übersetzung enthalten ist.
48 Philippe Sollers, *La Divine Comédie, entretiens avec Benoît Chantre*, Paris
(DDB) 2000 (Übers. n. d. frz. Zitat BT)

stellt. Philippe Sollers schränkt den Entfaltungsraum der
»Heiligen Dichtung« folgendermaßen ein:

> »Dante ist der Diamant der katholischen Religion. In
> seiner ›Heiligen Dichtung‹ bündelt er alle Möglichkei-
> ten, die diese im Augenblick ihres größten Leuchtens
> birgt. Vor ihm die Griechen, nach ihm die Moderne.
> Durch ihn, und durch eine im ›dolce stile nuovo‹ be-
> gründete neue Latinität vermittelt, die Bibel und vor
> allem die Psalmen.«[49]

Ich würde gerne ergänzen: »Von ihm bis zu Ihnen beiden wirkt die Verdrängung des Islam.«

Edward Saïd hält es für angemessener, die Krise und
die Spannungen in unserer Welt zu fassen:

> »in Begriffen von mächtigen und machtlosen Völkern,
> jahrhundertealten Politiken des Verstandes und des
> Unwissens, von universellen Prinzipien der Gerechtig-
> keit und der Ungerechtigkeit.«[50]

So sehr ich Edward Saïd folge, wenn er an den Beitrag
des Islam zum universellen Denken erinnert, bin ich jedoch nicht mit ihm einverstanden, wenn er den Anteil der
Besonderheit unterschlägt, der zum Verständnis der Ab-
weichungen des Islam, wenn nicht gar seiner Krankheit,
notwendig ist. Zum Thema der »schrecklichen Ereignisse
vom 11. September« sagt er:

> »Dieses sorgfältig vorbereitete, ungeheure Massaker,
> diese grauenvollen Selbstmordattentate, die von einer
> von pathologischen Motiven geleiteten, kleinen Grup-
> pe geisteskranker Kämpfer durchgeführt wurden, hat
> man als Beweis für Huntingtons These genommen.
> Anstatt die Ereignisse als das zu erkennen, was sie sind,
> nämlich die Umsetzung großer Ideen (im weitesten Sinn
> des Worts) durch eine kleine Gruppe wildgewordener

---

49 Sollers S. 9 (übers. n. d. Zitat BT).
50 Edward Saïd in dem angegebenen Artikel (Übers. n. d. frz. Zitat BT).

Fanatiker mit kriminellen Zielsetzungen, haben internationale Größen, angefangen bei der ehemaligen Ministerpräsidentin von Pakistan, Benazir Bhutto, bis zum italienischen Premierminister Berlusconi, über die dem Islam inneliegenden Wirrungen gepredigt. Aber warum sieht man nicht die Parallelen, seien sie auch weniger spektakulär in ihrem Vernichtungspotential, von Osama bin Laden und seinen Parteigängern zu Sekten wie den Davidianern, den Jüngern des Pastors Jim Jones in Guayana oder auch den Mitgliedern der Sekte Aum Shinrikio in Japan?«

Mir ist die Analyse von Frau Bhutto nicht zur Kenntnis gelangt und ich kann die rassistischen und dümmlichen Aussagen Silvio Berlusconis nur verurteilen, das hält mich aber nicht davon ab, mir über »die im Islam innewohnenden Wirrungen«, die ganz unzweifelhaft existieren, Gedanken zu machen. Mit diesem Buch habe ich sie herauszufinden und zu analysieren versucht. Ich appelliere noch einmal, so differenziert wie möglich die Kunst der Dialektik bei der Unterscheidung zwischen dem Besonderen und dem Universellen des Islam anzuwenden. Man wäre sogar zu ihr verpflichtet, um die menschliche Vielfalt oder was von ihr übrig ist, zu bewahren, in einer Zeit, in der die gegenseitige Beeinflussung und Abhängigkeit zu wachsender Gleichförmigkeit beitragen.

Ich habe einen ehrwürdigen Shaykh gut gekannt, ein großer Gelehrter in Religionswissenschaften, ein Lehrmeister mit einem ungeheuren Gedächtnis, der mühelos große Teile der islamischen Tradition rezitieren konnte, und täglich im Koran las, den er kenntnisreich auszulegen verstand. Er war ein sehr vorsichtiger Mann, sehr differenziert und subtil in seinen Interpretationen, wenn er in einer ausgeglichenen Stimmung war, fern des melancholischen Schreckens der Depression und der rasenden Erregung der Manie. Aber wenn einmal die chemische Regulierung aussetzte und beim Nahen der manischen Periode die Lithiumgabe nicht ausreichte, sodaß die Spitzen, die das Subjekt in die Krise führen, nicht abgeschwächt wurden, änderte sich schon sein ganzes System der Koranauslegung. Der Shaykh zitierte dann nicht mehr die sanften, toleranten Suren voller Mitleid für den Anderen im Glauben: Ihn erregte der kriegerische, gefährliche Teil des Koran, er fing an, die Spuren der *jahiliyya* und Götzenanbetung zu geißeln, die noch heute gang und gäbe sei. Wenn man ihn hätte gewähren lassen, hätte er irgendwelche archäologische Spuren, Statuen oder andere Reste eines heidnischen Bilderkults zerstört. Die Erregung versetzte ihn in denselben Zustand wie die Taliban, als sie die Buddhas von Bamiyan zerstörten. Das Porträt dieses Mannes soll als Allegorie für die Doppelgesichtigkeit des Buchstabens des Koran gelten. Sie bestätigt, daß die Krankheit des Islam in der Figur des Manischen erkennbar wird.

Von diesem Standpunkt aus ist der Koran als Buch zu betrachten, ähnlich wie Voltaire die Bibel in seinem *Traktat über die Toleranz* neu entdeckt.[51] Es stattet die monotheistischen Offenbarungen mit einem kriegerischen, fanatischen, gewaltvollen und gefährlichen Anteil aus. Die Krankheit bevorzugt eben diese Seite. Die Krankheit, die Voltaire bei seinen Glaubensbrüdern entdeckt, gründet ebenfalls in der Manie:

> »Das große Mittel, die Zahl der Besessenen, wenn es ihrer noch gibt, zu vemindern, ist, daß man diese Krankheit des Verstandes der Heilung der Vernunft überläßt, welche die Menschen langsam aber untrüglich aufklärt.«[52]

---

51 Voltaire, *Über die Toleranz*, vergl. das 12. Kapitel, dessen Titel bezeichnend ist: »War die Intoleranz dem göttlichen Rechte im Judentum gemäß, und ist sie stets in Ausübung gebracht worden?« S. 171. Vergl. Teil 1, Anm. 1.
52 S. 127

Beim Islam hat sich diese Krankheit viele Male in der Geschichte gezeigt. Sie trat zweimal im muslimischen Westen auf, in den beiden berberischstämmigen Dynastien des 12. und 13. Jahrhunderts, der Almoraviden und Almohaden. Erstere förderten einen primitiven, ausschließlichen und ungeschliffenen Malikismus.[53] In ihren Anfängen erklärten sie der Kunst den Krieg. Nach der Eroberung Sevillas errichteten sie riesige Scheiterhaufen mit Musikinstrumenten, ganze Bibliotheken nährten die Flammen ihrer Autodafés. Nicht einmal die Werke von Ghazali (1058-1111) blieben verschont, obwohl er aus der Ferne seiner orientalischen Heimat ihre Kriegszüge gelobt hatte, da sie den Schwung der Reconquista brechen konnten und in den islamischen Besitzungen der Iberischen Halbinsel Ruhe und Ordnung wieder einkehren ließen. Der fanatische Eifer der zweiten Dynastie war wahrscheinlich der Anlaß für die Auslöschung des frühen Christentums im Maghreb, das ebenso alt und tief verwurzelt war wie das koptische Christentum in Ägypten oder das arabische, syrische oder chaldäische im Nahen Osten. Aber von denen, die Fanatismus und Intoleranz in ihrem Islam errichten, wird immer der gleiche Teil des Koran angeführt.

---

53 Malikismus: von Malikiten, die Anhänger der Malikiyya, einer sunnitischen Rechtsschule, die auf den in Medina lebenden Malik Ibn Anas zurückgeht. Sie zeichnen sich durch rigoroses Festhalten an der Sunna und durch Konservatismus aus; heute v.a. O-Küste der Arab. Halbinsel, aber auch Oberägypten, Mauretanien und Maghreb; (Anm. BT).

32

So ist die Krankheit des Islam beschaffen. Sie hat in seiner ganzen Geschichte existiert und läßt sich auch heute am Gebaren und den Sprüchen der Fundamentalisten ablesen. Aber ich verwechsle den Islam nicht mit seiner Krankheit, verweise nur auf deutlich faßbare Anteile in ihm, die zu ihr führen können. Wer das Übel diagnostiziert, kennt die Therapie. Wenn »man nicht schon das Heilmittel im Übel suchen«[54] kann, welche Behandlung wäre dem Islam zu verordnen? Ich sehe die Notwendigkeit einer Behandlung in doppelter Hinsicht, gegen äußere und innere Ursachen.

Die äußeren Ursachen verlangen die Integration des Islam auf der gemeinsamen Bühne der Welt. Sie beginnt damit, daß man ihn nicht mehr ausschließen darf. In diesem Zusammenhang wäre es ratsam, den Mythos von Ismael aufzugeben, den sogar Islamfreunde wie Louis Massignon verwenden und weiterentwickeln, wenn er anhand der sufistischen Auffassung der *badaliyya* seine Theorie des »stellvertretenden Mitleidens« herleitet. Der Christ, wie Massignon selbst, wird stellvertretend zum Muslim und erfährt dabei den Mangel an Erfüllung, den ein Ausgeschlossener in seinem Glauben erlebt.[55] Massignon hat sein

---

54 Rousseau, *Bekenntnisse*, 1. Buch, n. d. Übers. v. Levin Schücking, hrsg. v. K. Wolter u. H. Bretschneider, Leipzig u. Wien (Bibliographisches Institut) o. J., S. 3.
55 Louis Massignon, »Explication de la badaliyya« und »La badaliyya et ses statuts«, *Cahier vert*, Kairo 1947.

Mitleid für den ausgeschlossenen Islamgläubigen, der als Nachfahre Ismaels verlassen im Exil lebt, zu seinem politischen Engagement erweiter,[56] indem er aktiv die Algerier und andere Kolonisierte in ihrem Kampf für die Befreiung ihres Landes, im Unglück fehlender Anerkennung, unterstützte.

Der Begriff des Ausgeschlossenseins verliert seine Bedeutung, wenn man sich mit der Epoche der islamischen Vorherrschaft befaßt. Sobald der Islam Souveränität erlangte und sie ruhmvoll ausübte, wurde diese Zuweisung unwirksam, auch wenn die neue Situation den Zorn eines Yehuda Halevi herausforderte. Er war untröstlich über den Triumph des Sohns aus einer Dienstbotenliebe, der nun als Herr das Kind von Sarah unterwarf. Ich führe einige Verse aus verschiedenen Gedichten im »Diwan« des jüdischen Dichters an, der in der arabischen Kultur Spaniens aufgewachsen war:

»Der Sohn der Sklavin kleidet mich in Schrecken
und wirft seinen Pfeil von hoher Hand (...)«
Agars Reich ersteht und meines sinkt hernieder
Seïr wirkt Wunder und der Sohn meiner Magd triumphiert(...)
Vielleicht zeigte er dir deinen Feind
Geschwächt, gesunken – und du mit erhobnem Haupt
Sagst dem Sohn Agars: Zieh deine hochmütige Hand zurück
Vom Sohn deiner Herrin, die du beleidigst?«(...)
Räche mein Unrecht und daß mich nichts mehr zwinge
Meinen Sklaven ›meinen Herrn‹ zu nennen (...)«
»Du Liebster du ließest mich
in den Fängen meiner Verlassenheit«
»Den wilden Sohn der Sklavin ließt du frei (...)

---

56 Louis Massignon, *Les trois priéres d'Abraham*, in: »L'Hégire d'Ismael«, Paris (Cerf) 1997, S. 68-72.

Meine Feinde jubeln du hast erlaubt daß sie mein Roß
besteigen«[57]

Die Souveränität, die den Nachkommen der Dienstmagd vorbehalten war, scheint zum Aufschrei einer poetischen Revolution geführt zu haben, der Dichter forderte
für die Seinen die Bestätigung der eigenen Auserwähltheit
durch äußere Zeichen wie die Rückkehr nach Zion, damit
die Gefangenschaft bei den *Ismailiten* oder *Agarim*[58] ein
Ende hätte. Mit diesen beiden Namen bezeichneten die
Juden die Muslime, sie beziehen sich dabei auf den Mythos des Ausgeschlossenen, dessen Nachkommen von einer Herkunft als Waise zu einem imperialen Schicksal gefunden hatten.

Der Mythos des Ausgeschlossenen scheint in der feh-
lenden Anerkennung durch den Okzident seine Bestätigung zu finden, nicht nur, was den historischen Beitrag
des Islam betrifft, sondern vor allem in den für ihn verwendeten Topoi.[59] Bei den Angehörigen des Westens sehe
ich nahezu die Notwendigkeit einer therapeutischen Bear-
beitung, um sich von der bewußten oder unbewußten
Islamophobie zu heilen, die sie geerbt haben, und somit
dem karikierenden, polemischen, herabwürdigenden und
böswilligen Bild unterliegen, das im Mittelalter geschaffen wurde. Norman Daniel hat dies meisterhaft aufgezeigt.
Nach seiner Einschätzung waren diese mittelalterlichen
Sichtweisen stets gegenwärtig, sie fehlten weder bei der
Betrachtung des Islam durch die Aufklärung, nicht einmal
als er mit den Kriterien des »naturwissenschaftlichen« Zeitalters untersucht wurde: keine seiner Methoden war frei

---

57 Yehuda Halevi: Le Diwan, a.a.O., S. 91, 107, 127, 137, 138. (übers. n. d.
frz. Zitat, BT).
58 Agarim: Söhne Agars, der Dienstmagd Abrahams (Anm. BT).
59 Abdelwahab Meddeb: *L'Autre Exil occidental*, S.27-34, im Anschluß an
seine Übersetzung des »Récit de l´exil occidental par Sohrawardi«, Paris (Fata
Morgana) 1993.

von diesen ererbten Vorurteilen.[60] Norman Daniel kommt
zu dem Schluß,

> »Es ist notwendig, daß die Christen in Mohammed
> die Figur eines Heiligen sehen, das heißt, daß sie ihn
> sehen wie die Muslime. In diesem Fall werden sie mit
> Einfühlung die Gebete und die Frömmigkeit der An-
> deren teilen. Sie müssen ›sich bereit erklären, ihre Skep-
> sis zu überwinden‹, wie Coleridge es ausgedrückt hat
> (*a willing suspension of disbelief*).«[61]

Dieser Ratschlag entspricht einer Position, die über die
von Massignon hinausgeht und die zum Beispiel Domi-
nikanerpatres am Institut für Arabische Studien in Kairo
einnehmen. Emilio Platti verwirklicht diese Position in einem Essay, in dem er den Islam als echten Glauben betrachtet. Er tritt dabei mit dem Glauben des Anderen in
Dialog, ohne ihn verfälschen und verformen zu wollen und
ohne die Differenz zu ihm zu verringern oder zu neutralisieren. Und wenn er von den Auswüchsen und Gefähr-
dungen spricht, die heute den Islam bedrohen, hat man
das Gefühl, seine Kritik komme aus dem Innern, so gut
hat er den Anderen in seiner Wahrheit zu begleiten ver-
mocht.

Auf diesem Weg zur Anerkennung des Islam im Glauben möchte ich noch die Bedeutung einer solchen Anerkennung auf dem weltlichen Gebiet der Kunst, der Dichtung und der Philosophie hervorheben. Die Poetik des
Dazwischen, der Vermittlung, des Übergangs, von der ich
geprägt bin,[62] sollte auf den gesamten Bereich der islamischen Kultur ausgedehnt werden und für alle gelten. Diese Integration des islamischen Erbes an den Ursprüngen
des Denkens und der Kreativität (ebenso wie der griechi-

---

61 Norman Daniel: *Islam and the West*, a.a.O.; siehe das Kapitel »Survival of
mediaeval concepts«
62 Daniel, S. 394-395 (Übers. n. d. frz. Zitat BT).
63 Der Leser hat dies in diesem Buch erfahren können.

schen, lateinischen, hebräischen, japanischen, chinesischen, indischen Grundlagen) wäre eine zusätzliche Garantie für die Schaffung einer gemeinsamen Bühne, einer Weltkultur. Ihre Früchte wären Werke des Geistes, die über die Traditionen hinausgehen, ohne den Dialog mit ihnen abzubrechen. Jeder sollte sich jene antiken Welten wählen, die ihm zusagen, damit beim Abenteuer des Neuen das Lebendige über das Tote siegt.

Schon Goethe war überzeugt davon, daß in seiner Epoche eine Weltliteratur im Entstehen war, und daß ihre Ankunft beschleunigt werden sollte.[63] Er hat den Bezug zwischen dem Besonderen und dem Universellen in diese Richtung gedacht: von jeder Besonderheit strahlt das Universelle aus und wird dann vom Spiegel des Nationalen und Individuellen reflektiert. Jeder sollte sich mit poetischen Werken bekannt machen, die ein solches Vorhaben verwirklichen, welcher Sprache oder Nation sie auch angehören. Man muß die Besonderheiten jeder Sprache kennenlernen, denn durch sie geschieht der Austausch und verwirklicht sich in seiner ganzen Bandbreite. Auf diese Weise gelangt man zu einer wechselseitigen Vermittlung und Anerkennung. Daher die große Bedeutung der Übersetzung in dieser Poetik des Zwischenraums und Übergangs. Sie soll als Vermittlung zwischen den Sprachen dienen. Goethe war in dieser Frage sehr hellsichtig, denn in unserer Zeit leiht der Dichter unter den Literaten dieser Welt häufig sein Talent und seine Kunst dem Akt der Übersetzung:

> »Und so ist jeder Übersetzer anzusehen, daß er sich als Vermittler dieses allgemeinen geistigen Handelns bemüht und den Wechseltausch zu befördern sich zum Geschäft macht. Denn was man auch von der Unzu-

---

63 Goethe, *Sämtliche Werke*, Bd 12: Eckermann, »Gespräche mit Goethe«, S. 225.

länglichkeit des Übersetzens sagen mag, so ist und bleibt
es doch eines der wichtigsten und würdigsten Geschäfte
in dem allgemeinen Weltverkehr. Der Koran sagt: ›Gott
hat jedem Volke einen Propheten gegeben in seiner eigenen Sprache.‹[64] So ist jeder Übersetzer ein Prophet
in seinem Volke.«[65]

Derselbe Goethe hat seinen *West-östlichen Divan* im
Hinblick auf diese Weltliteratur geschrieben. Ihre Ursprünge liegen für ihn außerhalb Europas, das in Wettstreit tritt
mit den arabischen vorislamischen Dichtern. Goethe hatte sie bereits 1783 durch die englischen Übersetzungen von
W. Jones kennengelernt. Er schätzte die persischen Lyriker, in die Herder ihn 1792 einführte, bevor er mit Hafis
(ca. 1325-ca. 1390) in Dialog trat, und sich sogar mit ihm
identifizierte, da er sich durch die Übersetzung seines gesamten Divans durch Hammer (1812-1813) für ihn be-
geistert hatte. Goethe erlebte eine regelrechte *hejra* zum
Orient, er wanderte aus in die Dichtung des Islam, in die
Ambivalenz, die sie erlebt, wenn sie die Liebe zu Gott mit
den Stilmitteln der fleischlichen Liebe besingt und wenn
sie die geistliche Trunkenheit mit den Mitteln der profa-
nen bacchischen Lyrik preist.

> »Will in Bädern und in Schänken
> Heil´ger Hafis dein gedenken,
> Wenn den Schleyer Liebchen lüftet,
> Schüttlend Ambralocken düftet.
> Ja des Dichters Liebesflüstern
> Mache selbst die Huris lüstern.[66]

In dieser Wanderung nach Osten sollte der sechzigjäh-
rige Dichter sich verjüngen, da er in seinem Austausch mit
dem Islam eine Bestätigung für den Sinneskult und den

---

64 *Koran* XIV, 4.
65 Goethe S. 434
66 Goethe, *West-östlicher Divan* 1819, Bd. 1, S. 13.

Spinozismus seiner Jugend fand. In seinem Deismus, in
der Verteilung des Göttlichen über die Welt finden sich
viele erstaunliche Anklänge an den Islam, etwa die Imma-
nenz des Transzendenten in der Theorie Ibn 'Arabis, von
der die persischen Lyriker, die der Weimarer Dichter sich
zueigen machte, tief durchdrungen waren.

Ein einziger Aspekt scheint für Goethe ein Hindernis
dargestellt zu haben: der Despotismus Gottes in der Interpretation des Islam und das Vorbild, das er für seine Verkörperung in der Politik abgibt. Er erwähnt dies in den
Anmerkungen und Erläuterungen, durch die der Band der
Gedichte seines *Divan* den doppelten Umfang erhält:

> »Was aber dem Westländer niemals eingehen kann ist
> die geistige und körperliche Unterwürfigkeit unter sei-
> nen Herrn und Oberen, die sich von uralten Zeiten
> herschreibt, indem Könige zuerst an die Stelle Gottes
> traten (...) Welcher Westländer kann erträglich finden
> daß der Orientale nicht allein seinen Kopf neunmal
> auf die Erde stößt, sondern denselben sogar wegwirft
> irgend wohin zu Ziel und Zweck.«[67]

In dieser Bemerkung finden wir endlich die Unvereinbarkeit des Westens mit dem orientalischen Despotismus. Sie
wird zum ersten Mal in den »Persern« von Äschylos (472
v. Chr.) literarisch ausgedrückt, einer politischen Tragödie
auf der Grundlage des Gegensatzes zwischen der Hinnah-
me des Jochs der Sklaverei durch die Perser und der Wei-
gerung, sich zu unterwerfen, im Namen der Freiheit, wie
sie den Bürger von Athen beseelt. Dieser Gegensatz wird
wunderbar gestaltet in einer Allegorie, im Traum der Kö-
nigin Atossa. Sie war die Gemahlin des Darius und Mutter des Xerxes: Beide waren als Kaiser in die medischen
Kriege verwickelt und beide wurden besiegt, der eine in

---

67 Goethe, *West-östlicher Divan*, S. 186f.

Marathon (490 v. Chr.) und der andere in Salamis (480 v. Chr.)

> »Zwei Frauen erschienen mir, elegant ihre Kleider. Die eine in Persischer Tracht,
> Im Gewand der Dorer die andre. Allein die Figur! Kein Vergleich zu den Damen
> Unserer Breiten. An Schönheit makellos, Schwestern von gleichem Geschlecht.
> Nur daß die eine in Hellas wohnte, aus Zufall, die andere im Barbarenland.
> Die beiden, das sah man, hatten Streit miteinander. Da versuchte mein Sohn,
> Der dies hörte, sie aufzuhalten. Die Keifenden beide, zum Gespann schirrt er sie
> Fest vor den Wagen. Und über die schönen Nacken wirft er das Joch.
> Doch wo die eine stolz an den Zügeln geht und endlich sich fügt,
> Bäumt sich die andere auf, zerreißt das Geschirr mit den Händen. Befreit
> Vom Zaumzeug, wirft sie den Wagen um, streift sich vom Hals ab das Joch.«[68]

Erst mit *Le fou d'Elsa*[69] von Aragon erschien in der französischen Literatur ein Werk, das sich in diesem Ausmaß und dieser Dichte von der islamischen Kultur inspirieren ließ wie Goethes *Divan*. In dem vielstimmigen Werk, das nicht nur, wie auf dem Titelblatt angegeben, ein Gedicht ist, greift Aragon das Thema des Liebeswahns auf, das von den Arabern am Ende des 7. Jahrhunderts mit der Legende des Wahns für Leyla, *Majnūn Layla*, erfunden wurde. Der Liebeswahn wurde in Europa an Tristan und Isolde, Romeo und Julia, Werther oder auch bei Nerval

---

68 Äschylos, *Die Perser* (181-196), wiedergegeben von Durs Grünbein, (Suhrkamp) Frankfurt 2001, S. 13.
69 Louis Aragon, *Le fou d'Elsa.* (Gallimard) Paris 1963.

und Breton geschildert.[70] Aragon hat sich mit seinem Buch
vor der arabischen Berufung zur Kultur verneigt; sein
durchweg literarisches Unternehmen hat auch eine politische Seite, denn der Romandichter macht mit diesem Werk
dem arabischen Teil Algeriens die französische Sprache zum
Geschenk. Aragon hatte seine hochgelehrte Untersuchung
über die arabische Kultur verfaßt, bevor er dieses Buch
Ende der 50er, Anfang der 60er Jahre schrieb, zur gleichen Zeit, als Algerien in seinem Blut lag und Camus wuß-
te, daß der von ihm erträumte Ausgang (eine Aussöhnung
aller auf algerischem Boden Geborenen) als erstes »die
Anerkennung des Arabers als Person«[71] verlangte. Sie war
in Algerien über ein Jahrhundert lang durch die koloniale
Unterwerfung verweigert worden. Mit *Fou d'Elsa* verwirklichte Aragon diese Anerkennung in einem literarischen
Werk.

Die Erfahrung zeigt auch, daß die Gesamtheit der auf
Französisch und in den anderen großen europäischen Sprachen verfügbaren islamischen Werke ausreicht, um dem
Dichter als unerschöpfliche Inspirationsquelle zu dienen.
Es ist nicht unbedingt die Beherrschung der Sprachen des
Islam erforderlich, um in die Tiefen, Geheimnisse und Besonderheiten dieser Kultur einzudringen und die Triebkräf-
te und Funde zur Bereicherung des eigenen Werks zu nutzen. Louis Aragon hat in *Le Fou d'Elsa* seine einzigartige
Gabe gezeigt, Fremdes zu assimilieren, eine erstaunliche
mimetische Kraft, die ihn auf den Weg einer Identifikation brachte. Ein poetischer und metaphysischer arabischer
Code verleiht dem Buch seine Struktur, er wird mit anderen Bezügen aus verschiedenen Orten und Zeitaltern konfrontiert (Rußland, dem Mythos Granadas und Spaniens

---

70 André Miquel, Percy Kemp, *Majnūn et Laylā: l'amour fou*. Paris (Sindbad)
1984.
71 Albert Camus, *Actuelles III*, »Chroniques algériennes«, 1939-1958, Paris
(Gallimard) 1958, S. 151.

innerhalb der französischen Sprache, mit Chateaubriand, Barrès etc.). Der Schauplatz der poetischen Fiktion ist Granada kurz vor seinem Fall. An den Beginn einer Kontroverse über die Zukunft (diese Zeit ist in der arabischen Sprache unbekannt) der Stadt schließen sich die großen Fragen des 20. Jahrhunderts an, in der Melancholie des Sonnenuntergangs (das Thema des Sturzes, des Alterns) und dem Aufbruch des Widerstands. Aus diesen unterschiedlichen Stilmitteln entsteht ein Werk in einer Poetik des Heterogenen, die aus Grenzüberschreitungen und dem Zirkulieren zwischen den Sprachen, Kulturen, den Orten und Zeitaltern hervorgeht.

Eine Öffnung auf den Ort des Islam könnte auch den Denker und Philosophen ansprechen, der islamische Aspekte in seinen Stoff aufnehmen wollte. Das hat Jacques Derrida versucht, als er in öffentlichen Vorlesungen über das Thema des Fremden und der Gastfreundschaft an der École des Hautes Etudes des Sciences Sociales (Hochschule für Sozialwissenschaften) lehrte, und dabei die Notwendigkeit äußerte, innerhalb einer islamisch-jüdisch-christlichen Perspektive zu einer Verständigung zu kommen. Bei seiner Analyse der Fremdenfreundlichkeit Abrahams bezieht er sich auf die Studien Massignons, um die islamischen Bezüge in sein Gesichtsfeld aufzunehmen. Die Publikation eines Teils dieser Vorlesungen bezeugt einen oberflächlichen Umgang mit diesem Beitrag, wenn er die Begriffe der Heiligen Gastfreundschaft und des gegebenen Worts aufgreift, die Massignon auf der Grundlage seiner Kenntnis von Texten und Personen im Islam ausarbeitet.[72] Schließlich drückt auch Jean-Luc Nancy den Wunsch aus, in seine Arbeitsperspektive über den Monotheismus den

---

72 Anne Dufourmantelle fordert J. Derrida zu einer Replik auf in *De l'hospitalité*, (Calman-Levy) Paris 1997, S. 135. In diesem Buch sind zwei der Vorlesungen Derridas abgedruckt: die vierte (10. Januar 1996) trug den Titel »Question d'étranger: venue de l'étranger« und die fünfte (17. Januar 1996) den Titel: »Pas d'hospitalité«.

Islam miteinzubeziehen. Mit einer Anspielung auf die Ereignisse des 11. September stellt er dem Krieg der Kulturen von Huntington den Begriff gegenüber, der diesen unweigerlich auslöscht, nämlich den Bürgerkrieg:

>»Der derzeitige Zustand der Welt entspricht nicht einem Kampf der Kulturen, es ist ein Bürgerkrieg: ein Krieg innerhalb einer Gemeinschaft, einer Bürgerschaft, der Gemeinschaft eines Zivilwesens, das sich bis zu den Grenzen der Welt ausweitet und dadurch auch ins Extrem seiner eigenen Vorstellungen. Im Extrem bricht die Vorstellung, eine angespannte Figur zerreißt, es entsteht eine Kluft.
>
> Es ist auch kein Krieg der Religionen, oder aber der sogenannte Religionskrieg findet im Innern des Monotheismus statt, innerhalb des religiösen Schemas des Westens, und ruft in ihm eine Spaltung hervor, die sich ebenfalls bis zu den Extremen fortsetzt: bis zum Osten des Westens und bis zu einem Bruch und einer Kluft inmitten des Göttlichen. Als hätte der Westen nur darin bestanden, das Göttliche zu erschöpfen in allen Formen des Monotheismus, und sich danach im Atheismus oder Fanatismus vollends selbst zu erschöpfen.«[73]

Ich komme schließlich zur politischen Integration. Dazu wende ich mich an Amerika, es hat den Anschlag vom 11. September erlitten, verfügt aber auch über die notwendige Macht, als Richter des Universums den Grundsatz universeller Gerechtigkeit anzuwenden, wenn es möchte. Ich wende mich an Amerika, obwohl ich weiß, daß dieser Appell möglicherweise nutzlos, vergeblich ist. In diesem Bereich sehe ich drei dringliche Notwendigkeiten. Zwei betreffen die Fixierungen auf den Irak und innerhalb der Palästinafrage. Es triumphiert die Politik des Messens mit zweierlei Maß, in ihr drückt sich die Arroganz der Unge-

---

73 Jean-Luc Nancy, *La communauté affrontée*, Paris (Galilée) 2001, S.11-12 (Übers. n. d. frz. Zitat BT).

rechtigkeit aus, die ihrerseits die Wut der Menschen des Ressentiments anheizt. Wenn ich den Ablauf der Nachrichten vor Augen habe, während ich dies schreibe, wenn ich die Reden der amerikanischen Verantwortlichen höre, die in ihren Stellungnahmen zu den heißen Fakten des Nahen Ostens immer parteiisch sind, kann ich nur eines feststellen: Das Drama des 11. September hat offenbar nicht ausgereicht, um Amerika die Augen zu öffnen und die Gründe für den antiamerikanischen Haß klarer zu sehen. Warum unternimmt Amerika nicht etwas, um die Souveränität des Irak wiederherzustellen, indem es Schluß macht mit seinen Machhabern, die das Land mit seinen Menschen und ihrem Hab und Gut als Geiseln nehmen? Wenn Amerika das irakische Volk von diesem Joch befreit und einen Marshall-Plan einführt, würde die Voraussetzungen für eine Nation wiederhergestellt, die dann zum Verbündeten für Vernunft und Gemeinsinn werden könnte.

Warum legt Amerika nicht sein ganzes Gewicht in die Waagschale für eine vernünftige Lösung zwischen Israel und Palästina, innerhalb der Logik zweier souveräner Staaten? Ihre Territorien wären mit internationalem Recht abgesichert, das die Legitimität Israels in den Grenzen von 1967 anerkennt, ebenso wie die Souveränität Palästinas in einer gangbaren geographischen Kontinuität, mit Jerusalem als gemeinsamer Hauptstadt. Warum kann man den Palästinensern nicht zumuten, daß sie auf die Rückkehr der Flüchtlinge ins Innere Israels verzichten, ihnen aber die Rückkehr nach Palästina ermöglichen, zusammen mit einer sinnvollen materiellen Abfindung? Warum kann man Israel nicht zumuten, die Siedlungen sowohl in Gaza als auch im Westjordanland aufzugeben und abzureißen? Warum kann Amerika nicht seinen Einfluß dazu benutzen, daß Israel das Unrecht, die Vorurteile und den Schaden anerkennt, die es den Palästinensern zugefügt hat? Aus welchem Grund kann man Israel nicht davon überzeugen,

daß seine Gründung am Ursprung des Übels in Palästina
liegt und daß es dies öffentlich bedauern soll? Muß daran
erinnert werden, daß vor der Schaffung des Staates Israel
auf dem gleichen Territorium ein anderes Volk wohnte und
sich heimisch fühlte? Der Erfinder des modernen Hebräisch, Eliezer Ben Yehuda, bezeugte diese Selbstverständ-
lichkeit bei seiner Ankunft in Jaffa im September 1881:

> »Ich muß zugeben, daß diese erste Begegnung mit un-
> seren Vettern in Ismael wenig erfreulich war. Ich war
> von einem deprimierenden Gefühl der Angst erfüllt,
> wie vor einer bedrohlichen Mauer. Ich erkannte, daß
> sie sich als Bewohner dieses Landes fühlten, des Bo-
> dens meiner Vorfahren, während ich als der Nachfah-
> re wie ein Fremder dorthin zurückkehrte, als Sohn ei-
> nes fremden Landes, eines fremden Volks [...] ich war
> darüber plötzlich sehr niedergeschlagen, und Zweifel
> überkamen mich aus den tiefsten Tiefen meines We-
> sens. Vielleicht war mein ganzes Vorhaben in Wirk-
> lichkeit eitel und hohl, vielleicht war mein Traum ei-
> ner Wiedergeburt Israels im Land der Vorfahren wirk-
> lich nur ein Traum, der in der Realität keinen Platz
> hatte.«[74]

Ganz offensichtlich hat die Verwirklichung des zioni-
stischen Traums den palästinensischen Albtraum geschaffen. Diese Wahrheit muß noch bis ins Bewußtsein Israels
durchdringen.

Wie ist es übrigens möglich, daß niemand die Vergangenheit Scharons erwähnt, der an einem Kriegsverbrechen
beteiligt war? Denn seine Verantwortlichkeit für die Massaker von Sabra und Schatila wurde durch eine von den
demokratischen Institutionen des Staates Israel selbst
durchgeführte Untersuchung festgestellt. Unter den Schutz

---

74 Eliezer Ben Yehuda, *Rêve traversé*, Kapitel 6. A. d. Hebr. Übers. v. G. u. Y.
Haddad, (Ed. Du Scribe) Paris 1988 (Übers. n. d. frz. Zitat BT).

welcher göttlichen Macht ist er gestellt, daß keine politische oder moralische Autorität diesen Vorgang aufgreift, der ihn entehrt und daher von politischer Verantwortung ausschließen müßte.

Die ungestrafte Ausübung von Unrecht nährt den Haß und den abscheulichen Terrorismus als Waffe des Armen und Schwachen, der alle rechtlichen Mittel ausgeschöpft hat. Zu dieser Katastrophe kommt eine Verteufelung des Palästinensers, des Arabers, des Muslimen hinzu, Kennzeichen eines ebenso verheerenden Rassismus wie der neue arabische Antisemitismus, über dessen Gepflogenheiten und Auswirkungen ich berichtet habe. Einer der höchsten religiösen Würdenträger Israels, einer der angesehensten Rabbiner, hat antiarabische Reden geführt, die ebenso rassistisch waren wie die antisemitischen Manipulationen des Sheikh der al-Azhar Universität.

Die Israeli müssen sich darüber klar werden, daß ihr Land in einem Augenblick geschaffen wurde, als für den Islam das ungünstigste Kräfteverhältnis in seiner ganzen Geschichte bestand. Daß es mit seiner Schaffung einem legitimen Besitz von mindestens 1300 Jahren ein Ende bereitet hat (wenn man das Jahrhundert abzieht, in dem die politische Herrschaft im Heiligen Land vom Fränkischen Reich von Jerusalem ausgeübt wurde) und daß eine solche Enteignung tiefe Wunden reißen muß. Voltaire hatte in einer Hypothese festgestellt, eine der wenigen Fälle einer »vernünftigen Intoleranz« wäre gegenüber den Israeliten vorstellbar, falls sie ihr Land auf dem Territorium wiedereinrichten wollten, das ihnen in der Bibel zugesprochen wird. Denn dies würde zu schlimmen Wirren führen: Das Projekt würde sich damit auseinandersetzen müssen, daß die »Mohamedaner seit länger als tausend Jahren in unrechtmäßigem Besitz« des Landes sind:

> »Vorzüglich möchten sie [die Juden] wohl gehalten sein, alle Türken ohne Ausnahme umzubringen; denn die

Türken besitzen die Länder der Hethiter, Intusiter, Amoriter, Jerseniter, Horiter, Arakiter, Keniter, Hemathiter und Samariter. Alle diese Völker lagen unter dem Fluche. Ihr Land, das über fünfundzwanzig Meilen lang war, wurde den Juden durch mehrere bündige Verträge gegeben. Sie müssen ihr Eigentum wieder haben. Die Mohamedaner sind seit länger als tausend Jahren in unrechtmäßigem Besitz desselben.

Wenn die Juden itzt so räonnierten, so wäre die einzige Antwort, die man ihnen geben müßte, daß man sie auf die Galeeren schickte.

Dies etwa sind die Fälle, wo Intoleranz vernünftig erscheint.«[75]

Tatsächlich schrieb aber Voltaire zu einer Zeit, als das Kräfteverhältnis den Islam noch nicht zur Ohnmacht verurteilte.

Das dritte politische Problem, das ergründet werden müßte, betrifft die Beziehungen zwischen den USA und seinem Verbündeten Saudi-Arabien. Hier wäre eine Debatte über das Wesen dieses Bündnisses zu führen. Warum werden diese privilegierten Verbindungen nicht an die politische Pflicht zu Freiheit und Demokratie geknüpft? Wie können die Vereinigten Staaten ein Land als Freund ansehen, wo die Frauen so erniedrigt werden, daß sie nicht einmal ein Auto lenken dürfen? Wie lange noch wollen sich die Vereinigten Staaten dagegen wehren, das Fanatische im Wahhabismus zu erkennen, ebenso wie seine Verwicklung in die Attentate vom 11. September, die die USA ins Herz getroffen haben? Wie kommt es, daß der wichtigste Berater des amerikanischen Präsidenten in Fragen des Islam, der Jurist David Forte, Professor am Marshall

---

75 Voltaire S. 223.
76 Zu den Informationen über David Forte vergl. den Artikel von Franklin Foer »Blind Faith« in der Zeitschrift *The New Republic* vom 22. Okt. 2001.

College in Cleveland, kein Wort zum Wahhabismus sagt?[76]
Vielleicht weil er selbst vom Tiefreligiösen fasziniert ist
und in seinem Innern die Verhältnisse im wahhabitischen
Saudi-Arabien bewundert aufgrund einer fundamentalistischen Affinität, die er als Angehöriger der erzkonserva-
tiven katholischen Kreise jenseits des Atlantik verspürt.
Jedesmal, wenn er von einem anti-amerikanischen Saudi
spricht, etwa von Osama bin Laden oder einem der zahlreichen Saudis unter den Terroristen des 11. September,
denunziert er ihre »kharijitischen« Tendenzen. Warum
beruft er sich auf diese ausgestorbene Sekte des frühen
Islam, die in der Tat ein Ausbund an Fanatismus war und
bei den geringsten Anzeichen von Lauheit oder Abwei-
chung den *takfīr*, den Ausschluß, verhängte? Eine Kritik,
die den Kharijismus ausgräbt, um die fanatischen Tendenzen des heutigen Islam zu geißeln, war auch vorgebracht
worden, um die rein legalistischen Übertreibungen eines
Mawdūdi zu kritisieren, der jeden aus der Gemeinschaft
des Islam ausschließt, der nicht in vorbildlicher Art und
Weise das Gesetz achtet, das vom Leben des Propheten
und seinen am höchsten von der Tradition geachteten
Genossen abgeschaut wurde.[77] Die Amerikaner müssen es
wagen, sich mit ihren saudischen Freunden auszusprechen,
sie müssen ihnen ins Gesicht sagen, daß man allein mit
dem Wahhabismus zum mörderischsten Fanatismus gelangen kann. Zu den saudischen Würdenträgern, die denken: »Wir Saudis wollen uns modernisieren, aber ohne
unbedingt verwestlicht zu werden«, ein Satz, den
Huntington zur Untermalung seiner These zitiert,[78] müssen sie zu sagen wagen: »Sie sind frei, so zu handeln, aber
wundern Sie sich nicht, wenn Sie mit dieser Politik Monster heranziehen, die umso gefährlicher sind, da sie selbst

---

77 Etwa im bereits zitierten Artikel, in dem Maryam Jameelah ihren Lehrmeister Mawdūdi kritisiert.
78 Huntington S. 110 (Übers. n. d. frz Zitat BT).

von ihrer Unschuld überzeugt sind. Osama bin Laden ist
kein Zufall, er führt den Wahhabismus, in dem er erzogen
wurde, nur bis zu seinen letzten Konsequenzen.«

Ich wünsche schließlich noch einige der internen Fragen anzuführen, jedoch fehlen mir die Zeit und der Platz,
sie zu entwickeln. Dazu bedürfte es eines weiteren Buchs.
Das erste Heilmittel gegen die Krankheit des Islam liegt in
der notwendigen Rückkehr zu einer gründlichen Kenntnis
der Polemiken, der Kontroversen und der Debatten, von
denen die Tradition lebte. Gegen das Vergessen zu kämpfen, erfordert eine Anamnese. Es ist wichtig, die Wieder-
gewinnung des Sinns der Heiligen Schrift (ausgehend von
Spuren und Resten des Mittelalters) in Gang zu setzen,
mit dem heutigen kritischen Bewußtsein, damit sich die
Freiheit eines vielfältigen, streitlustigen Sprechens durch-
setzt, das den Kampf der Lehrmeinungen in ziviler Weise
aufrechterhält.

Dieses kritische Bewußtsein müßte sich mit der Frage
der Rechtsprechung befassen. Um ein Recht in eine Form
zu bringen, die an die modernen Errungenschaften angepaßt ist, hat der tunesische Jurist Mohammed Charfi in
einem Kommentar zur Reformgesetzgebung in Tunesien
vorgeschlagen, den *talqīf* anzuwenden, einen Notbehelf,
der von den fundamentalistischen Reformern Jamal ad-
Dîn Afghani und Mohammed ʿAbduh erfunden und angewandt wurde:

> »Bei jeder Regel aus der muslimischen Rechtstradition,
> die heute unmenschlich oder nicht unserer Zeit ent-
> sprechend erscheint, da sie den Menschenrechten oder
> den Grundsätzen von Freiheit und Gleichheit wider-
> spricht, geht man zurück an ihren Ursprung, um ir-
> gendwo eine Möglichkeit des Eingreifens zu finden.
> Wenn sie an ein *hadīth* geknüpft ist, wird untersucht,
> ob dieses authentisch ist und ob man es neu interpre-
> tieren kann. Dieses Vorgehen ist nicht unredlich, es wird

nicht etwa der gegenteilige Sinn herausgelesen oder ein
Zweifel geweckt, wenn das *hadīth* wirklich authen-
tisch zu sein scheint. Aber die Untersuchung ist auch
nicht völlig objektiv und ganz ohne Vorbedacht. Im
Gegenteil, der Untersuchende hat sich bereits ein Ziel
gesetzt und sucht nach historischen oder semantischen
Argumenten, um es zu erreichen. Er versucht nicht die
Religion in sich zu verstehen, sondern eher in sie eine
Rechtfertigung für die neue Norm zu legen, die er für
die gerechteste hält und die er daher festlegen möchte.
Ohne falsch oder subjektiv zu sein, ist die Suche doch
zielgerichtet.«[79]

Außerdem ist es Aufgabe der arabischen Staaten, ihr
Bildungssystem zu durchforsten, um die Unterrichtspro-
gramme vom allgegenwärtigen Fundamentalismus zu befreien. Der diffuse Wahhabismus verseucht das Bewußtsein über den Unterricht, der in den Schulen vermittelt
und vom Fernsehen unterstützt wird. In diesem sensiblen
Bereich haben wir bereits eine wichtige Erfahrung, die
praxisbezogen und von ihrem Verfechter methodisch
durchdacht ist: Es handelt sich um die vom selben Mohammed Charfi ausgearbeitete und durchgeführte Reform,
als er in Tunesien nationaler Bildungsminister war (1989-
1994):

> »Das Bildungssystem in den islamischen arabischen
> Ländern ist so beschaffen, daß der Fundamentalismus
> gefördert wird. Aus ihm müssen alle Meinungen ver-
> bannt werden, die den Menschenrechten und den
> Grundlagen des modernen Staatswesens widerspre-
> chen. Mit einer radikalen Reform des Erziehungswe-
> sens (...) wird die Schule mittelfristig dazu beitragen,
> die Gesellschaft vom religiösen Extremismus zu hei-
> len.[80]

---

79 Mohammed Charfi, *Islam et liberté. Le malentendu historique*, Paris (Albin
Michel) 1999, S. 137-138 (Übers. n. d. frz. Zitat BT).
80 S. 228.

33

Da ich nun zum Schluß des unter dem Drang der Ereignisse geschriebenen Buchs komme, möchte ich die »Zeugnisse gegen Intoleranz« von Voltaire, eine Sammlung im 15. Kapitel seines »Traktats über die Toleranz«, mit zwei Suren aus dem Koran anreichern:

>»Es gibt keinen Zwang in der Religion«[81]

Razi kommentiert wie folgt: Die Auslegung (*ta'wīl*) dieses Satzes ist, daß Gott die Frage des Glaubens nicht auf Macht (*ijbār*) und Gewalt (*qasr*) aufgebaut hat, sondern auf der Möglichkeit der Überzeugung (*tamakkun*) und freien Willensentscheidung (*ikhtiyār*). Gott hat den Weg, der zum Glauben führt, klar, offenkundig gemacht. Wenn in der Heiligen Schrift alle Wege der Überzeugung ausgeschöpft sind, bleibt nur der Zwang, um die Zaudernden zur Wahrheit zu führen. Aber Zwang ist hier nicht angebracht: der Einsatz von Gewalt zerstört die Prüfung (*imtihān*) und die Anstrengung, den die gewissenhafte Anwendung der Regeln (*taklīf*) verlangt. Um die Argumentation zu illustrieren, die er von einer vorangegangenen Autorität (al-Quaffāl) übernimmt, zitiert Rāzi andere Koranverse:

>»Und nun sprich: Es ist die Wahrheit von eurem Herrn. Wer nun will, möge glauben, und wer will, möge ungläubig sein.«[82]

---

81 *Koran* II, 256.

> »Wenn dein Herr wollte, würden die, die auf der Erde
> sind, alle zusammen gläubig werden. Bist du es etwa,
> der Menschen zwingen kann, gläubig zu werden?«[83]

Rāzi erinnert daran, daß der Zwang beginnt, wenn der
Muslim dem Ungläubigen sagt: »Bekehre dich oder ich
bringe dich um!«. Die Sure klärt über die Leute des Buchs
und die Manichäer auf. Wenn sie bereit sind, die Steuer
für Minderheiten (*jizya*) zu bezahlen, erlangen sie den
Schutz des Gesetzes. Die Rechtsberater (*fuqahā'*) sind un-
terschiedlicher Meinung, ob die Sure für alle Ungläubigen
gilt oder nur für die Leute des Buchs.[84] Jedenfalls veranlaßt die Auslegung der Sure manche islamischen Meta-
physiker und Theologen dazu, die Auffassung vom *jihād*
aufzugeben.

Hier die zweite Sure:

> »Und streitet mit den Leuten des Buches nur auf die
> beste Art, mit Ausnahme derer von ihnen, die Unrecht
> tun. Und sagt:›Wir glauben an das, was zu uns herab-
> gesandt und zu euch herabgesandt wurde. Unser Gott
> und euer Gott ist einer. Und wir sind Ihm ergeben.‹«[85]

Diese Sure gibt auf recht deutliche Weise dem Islam
eine absolute Legitimität, da er der ethischen und metaphysischen Sphäre des Monotheismus angehört, die in der
islamisch-jüdisch-christlichen Auffassung ihren Ausdruck
finden sollte. Allah ist nicht der Name des islamischen
Gottes; er ist das arabische Wort für den Gott, der die
Grundlage des Monotheismus in seiner dreifachen formalen, kultischen und symbolischen Ausprägung bildet.

---

82 *Koran* XVIII, 29.
83 *Koran* X, 99.
84 Fakhr ad-Dīn Rāzi, *Mafātiʾh al-Ghayb*, a.a.O., Bd VII, S. 13-14.
85 *Koran* XXIX, 46.

Die Macht dieser Sure hat dem Fundamentalisten
Mawdūdi den friedlichen Weg auferlegt, den Weg der
Höflichkeit mit geduldiger Überzeugungsarbeit, geführt mit
Worten, um die Waffen schweigen zu lassen. Das Gebot
der Friedfertigkeit wurde freilich von seinen Nachfolgern
geleugnet.[86] Die Ausdrucksweise *bi'latī hiya ahsan,* die ich
mit »auf die schönste Art und Weise« übersetze, wurde im
Arabischen zu einer festen Redensart, häufig angewandt
in der Umgangssprache, um die Respektierung des An-
stands in jeder Streitigkeit und Kontroverse zu verlangen.

Dieser Teil des Koran müßte den islamischen Fanati-
kern ins Gedächtnis gerufen werden, die krank sind in ihrem selbstmörderischen, haßerfüllten Eifer. Wir haben
mehrfach Voltaire erwähnt, da er zur Vernunft appelliert.
Der Meister aus Ferney beruft sich auf den Verstand, den
er als radikale Medizin gegen die Geisteskrankheit des
Fanatismus ansieht. Ich möchte diesen Rückgriff auf die
Vernunft bekräftigen, um die Monotheismen von der
Krankheit der Intoleranz und dem Krieg im Namen Gottes zurückzuhalten. Renan meint ebenfalls:

> »Daß wenn die Religionen die Menschen trennen, die
> Vernunft sie einander nähert, und daß es im Grunde
> nur eine und dieselbe Vernunft gibt. Die Einheit des
> menschlichen Geistes ist das große und tröstende Er-
> gebnis, das aus dem friedlichen Zusammenstoß der
> Ideen sich darstellt, wenn man die gegenteiligen Aus-
> sprüche der sogenannten übernatürlichen Offenbarun-
> gen beiseite läßt. Die Liga der verständigen Geister des
> ganzen Erdballs gegen den Fanatismus und Aberglau-
> ben wird scheinbar nur von einer unbedeutenden Mi-
> norität gebildet. Im Grunde ist dies die einzige dauer-
> hafte Liga ...«[87]

---

86 Emilio Platti: *Islam* ..., S. 282-283.
87 Ernest Renan: *Der Islam und die Wissenschaft,* Schutterwald (Wiss. Verlag)
1997, S. 59.

Für diesen Gedanken verzeihe ich ihm seinen Rassismus, seine essentialistische Ansicht über die Sprachen und symbolischen Systeme, seine Hierarchie zwischen dem Ausgedrückten und dem nur Vorgestellten; ich verzeihe ihm die Irrungen seiner Zeit, denn er hat mir zu der Einsicht verholfen, daß Panarabismus und Panislamismus nur Schimären sind. Seine Schrift »Was ist eine Nation?« hat mich daran erinnert, daß eine Nation weder auf der sprachlichen Einheit, noch auf der Glaubensgemeinschaft, noch auf geographischer Kontinuität, noch auf einer gemeinsamen Geschichte beruht. Sie baut nur auf dem Wunsch nach Zusammengehörigkeit.[88] Dieser Wunsch hat mich die Gemeinschaft Frankreichs wählen lassen, wo mein fremder Name lautlich amputiert wird, wo ich meine islamische Genealogie fortsetze und mit meiner anderen, der europäischen, kreuze. So verbinden sich das Ererbte und das Erwählte in einer Person.

Und so sehr ich daran arbeite, den islamischen Bezug mit meinem politischen und literarischen Werk zu verbinden, ebenso wie bei meiner Lehrtätigkeit oder meinem Auftreten als Bürger, so bin ich doch stets überrascht von Leuten, die unter Berufung auf den Islam von der Republik verlangen, sie müsse sich ändern, wie es auch der Vertreter von etwa dreißig islamischen Vereinigungen fordert:

> »So wie man vom Islam verlangt, er solle sich ändern, muß auch der laizistische Staat sich wandeln, denn er kann sich heute nicht mit einer Definition zufriedengeben, die das Religiöse der Privatsphäre überläßt. Die Rückkehr des Religiösen ist allgemein und stellt alles Gesellschaftliche in Frage.«[89]

---

88 Ernest Renan, *Was ist eine Nation? Und andere politische Schriften.* Hamburg (Europ. Verlagsanstalt) 1996.
89 Aussage des marokkostämmigen Neuropsychologen Fouad Alaoui nach einem Bericht in *Libération* vom 16. Okt. 2001 (Übers. n. d. frz. Zitat BT).

Auf diesen unsinnigen Anspruch antworte ich mit einer talmudischen Weisheit, die als Lehre für die Anerkennung der Präsenz des Islam in Frankreich dienen sollte: *Dina de-malkhuta dina*; »Das Gesetz des Staates gilt vor dem Gesetz der Thora«.[90]

Schließlich möchte ich mich endgültig von der Zugehörigkeit zu einer Gemeinschaft als Reflex, Instinkt, Grundsatz des Lebens und Überlebens lossagen, indem ich die alte Weisheit in Erinnerung rufe, die Eratosthenes Alexander gelehrt hat: In seiner Mißbilligung der Aufteilung des Menschengeschlechts in Griechen und Barbaren, bei dem die ersten als Freunde, die zweiten als Feinde galten, rät er, den Maßstab für die Einteilung in Tugend und Unehrlichkeit zu verschieben: »Viele Griechen sind böse Menschen und viele Barbaren von feiner Kultur.«[91]

Ich freue mich, auch eine islamische Formulierung dieser Weisheit zu finden und zwar aus der Feder des göttlichen Ibn 'Arabi:

> »Zahlreiche vielgeliebte Heilige in den Synagogen und Kirchen!
> Viele schändliche Feinde in den Reihen der Moscheen.«[92]

Paris – Damaskus
19. Oktober – 9. Dezember 2001

---

90 Wörtlich: »Das Gesetz des Landes ist das Gesetz«.
91 Nach einem Bericht von Strabon: Strabos Erdbeschreibung. Übers. v. A. Farbiger. Berlin (Langenscheidt) 1910.
92 Ibn 'Arabi, *At-Tajalliyāt al-Ilāhiya*. Teheran (Osman Yahia) 1988, S. 458. (Übers. n. d. frz. Zitat BT).

Inhalt

Von Abdelwahab Meddeb sind bisher erschienen:

TALISMANO
Roman
Aus dem Französischen von Hans Thill
269 Seiten, 1993, € 20,50, SFr 37,-
ISBN 3-88423-087-5

Der Ich-Erzähler auf besonderem Streifzug: Von Paris aus imaginiert er einen Besuch in Tunis, der Stadt seiner Kindheit, um sich Schritt für Schritt in einer Medina-Meditation zu verlieren.

AYA
Roman
Aus dem Französischen von Hans Thill
190 Seiten, 1998, € 20,50, SFr 37,--
ISBN 3-88423-136-7

Ein Flaneur bewegt sich durch die mit Mythen und Chiffren gesättigte städtische Landschaft von Paris, zu der auch die Unterwelt der Metro gehört. In diesem "Inferno" von apokalyptischer Phantasie bedrängt, sucht er Aya auf, Wegweiserin auf seinem Lebenspfad und sinnliche Geliebte.

Meddebs außergewöhnliche Kenntnis der arabischen und der europäischen Kulturgeschichte führt zusammen mit seiner eigenen Perspektive zu unerwarteten Interpretationen ...

Neue Zürcher Zeitung

Verlag das Wunderhorn
Bergstraße 21 · 69120 Heidelberg · www.wunderhorn.de